Jutta Kienbaum

Empathisches Mitgefühl und prosoziales Verhalten

Für Toni,

mit viel Sympathie
und Empathie
von

Jutta

22. 12. 93

Jutta Kienbaum

Empathisches Mitgefühl
und prosoziales Verhalten

Jutta Kienbaum

Empathisches Mitgefühl und prosoziales Verhalten deutscher und sowjetischer Kindergartenkinder

Theorie und Forschung, Bd. 258

Psychologie, Bd. 95

S. Roderer Verlag, Regensburg 1993

CIP-Titelaufnahme der Deutschen Bibliothek

Kienbaum, Jutta:
Empathisches Mitgefühl und prosoziales Verhalten deutscher
und sowjetischer Kindergartenkinder / Jutta Kienbaum.-
Regensburg : Roderer, 1993

(Theorie und Forschung ; Bd. 258 : Psychologie ; Bd. 95)
Zugl.: Konstanz, Univ., Diss., 1993
ISBN 3-89073-671-8

NE: Theorie und Forschung / Psychologie

1993, S. Roderer Verlag, Regensburg

VORWORT

Die Entstehung dieser Arbeit geht zurück in eine Zeit, als Deutschland noch geteilt und die UdSSR noch existent war. Viel ist geschehen seit dem Jahr 1989, als der Großteil der Daten erhoben wurde, und vor allem im Leben der Kinder aus Moskau, die an der Untersuchung teilgenommen haben, hat sich einiges verändert - leider nicht unbedingt zum Positiven.

Aber auch die Situation in Deutschland macht nachdenklich. Seit dem Herbst 1991 wird unser Land von einer ständig wachsenden Zahl von immer brutaleren Angriffen auf Menschen nicht-deutscher Herkunft erschüttert. Diese Situation stellt eine Herausforderung u.a. auch für die wissenschaftliche Psychologie dar, ihr Wissen über das soziale Verhalten des Menschen zu vertiefen und so zur Überwindung der eklatanten sozialen Probleme beizutragen. Die Erforschung der Themenkreise des empathischen Mitgefühls und des Hilfeverhaltens stellen dabei zwar nur einen Teilbereich dar, der aber dennoch von nicht zu unterschätzender Bedeutung ist.

Die Tatsache, daß ich mich überhaupt mit dem Thema des Zusammenhangs zwischen empathischem Mitgefühl und prosozialem Verhalten aus kulturvergleichender Perspektive beschäftigen konnte, verdanke ich der Betreuerin meiner Arbeit, Frau Prof. Dr. Gisela Trommsdorff. Ohne ihre entscheidenden Impulse zur Entstehung und Durchführung der Studie wäre diese Arbeit nie geschrieben worden, wofür ihr mein ganz besonderer Dank gilt.

Bedanken möchte ich mich zudem bei allen Mitarbeitern und Mitarbeiterinnen des Lehrstuhls für Entwicklungspsychologie und Kulturvergleich, die sowohl durch viele Diskussionen als auch durch die Übernahme von Kontrollratings zum Fortkommen der Arbeit beitrugen.

Einen besonders wichtigen Anteil am Erfolg der Untersuchungen hatten die beiden Spielpartnerinnen, Christine Gretschel aus Konstanz und Tanja Karjagina aus Moskau. Ungeachtet aller Schwierigkeiten und Rückschläge, die bei der Durchführung einer Untersuchung dieser Art unvermeidlich sind, waren sie stets unermüdlich im Einsatz, wofür ich Ihnen ganz besonders danke.

Mein herzlicher Dank gilt schließlich meinem Mann, meinen Eltern, Geschwistern und Freunden, die mit viel Geduld diese Arbeit begleitet und unterstützt haben.

Herrn Prof. Dr. Werner Deutsch, Frau Dr. Monika Morguet, Frau Dr. Maria von Salisch, Herrn Dipl. Psych. Urban Früбis, Frau Dipl. Psych.

Ulrike Kienbaum-Pieper, Frau Dipl. Psych. Meike Meier-Grahl und Frau Dipl. Psych. Cordelia Volland danke ich für die kritische Durchsicht des Manuskriptes und die konstruktiven Anregungen.

Bei Herrn Prof. Dr. Rudolf Fisch möchte ich mich für das dieser Arbeit entgegengebrachte Interesse und die Übernahme des Koreferates bedanken.

Schließlich danke ich dem Deutschen Akademischen Austauschdienst für die Bewilligung des Stipendiums, ohne das die Durchführung des Moskauer Teils der Untersuchung nicht möglich gewesen wäre. In diesem Zusammenhang möchte ich auch Herrn Dr. E.V. Subbotskij danken, der meine Betreuung in Moskau übernahm. Gedankt sei ebenfalls der Friedrich-Naumann-Stiftung für die ideelle und finanzielle Förderung im letzten Jahr der Entstehung der Arbeit.

Last but not least gilt mein Dank den Leiterinnen und Erzieherinnen der Kindergärten, die ihre Einrichtungen für die umfangreichen Untersuchungen zur Verfügung stellten, und den Jungen und Mädchen und ihren Müttern, die durch ihre Teilnahme die Untersuchung überhaupt erst möglich gemacht haben.

Konstanz, im Februar 1993 Jutta Kienbaum

INHALTSVERZEICHNIS

TEIL I: THEORIE

Seite

TEIL II: METHODEN

TEIL III: ERGEBNISSE

TEIL IV: DISKUSSION

TEIL I: THEORIE

1. EINLEITUNG UND FRAGESTELLUNG

Die vorliegende Arbeit untersucht den Zusammenhang zwischen empathischem Mitgefühl und prosozialem Verhalten bei deutschen und sowjetischen Kindergartenkindern. Der Ausgangspunkt der Studie war dabei die Frage, woran es eigentlich liegt, daß der psychologische Forschungsstand über den Zusammenhang zwischen Empathie und prosozialem Verhalten bei Kindern so inkonsistent ist.

Während es alltagspsychologisch ganz klar zu sein scheint, daß mitfühlende Kinder auch hilfsbereiter sind, ist dieser Sachverhalt in der psychologischen Literatur umstritten; die Mehrzahl der bislang existierenden empirischen Arbeiten legt sogar eher eine verneinende Antwort nahe. Bei der Suche nach Erklärungen für diese widersprüchliche Situation kristallisierten sich mehrere kritische Punkte heraus: Zum einen zeigte sich, daß sowohl Empathie als auch prosoziales Verhalten von den verschiedenen Autoren und Autorinnen sehr unterschiedlich definiert und operationalisiert worden waren. Unter der Bezeichnung "Empathie" wurde zum Teil Perspektivenübernahme, zum Teil die Fähigkeit zum Emotionserkennen, und manchmal - aber eher selten - eine emotionale Reaktion gemessen. Als methodische Vorgehensweise wurde dabei meistens eine *Befragung* der Kinder durch die Versuchsleiter gewählt; *Verhaltensmaße* in realen Interaktionssituationen wurden kaum erhoben. Auf der Seite des prosozialen Verhaltens wurden so verschiedene Maße wie Teilen, Hilfeverhalten dem Versuchsleiter gegenüber oder häufig nur die *erklärte* Hilfsbereitschaft erfaßt. Meist war der Empfänger der Hilfe dabei nicht identisch mit der Person, in bezug auf die die Empathie gemessen worden war. Zudem befanden sich die untersuchten Kinder im allgemeinen in Laborsituationen, die mit ihrer eigenen Lebensrealität wenig zu tun hatten, so daß die Aussagekraft der Untersuchungen erheblich eingeschränkt wurde.

Die vorliegende Arbeit versucht daher in einem ersten Themenschwerpunkt, durch ein differenziertes Verständnis sowohl von Empathie als auch von prosozialem Verhalten und die Verwendung eines ökologisch validen Meßverfahrens, Aufklärung in diese Zusammenhänge zu bringen. Dazu werden fünfjährige Jungen und Mädchen aus zwei Kulturen in einer standardisierten Interaktionssituation mit einer traurigen Spielpartnerin beobachtet und ihre emotionalen und prosozialen Reaktionen analysiert.

Grundlage für die Analyse ist also das *tatsächliche* Verhalten der Kinder in Anbetracht des Kummers eines realen Gegenübers und nicht die verbalisierte Reaktion auf eine fiktive Situation.

In einem zweiten Schwerpunkt wird die Frage nach Sozialisationseinflüssen auf Empathie und prosoziales Verhalten gestellt. Durch den Vergleich sowjetischer und deutscher Kinder wird überprüft, ob die Sozialisation in einer eher kollektivistisch bzw. eher individualistisch orientierten Kultur Einfluß auf die emotionalen und prosozialen Reaktionen der Kinder hat.

Die Daten für diese Untersuchung wurden von Mai 1989 bis März 1990 erhoben, also zu einer Zeit, als Deutschland noch geteilt und die UdSSR noch vereint war. Dadurch haben sie eine ungeplante Einmaligkeit erhalten: Denn wenn *bis* zu diesem Zeitpunkt empirische sozialwissenschaftliche Studien in der UdSSR aus politischen Gründen so gut wie unmöglich waren, so sind sie jetzt überhaupt nicht mehr möglich, da die UdSSR bereits nicht mehr existiert. Ein weiterer Beitrag der Untersuchung besteht daher in einer Deskription des realen Verhaltens sowjetischer Kinder in einer Situation, die Mitgefühl und Hilfeverhalten provoziert.

Auch wenn es die Union der Sozialistischen Sowjetrepubliken also nicht mehr gibt, wird in der Arbeit von "sowjetischen" Kindern und der "UdSSR" gesprochen. Die Gründe hierfür sind zum einen, daß zum Zeitpunkt der Untersuchung diese Bezeichnungen gültig waren. Zum anderen führte gerade die Frage, ob die mit der damaligen Ideologie in der UdSSR verknüpften Sozialisationsbedingungen einen Einfluß auf das kindliche Verhalten ausüben, zur Auswahl dieser Kultur.

Die Arbeit ist folgendermaßen aufgebaut:

Der *Theorieteil* beginnt mit einem Überblick über die verschiedenen Begriffsbestimmungen von Empathie und prosozialem Verhalten, aus denen die für diese Arbeit benutzten Definitionen abgeleitet werden. Anschließend wird der aktuelle Forschungsstand zum Zusammenhang zwischen Empathie und prosozialem Verhalten dargestellt. Der nächste Abschnitt, der die Motivierung prosozialen Verhaltens zum Thema hat, schließt mit einem Modell der Aktualgenese prosozialen Verhaltens, das für das Verständnis der Arbeit zentral ist. In den folgenden Kapiteln werden die Rolle von Geschlecht, Kultur und Individualismus/Kollektivismus in diesem Zusammenhang ausgeführt.

Im *Methodenteil* werden zunächst Vor- und Nachteile des kulturvergleichenden Vorgehens diskutiert. Darauf folgt eine Beschreibung der Stichproben, des Untersuchungsdesigns, des Ablaufs der Untersuchung und der Operationalisierung der einzelnen Variablen.

Der *Ergebnisteil* stellt die Resultate der statistischen Überprüfung der einzelnen Hypothesen dar.

Im *Diskussionsteil* schließlich werden die einzelnen Ergebnisse mit Bezug auf ihre Bedeutung für die im Theorieteil aufgeworfenen Fragen diskutiert. Die Arbeit schließt mit Hinweisen auf neue Forschungsfragen und -perspektiven, die durch die Untersuchung eröffnet werden.

2. BEGRIFFSBESTIMMUNGEN

Es liegt auf der Hand, daß das Ergebnis einer Untersuchung zu empathischem Mitgefühl und prosozialem Verhalten entscheidend davon abhängt, wie beide Begriffe konzeptualisiert und operationalisiert werden. Wie schon in der Einleitung angedeutet, ist zu vermuten, daß die konfuse Befundlage zum Zusammenhang von prosozialem Handeln und empathischem Mitgefühl unter anderem damit erklärbar ist, daß den verschiedenen Studien sehr unterschiedliche Konzepte beider Begriffe zugrunde lagen. Im folgenden wird deshalb der Versuch unternommen, diese Begriffsvielfalt in ihrer historischen Entwicklung darzustellen und anschließend die für die vorliegende Arbeit benutzten Definitionen abzuleiten.

2.1. EMPATHISCHES MITGEFÜHL

Die Beschäftigung mit der Geschichte des Themenkomplexes, der in der Literatur "Mitleid", "Mitgefühl", "Sympathie", "Einfühlung" oder "Empathie" genannt wurde, führt zurück in die deutschen Geisteswissenschaften des 18./19. Jahrhunderts. Damals befaßten sich Philosophen wie Immanuel Kant (1724-1804) und Arthur Schopenhauer (1788-1860) mit der Analyse des Phänomens "Mitleid" und stellten sich dabei vor allem die Frage, welche Bedeutung das Mitleid für das moralische Handeln der Menschen habe. Sie kamen zu sehr unterschiedlichen Schlußfolgerungen: Für Kant (1788, S. 127) hatte Mitleid nur geringen Wert, da es in seinen Augen nur eine Stimmung, aber keine Tugend war. Schopenhauer (1979) sah im Mitleid demgegenüber "ganz allein die wirkliche Basis aller freien Gerechtigkeit und aller ächten Menschenliebe. Nur sofern eine Handlung aus ihm entsprungen ist, hat sie moralischen Werth: und jede aus irgend welchen andern Motiven hervorgehenden hat keinen" (S. 246).

In der wissenschaftlichen Psychologie wurde das Thema zunächst völlig anders angegangen. Theodor Lipps (1903, 1907) sprach von "Einfühlung" und benutzte den Begriff zur Beschreibung eines Gefühls, das bei der Beobachtung des Ausdrucks eines anderen im Beobachter selbst entsteht. Diesen Vorgang stellte er sich so vor, daß die beobachtende Person den Ausdruck des Gegenübers unwillkürlich *nachahme* und durch sensorische Rückkopplung der Gesichtsmuskulatur das gleiche Gefühl empfinde (vgl. "facial feedback theory", Tomkins, 1962). Einfühlung wurde somit auf unbewußte, unwillkürlich ablaufende Prozesse zurückgeführt. Den Umstand, daß zur Einfühlung auch noch die Erkenntnis gehört, daß es sich um eine fremde Person mit eigenem Bewußtsein handelt, erklärte Lipps (1907) recht einfach folgendermaßen: Die Kenntnis über "fremde Bewußtseinseinheiten" beruhe auf dem "Zusammenwirken des Triebes der Nachahmung und des Triebes der Äußerung" (S. 720), oder an anderer Stelle: "Es ist nun einmal so; d.h. ich muß hier auf einen Instinkt rekurrieren" (S. 709).

Titchener (1909), ein Wundt-Schüler, führte den Begriff in die amerikanische experimentelle Psychologie ein, wobei er unter Zuhilfenahme des Griechischen "Einfühlung" mit "empathy" übersetzte (em = in, Pathos = Leiden).

Die Konzeption von Einfühlung/Empathie im Sinne von Lipps wurde schon von seinen Zeitgenossen kritisiert. Scheler (1923) z.B. führte an, daß die "Nachahmung fremder Ausdrucksbewegungen den *Akt des Verstehens* des fremden Lebens sicher nicht verständlich machen" könne (S. 8). Im Gegenteil fände bei der Nachahmung eher das genaue Gegenteil von Verstehen statt, nämlich eine "Ansteckung durch fremde Affekte" (S. 8), die den Beobachter glauben mache, es handele sich nicht mehr um das Erlebnis des anderen, sondern um das eigene. Scheler hob demgegenüber hervor, daß jede Art von Mitgefühl "irgendeine Form des Wissens um die Tatsache fremder Erlebnisse voraussetze" (S. 4).

Den nächsten Meilenstein in der Empathieforschung bildeten in den 50er Jahren die Arbeiten des Psychotherapeuten Carl Rogers (1951, 1959), der ohne Zweifel viel zur heutigen Popularität des Begriffs Empathie beigetragen hat. Bei Rogers (1959) bedeutete Empathie "to perceive the internal frame of reference of another with accuracy and with the emotional components and meanings which pertain thereto as if one were the person, but without ever losing the "as if" condition" (S. 210).

Die Betonung dieser "as if" Bedingung verbindet Rogers mit Scheler und unterscheidet beide von vielen Empathie-Forschenden vor und nach ihnen. Beide betonen die Tatsache, daß stets das Bewußtsein vorhanden sein muß, daß es nicht die eigene, sondern die andere Person ist, die verletzt oder fröhlich ist. Ansonsten setzt Rogers' Empathie-Verständnis aber kognitive Fähigkeiten voraus, die aus einer entwicklungspsychologischen Perspektive als viel zu anspruchsvoll erscheinen (akkurate Wahrnehmung mit allen emotionalen Komponenten und Bedeutungen, die dazu gehören), was allerdings insofern erklärlich ist, als er als Zielgruppe erwachsene Psychotherapeuten vor Augen hatte.

In Deutschland wurden Rogers' Gedanken von dem Ehepaar Tausch aufgegriffen und weiterverbreitet. Sie sprachen statt von Empathie von *einfüh-*

lendem Verstehen (Tausch & Tausch, 1979), eine Formulierung, mit der sie den Ursprüngen des Konzepts (s. Lipps, 1907) sehr nahe kamen.

In der *entwicklungspsychologischen* Literatur zeigte sich erst in den 70er Jahren ein stärkeres Interesse an der Empathie (gemäß der Dominanz der amerikanischen psychologischen Forschung wurde quasi nur von "empathy" bzw. Empathie gesprochen, der ursprüngliche Begriff "Einfühlung" geriet in Vergessenheit), wobei sie aber zu dieser Zeit noch vor allem als kognitive Reaktion im Sinne von Rollen- oder Perspektivenübernahme verstanden und somit im allgemeinen mit dem *reflektierten Wissen* über den Zustand des anderen gleichgesetzt wurde (für einen Überblick siehe Deutsch & Madle, 1975).

Dies änderte sich in den 80er Jahren, als in der Psychologie ganz allgemein Emotionen wieder wesentlich mehr Aufmerksamkeit gewidmet wurde (Campos, Barrett, Lamb, Goldsmith & Stenberg, 1983, S. 787, sprechen von einem "shift in the Zeitgeist"). Vor allem durch die Veröffentlichungen von Hoffman (1983, 1984) trat der emotionale Charakter der Empathie wieder in den Vordergrund des Forschungsinteresses.

Dieses Verständnis von Empathie als einer *überwiegend emotionalen Reaktion* liegt den meisten Forschungsarbeiten jüngeren Datums zugrunde. Doch auch bei dem Versuch, Empathie in emotionalen Begriffen zu definieren, ergeben sich verschiedene Probleme. Das erste besteht darin, daß viele Autoren, wie bereits angedeutet, Empathie nicht deutlich von Gefühlsansteckung unterscheiden. Bei der Gefühlsansteckung handelt es sich um einen Prozeß, bei dem "...die Stimmung eines anderen vom Beobachter selbst Besitz ergreift und dabei zu dessen eigenstem Gefühl wird" (Bischof-Köhler, 1989, S. 26). Das heißt also, daß der Beobachter das gleiche empfindet wie die beobachtete Person, ohne sich aber dabei noch im klaren darüber zu sein, daß das Gefühl eigentlich nicht in ihm selber, sondern in der anderen Person entstanden ist. Diese fehlende Ich/Andere-Trennung findet man einerseits bei Kindern vor dem 18. Lebensmonat, andererseits aber auch bei Erwachsenen bei Phänomenen wie dem ansteckenden Lachen oder Panik. Eisenberg (1986) definierte vor einigen Jahren Empathie ausdrücklich als "emotional contagion" (S. 31), ein Gefühl, in dem das Individuum einfach nur das fühlt, was es bei der anderen Person beobachtet hat. Auch Hoffman (1983), der Empathie als "affective response, that is more appropriate to someone's else's situation than one's own" (S.1) definierte, nahm keine eindeutige Trennung von Empathie und Gefühlsansteckung vor. Dabei hatte neben Scheler (1923) und Rogers (1959) bereits Schopenhauer (1979) betont, daß "es uns gerade jeden Augenblick klar und gegenwärtig (ist), daß Er der Leidende ist, nicht *wir*: und geradezu in *seiner* Person, nicht in unserer fühlen wir das Leiden, zu unserer Betrübniß" (S. 109).

Das zweite Problem liegt in der ebenfalls häufig vorzufindenden Gleichsetzung von Empathie und Mitgefühl (z.B. Batson, 1987; Feshbach, 1978). Wenngleich die Bedeutung von Empathie für das Auslösen einer prosozialen Motivation ohne Frage ganz entscheidend ist, verweisen verschiedene Autoren darauf, daß das empathische Verstehen der Situation eines anderen durchaus nicht ausschließlich in Mitgefühl resultieren muß (s.u.).

In der *neueren* Literatur (Bischof-Köhler, 1989; Eisenberg, Shea, Carlo & Knight, 1991) scheint sich eine gewisse Annäherung in der Hinsicht abzuzeichnen, daß Empathie als primär *emotionale* Reaktion verstanden wird. Dabei wird der *Erkenntnisaspekt* der Empathie, also das Problem, daß die beobachtende Person auch Wissen über den Zustand der oder des anderen erhält (wozu eine Ich/Andere-Trennung im psychischen Sinne die unbedingte Voraussetzung ist), in den Definitionen mitberücksichtigt. Außerdem wird eine *Unterscheidung von Empathie und Mitgefühl* auch von immer mehr Autoren und Autorinnen mitgetragen.

Zum Beispiel differenziert in der amerikanischen Literatur die Arbeitsgruppe um Nancy Eisenberg zwischen "empathy", "sympathy" und "personal distress".

"Empathy" ist dabei definiert als "an emotional response that stems from another's emotional state or condition and is congruent with the other's emotional state or condition. ... it involves at least a minimal differentiation between self and other" (Eisenberg, Shea, Carlo & Knight, 1991, S. 65).

Von "empathy" unterscheidet Eisenberg "sympathy" und "personal distress". An dieser Stelle muß kritisch angemerkt werden, daß in der Vielzahl von Veröffentlichungen der Arbeitsgruppe um Nancy Eisenberg fast jedesmal eine anders formulierte Definition dieser drei Begriffe zu finden ist. "Personal distress" wird immer nach Batson (1987) zitiert und jedesmal mit anderen Worten beschrieben. Auch die Definitionen von "sympathy" und "empathy" lauten niemals gleich. Vor diesem Hintergrund erscheint es ratsam, sich an einer der aktuellsten, oben bereits zitierten Veröffentlichung von Eisenberg, Shea, Carlo und Knight (1991) zu orientieren. Dort heißt es zu "sympathy" und "personal distress":

"Sympathy is defined as a vicarious emotional reaction based on the apprehension of another's emotional state or situation, which involves feelings of sorrow or concern for the other" (S. 65). "Personal distress" wird beschrieben als "an aversive vicarious emotional reaction such as anxiety or worry which is coupled with self-oriented, egoistic concern" (S. 66).

Wie man sieht, ist die Definition der Empathie als "emotional contagion" einer Formulierung gewichen, die zumindest eine minimale Ich/Andere - Trennung vorsieht. Dennoch fehlt die Abgrenzung zur Gefühlsansteckung, wie folgender Zusatz zeigt: "Our definition of empathy is quite similar to Staub's definition of affective empathy, particularly parallel affective empathy (empathy in which one matches or parallels the other's affective state)" (S. 65). Hier zeigt sich deutlich, daß mit Empathie doch einfach nur gemeint ist, das gleiche oder ein irgendwie "parallel" geartetes, nicht genauer erklärtes Gefühl zu empfinden wie die andere Person. "Sympathy" ist definiert als Mitgefühl, und mit "personal distress" wird eine Reaktion beschrieben, bei der die beobachtende Person aufgrund der mißlichen Lage einer anderen Person vor allem eigenes Unwohlsein empfindet.

Das Verhältnis von "empathy", "sympathy" und "personal distress" sehen Eisenberg, Shea, Carlo & Knight (1991, S. 76) so, daß im allgemeinen "sympathy" und "personal distress" eine Folge der Empathie sein werden. Theoretisch halten sie aber auch den umgekehrten Fall für möglich, nämlich, daß "sympathy" oder "personal distress" Empathie hervorrufen. Als Beispiel führen sie an, daß ein Beobachter, in dem zunächst in Anbetracht der Lage des anderen "sympathy" ausgelöst wurde, versucht, sich noch mehr Information über den anderen zu verschaffen (über Rollenübernahme oder Informationsaktivierung aus dem Gedächtnis) und daraufhin Empathie empfindet. Gemeint ist offensichtlich, daß eine Person, die zunächst distanziert bedauerte, nun das *gleiche* Gefühl empfindet wie die andere Person. Hier kommt wieder die fehlende Abgrenzung von Empathie und Gefühlsansteckung deutlich zur Geltung.

Bischof-Köhler (1989) definiert Empathie folgendermaßen: "Empathie ist die Erfahrung, unmittelbar der Gefühlslage eines anderen teilhaftig zu werden und sie dadurch zu verstehen. Trotz dieser Teilhabe bleibt das Gefühl aber anschaulich dem anderen zugeordnet" (S. 26). Bischof-Köhler beschreibt Empathie als den Mechanismus, der zur Kenntnis über die Notlage des anderen verhilft und aus dem *sowohl* Mitgefühl als motivierende Kraft zur Hilfeleistung (S. 2) *als auch* antisoziale Motive wie Schadenfreude oder im Extremfall Sadismus entstehen können (S. 74)!

Daß auch Schadenfreude ein mögliches Resultat empathischen Einfühlens sein kann, beschreibt ein Autor einer ganz anderen Richtung, nämlich der Psychotherapeut Kohut (1980):

> Empathy is surely a necessary precondition for our ability to experience compassion; and compassionate acts, in order to be effective, must be guided by the accurate empathic assessment of the recipient's needs. But the same can also be said with regard to many of our hostile - destructive feelings; in order to be effective, certain destructive actions ... must be guided by the accurate empathic assessment of the victim's sensitivities (S. 483).

Alle diese Autoren trennen also zwischen Empathie auf der einen Seite und verschiedenen Gefühlen wie Mitgefühl ("sympathy"), eigenem Unbehagen ("personal distress") oder Schadenfreude auf der anderen Seite.

Doch scheint die Unterscheidung zwischen Empathie und Mitgefühl nur auf der konzeptionellen, nicht jedoch auf der operationalen Ebene Platz zu haben.

Eisenberg, Fabes et al. (1989, S. 108) schreiben hierzu: "Although empathy and sympathy differ conceptually, it is difficult to empirically differentiate empathy from either sympathy or personal distress".

Bischof-Köhler (1989) operationalisiert Empathie durch spontane prosoziale Verhaltensweisen. Wenn aber Empathie doch emotionale Teilhabe bedeuten soll, aus der sich sowohl prosoziale als auch antisoziale Motive entwickeln können, so scheint es sich bei dieser Operationalisierung doch eindeutig um Mitgefühl, also "sympathy", und nicht um Empathie zu handeln.

In der vorliegenden Arbeit wird die empathische Reaktion einer beobachtenden Person auf die *Traurigkeit* eines Gegenübers untersucht. Dabei wird Empathie als die *übergeordnete* Kategorie des emotionalen Verständnisses der Situation eines anderen verstanden, aus der sich verschiedene Gefühlsqualitäten wie Mitgefühl, Unwohlsein oder Schadenfreude entwickeln können. Da aber hier speziell die Bedeutung von Empathie für prosoziales Handeln von Interesse ist, werden *nicht* die möglichen antisozialen Folgen wie Schadenfreude oder Sadismus untersucht, sondern ausdrücklich das empathische Mitgefühl ("sympathy") und das eigene Unbehagen ("personal distress").

Die Einbeziehung und Gegenüberstellung von "sympathy" und "personal distress" ist deshalb wichtig, da sie sich in der neueren Literatur zur "Empathie-Altruismus Hypothese" (Batson, 1987, 1991) als bedeutsam erwiesen hat. Dabei scheint empathisches Mitgefühl positiv und "distress" negativ mit Hilfsbereitschaft und -verhalten zu korrelieren (s. Kap. 4).

In dem Bemühen um einen Kompromiß zwischen dem Wunsch nach terminologischer Klarheit auf der einen Seite und der Gefahr, der vielfältigen Definitionslandschaft der "Empathie" noch mehr Variationen hinzuzufügen, auf der anderen Seite, wird im weiteren Verlauf der Arbeit zwischen Empathie, als der übergeordneten Kategorie, und empathischem Mitgefühl ("sympathy") und eigenem Unbehagen ("personal distress") als den eigentlichen Untersuchungsvariablen getrennt.

Abschließend seien alle drei Begriffe noch einmal im Überblick dargestellt:

Empathie ("empathy"):

"Empathie ist die Erfahrung, unmittelbar der Gefühlslage eines anderen teilhaftig zu werden und sie dadurch zu verstehen. Trotz dieser Teilhabe bleibt das Gefühl aber anschaulich dem anderen zugeordnet" (Bischof-Köhler, 1989, S. 26)

Empathisches Mitgefühl ("sympathy") und eigenes Unbehagen ("personal distress") definiere ich in Anlehnung an die Formulierung von Eisenberg, Miller et al. (1989, S. 42):

Empathisches Mitgefühl ("sympathy"):

"Affektive Reaktion, die von der Wahrnehmung des emotionalen Zustandes eines anderen stammt und durch auf den anderen orientierte Gefühle von Betroffenheit und Bedauern charakterisiert ist".

Eigenes Unbehagen ("personal distress"):

"Affektive Reaktion, die von der Wahrnehmung des emotionalen Zustandes eines anderen stammt und durch auf das Selbst orientierte, unangenehme Gefühle wie Angst, Spannung und Unwohlsein charakterisiert ist".

Zusammenfassend kann man sich die Abgrenzung der drei Konzepte voneinander folgendermaßen vorstellen:

Tabelle 1

Abgrenzung von Empathie, empathischem Mitgefühl und eigenem Unbehagen

	Empathie	
	empathisches Mitgefühl ("sympathy")	eigenes Unbehagen ("personal distress")
Aufmerksamkeit	andere Person	Selbst
Gefühl	Mitleid	Spannung; Unwohlsein

Empathie ist die übergeordnete, empathisches Mitgefühl und eigenes Unbehagen sind die untergeordneten Kategorien. Letztere unterscheiden sich vor allem durch die Richtung der Aufmerksamkeit (Selbst versus anderer) und das dominierende Gefühl (Mitleid versus Spannung und Unwohlsein). *Beide* setzen aber voraus, daß die beobachtende Person sich überhaupt von der Emotion des Gegenübers betreffen läßt, daß sie also *nicht gleichgültig* bleibt.

2.2. PROSOZIALES VERHALTEN

Auch der Begriff des prosozialen Verhaltens ist in der Literatur unterschiedlich verstanden worden. Lück (1975) bemerkt, daß "der Ausdruck 'prosocial' vermutlich erstmals von Elizabeth Z. Johnson 1951 in ihrer Dissertation als Bezeichnung für eine bestimmte Art von Aggression (!) eingeführt und auch von anderen Autoren so verwendet wurde. Bryan und Rosenhan verwendeten den Begriff dann unabhängig und fast gleichzeitig für positive Verhaltensformen" (S. 18). Letztere Bedeutung hat sich durchgesetzt. Eine Vielzahl von Verhaltensweisen können "prosozial" genannt werden, wie z.B. jemandem das Leben retten, einen Blinden über die Straße führen, für einen anderen eine Besorgung erledigen oder anonym Geld spenden. Die meisten Definitionen enthalten jedoch folgende Komponenten:

1. Das Verhalten trägt zum Wohl anderer bei.
2. Das Verhalten erfolgt intentional.
3. Das Verhalten erfolgt freiwillig.

Bierhoff (1990) z.B. definiert: "Altruistisches Verhalten eines Akteurs ist dann gegeben, wenn er/sie die Absicht hat, einer konkreten Person eine Wohltat zu erweisen und wenn der Akteur freiwillig handelt (und nicht im Rahmen einer Aufgabe, die sich durch dienstliche Rollenverpflichtungen ergibt)" (S. 9).

Manche Autoren differenzieren prosoziales Verhalten und Altruismus. Eisenberg und Miller (1987) z.B. unterscheiden die beiden Begriffe folgendermaßen:

> Prosocial behavior generally has been defined as voluntary, intentional behavior that results in benefits for another; the motive is unspecified and may be positive, negative or both (Eisenberg, 1982; Staub, 1978). In contrast, altruistic behavior is defined as a subtype of prosocial behavior - as voluntary behavior intended to benefit another, which is not

performed with the expectation of receiving external rewards or avoiding externally produced aversive stimuli or punishments (S. 92) .

Andere Autoren stellen noch strengere Forderungen, um ein Verhalten "altruistisch" zu nennen, nämlich daß es zusätzlich zu der Erwartung oder Vermeidung von *externalen* Stimuli auch keine *internale* Selbstverstärkung oder Bestrafungsvermeidung zum Ziel haben darf (Batson, 1987). Batson betont dabei die Unterscheidung zwischen *Ziel* und *Konsequenz* einer Handlung. Während das Ziel einer altruistischen Tat stets die Verbesserung der Lage des oder der anderen sein sollte, ist persönliche Befriedigung als *Konsequenz* dieses Ereignisses durchaus zulässig. Borkenau (1991) definiert in Anlehnung an Batson (1987) solche Handlungen als altruistisch, die "mit der Intention ausgeführt werden, die Situation anderer Personen zu verbessern. Demgegenüber wird der Begriff prosoziales Verhalten als breiter aufgefaßt, insofern prosoziales Verhalten zwar 'Kosten' für den Akteur und Vorteile für den Empfänger mit sich bringt, nichtsdestoweniger aber eigennützigen Zielen dienen kann" (S. 196). Kritisch für die Unterscheidung von prosozialem Verhalten und Altruismus ist also das der Handlung zugrundeliegende *Motiv*.

Ich nehme im folgenden eine Unterscheidung zwischen prosozialen *Verhaltensweisen* einerseits und altruistischer versus egoistischer *Motivation* andererseits vor. Der Begriff "prosoziales Verhalten" wird dabei im Sinne von Eisenberg & Miller (1987) so verstanden, daß er alle Verhaltensweisen umfaßt, die freiwillig und intentional zum Wohl eines anderen beitragen, unabhängig davon, wie sie motiviert sind. In Anlehnung an Kuhl (1986, S. 4) verstehe ich weiter prosoziales Verhalten als ein *Kontinuum*, dessen Pole durch altruistisch motivierte Verhaltensweisen auf der einen und durch egoistisch motivierte Handlungen auf der anderen Seite charakterisiert sind. Steht vor allem das Wohl der anderen Person im Vordergrund, spreche ich im folgenden von altruistischer Motivation, geht es in erster Linie darum, selbstdienliche Zwecke zu erreichen, von egoistischer Motivation.

3. FORSCHUNGSSTAND ZUM ZUSAMMENHANG VON EMPATHISCHEM MITGEFÜHL UND PROSOZIALEM VERHALTEN

Anfang der 80er Jahre schien es noch kaum Evidenz für einen Zusammenhang von emotionalen Reaktionen im Sinne von "Empathie"[1] und prosozialem Verhalten zu geben. Underwood und Moore (1982) führten eine Metaanalyse durch, die auf 13 Studien basierte, in denen überwiegend Kinder die Versuchspersonen waren. Als Stimulusmaterial dienten meist kurze Geschichten über hypothetische Ereignisse, zu denen die Kinder dann anschließend Fragen beantworten mußten. Diese Methode, die bis Mitte der 80er Jahre wohl als die populärste bezeichnet werden kann, sah typischerweise so aus: Der Versuchsperson wurde eine Geschichte erzählt, die durch Bilder, Photos oder Dias illustriert war. In dieser Geschichte passierte einem anderen Kind etwas, es verlor z.B. seinen Hund. Nach der Erzählung wurde die Versuchsperson gefragt, wie sie sich selber fühlt. Antwortete sie mit dem gleichen oder ähnlichen Gefühl wie das Kind in der Geschichte es erlebte, wurde die Versuchsperson als "empathisch" eingestuft. Das prosoziale Verhalten wurde auf sehr unterschiedliche Art und Weise operationalisiert; vom Teilen einer Süßigkeit über Hilfe für den Versuchsleiter bis hin zu Lehrereinschätzungen.

Underwood und Moore (1982) fanden unterschiedliche Zusammenhänge bei Erwachsenen und keine signifikante Beziehung zwischen "Empathie" und Altruismus bei Kindern. Sie boten zwei mögliche Interpretationen dieser Ergebnisse an: Zum einen könne es daran liegen, daß bei Kindern einfach kein Zusammenhang zwischen "Empathie" und prosozialem Verhalten bestehe. Zum anderen könnte der Grund aber auch das oben beschriebene Forschungsparadigma sein (Underwood & Moore, 1982, S. 162). Unterstützung für letztere Annahme lieferten zwei Studien mit Kindern, die zur Messung von "Empathie" nicht die oben skizzierten Selbstbeschreibungen, sondern Lehrereinschätzungen und Stimmungsmanipulationen (Barnett, Howard, Melton & Dino, 1982) bzw. Videofilme als Stimulusmaterial (Peraino & Sawin, 1980) verwendeten und signifikante positive Korrelationen zwischen "Empathie" und prosozialem Verhalten fanden. Maße des prosozialen Verhaltens waren bei Barnett et al. (1982) die Anzahl von Büchlein, die die Kinder bereit waren, für kranke Kinder herzustellen, und

---

[1] Im folgenden wird immer dann der Begriff "Empathie" in Anführungszeichen benutzt, wenn Arbeiten anderer Autoren zitiert werden und ihm somit verschiedene Verständnisse zugrundeliegen können. Werden die Anführungszeichen weggelassen, so bedeutet dies, daß der Begriff in dem Sinne verstanden wird, wie er in Kapitel 2.1. festgelegt wurde.

bei Peraino und Sawin (1980) altruistische Handlungen, die die Versuchspersonen für die Kinder aus dem Film auszuführen bereit waren. Vor allem letztere Vorgehensweise deutete auf einen entscheidenden Punkt hin: das Messen von "Empathie" und prosozialem Verhalten in ein und demselben Kontext, in bezug auf ein und dieselbe Person. Underwood und Moore (1982) folgerten: "It is the identification of new paradigms that may lead to reliable findings of an empathy-altruism relation that is exciting" (S. 163).

Diese Aussage bestätigte sich in einer späteren Metaanalyse von Eisenberg und Miller (1987). In der Zwischenzeit war eine große Anzahl von Studien zu diesem Thema durchgeführt worden, die unterschiedliche Instrumente zur Messung von "Empathie" und prosozialem Verhalten verwendeten. Eisenberg und Miller (1987) gruppierten die Studien nach der Methode, mit der die "Empathie" erhoben wurde. Generell fanden sie niedrige bis mittlere signifikante positive Korrelationen zwischen "Empathie" und prosozialem Verhalten (von .10 bis .39), wobei die *Erhebungsmethode* der "Empathie" eine entscheidende Rolle spielte. Die Untersuchungen, in denen Kinder die Versuchspersonen gewesen waren, erzielten noch niedrigere Zusammenhänge, so daß Eisenberg und Miller (1987) schlußfolgerten: "...it appears that the association between empathy and prosocial behavior is somewhat weaker for children than for adults" (S. 114). Vor allem die Erfassung von Empathie über hypothetische Geschichten - die Methode, die in den Untersuchungen mit Kindern meist angewandt worden war - stand wie schon bei Underwood und Moore (1982) wieder in keinem Zusammenhang zu prosozialen Verhaltensweisen. Im Gegensatz zu diesen Verfahren ergaben sich bei der Verwendung von Selbstbeschreibungen in simulierten experimentellen Situationen, physiologischen Indikatoren, Prozeduren, in denen Erregung fehlattribuiert wurde und Ähnlichkeitsmanipulationen die höchsten signifikanten Korrelationen (vgl. Kap. 4).

Die Unterlegenheit der Bild-Geschichten-Verfahren hat vermutlich folgende Gründe :

1. In ihnen werden meist rein hypothetische Szenarios dargestellt, zu denen die Kinder Fragen beantworten sollen. Das bewußte Reflektieren und Verbalisieren der eigenen Gefühle, das in dieser Art von Untersuchungsdesign gefordert wird, kann aber zu kognitiver Überforderung führen, da die Kinder u.U. noch nicht in der Lage sind, den eigenen Gefühlszustand genau zu analysieren und in Worte zu fassen.

2. Da die Geschichten im allgemeinen nichts mit der Realität zu tun haben, in der sich das Kind im Moment der Untersuchung befindet, besteht

die Gefahr, daß u.U. weniger Emotionen, dafür aber umso mehr soziale Erwünschtheit aktiviert wird.

3. Der Kontext, in dem das prosoziale Verhalten gemessen wird, ist fast immer ein anderer als der, in dem die "Empathie"indikatoren erfaßt werden. Mit anderen Worten, die Objekte der "Empathie" und des prosozialen Verhaltens sind nicht die gleichen. Das heißt, daß z.B. die "Empathie" aus den Antworten zu vorgelesenen Geschichten, also in Hinblick auf eine fiktive Person, und das prosoziale Verhalten als Zahl der aufgehobenen Briefklammern, die der Versuchsleiter hatte fallenlassen, operationalisiert werden.

Auch wenn somit erklärbar wird, warum die Bild-Geschichten-Verfahren schlechte Ergebnisse erzielten, bleibt immer noch die Frage bestehen, aus welchem Grund die Korrelationen, die in der Meta-Analyse von Eisenberg und Miller (1987) gefunden wurden, insgesamt so niedrig waren. In Anlehnung an das Kapitel "Begriffsbestimmungen" liegt es nahe, diese Gründe in der *Konzeptualisierung* und *Operationalisierung* von "Empathie" und prosozialem Verhalten zu suchen. Wie schon beschrieben, wurde der Begriff "Empathie" für eine Reihe verschiedener emotionaler Reaktionen benutzt. Da auch die Trennung von Empathie, Mitgefühl ("sympathy") und eigenem Unbehagen ("personal distress") erst in wenigen Studien vorgenommen wurde, ist die *Validität* der Meßinstrumente in vielen Untersuchungen fraglich.

Ähnliches läßt sich für den Bereich des prosozialen Verhaltens sagen. Prosoziales Verhalten ist ein Begriff, der noch nichts darüber aussagt, wie ein Verhalten motiviert ist - ob eher altruistisch oder eher egoistisch. Es ist zu vermuten, daß Empathie im Sinne von "sympathy" eher zu altruistisch motiviertem prosozialem Verhalten führt, während "personal distress" egoistische prosoziale Motivation hervorrufen könnte (s. Hoffman, 1984; Batson, 1991). Operationalisiert man aber z.B. prosoziales Verhalten als öffentliches Helfen oder Spenden, so liegt nahe, daß hier ganz andere Motive, wie z.B. soziale Erwünschtheit, eine Rolle spielen können. In einem solchen Fall gibt es also gar keinen Grund, einen Zusammenhang zwischen empathischem Mitfühlen und prosozialem Verhalten zu erwarten. Demgegenüber wurden in Untersuchungen, in denen zwischen Empathie (operationalisiert als "sympathy") und "personal distress" auf der einen Seite und zwischen altruistisch und nicht-altruistisch motivierten Verhaltensweisen (die geleistet wurden, obwohl die Versuchsperson sich auch leicht der Situation hätte entziehen können bzw. die nur entstanden, weil die Person sich der Situation nicht entziehen konnte) auf der anderen Seite differenziert wurde, bedeutsame Korrelationen zwischen Empathie und Altruismus gefunden (z.B. Batson, 1987). Dazu ist allerdings einschränkend anzumerken, daß diese Studien mit erwachsenen, fast ausschließlich studentischen, Versuchspersonen durchgeführt wurden.

Soweit also die Ergebnisse aus Untersuchungen mit Erwachsenen. Doch wie sieht der Forschungsstand bei *Kindern* aus?

Seit Ende der 80er Jahre gibt es mehrere Forschungsgruppen, die sich schwerpunktmäßig bemühen, die eben skizzierten Forschungsdefizite aus entwicklungspsychologischer Perspektive in Untersuchungen mit Kindern zu überwinden.

Die Arbeitsgruppe um Eisenberg ist in einer Vielzahl von Forschungsarbeiten bestrebt, eine große Zahl von Aspekten, die den Zusammenhang von "Empathie" und prosozialem Verhalten berühren, zu untersuchen.

Mit einem "multimethod approach" (Eisenberg, Fabes, Miller et al., 1989) werden das Verhältnis von "sympathy" und "personal distress" zueinander und zum prosozialen Verhalten, außerdem Geschlechter- und Altersunterschiede und Sozialisationsbedingungen untersucht. Die Methode ist dabei meistens die, daß den Versuchspersonen Filme gezeigt werden, in denen einem Protagonisten etwas zustößt oder zugestoßen ist (nach Toi & Batson, 1982). Zum Beispiel wird das Interview mit einer Mutter gezeigt, die ihre beiden Kinder im Krankenhaus besucht. Sie beschreibt den Autounfall, bei dem die Kinder sich schwer verletzt haben, und die physischen und psychischen Konsequenzen für sich und die Kinder. Zur Messung des empathischen Mitgefühls ("sympathy") werden während der Betrachtung des Films Mimik und Gestik videographiert und der Herzschlag gemessen. Anschließend geben die Versuchspersonen verbal darüber Auskunft, wie sie sich fühlen. Das prosoziale Verhalten wird im allgemeinen als intendierte Hilfsbereitschaft der Person aus dem Film gegenüber operationalisiert, in diesem Fall, wieviel Stunden die Versuchspersonen bereit sind, den Kindern aus dem Film Hausaufgabenhilfe zu leisten, oder wieviel Geld ihres Versuchspersonenhonorars sie gewillt sind, zu spenden (Eisenberg, Fabes, Miller et al., 1989).

Die Ergebnisse der verschiedenen Studien von Eisenberg sind nicht völlig eindeutig, da sie z.T. je nach Alter und Geschlecht der Versuchspersonen unterschiedlich ausfallen. Dennoch weisen sie deutlich in eine Richtung:

1. In allen Studien konnten "sympathy" und "personal distress" voneinander unterschieden werden.

2. Bei der Verwendung von *Mimik*-Indikatoren konnten signifikante Korrelationen zwischen empathischem Mitgefühl ("sympathy") und prosozialem Verhalten gefunden werden. In zwei Studien mit Vorschulkindern (Eisenberg, McCreath & Ahn, 1988; Eisenberg et al., 1990) korrelierte eine "sympathische" Mimik positiv mit prosozialem Verhalten. In der ersten, in der "sympathy" und prosoziales Verhalten unabhängig voneinander gemessen wurden, war der Korrelationskoeffizient relativ niedrig (partial $r = .26$, $p \leq .05$, $n = 52$). In der zweiten Studie waren das Objekt des Mitfühlens und des Hilfeverhaltens das gleiche. Hier korrelierte "sympathische" Mimik zu $r = .5$ ($p \leq .05$, $n = 19$) mit prosozialem Verhalten, allerdings nur bei Jungen. In letztgenannter Untersuchung ergaben sich außerdem - wiederum nur bei Jungen - signifikant *negative* Korrelationen zwischen ängstlich/angespannter ("distress") Mimik und prosozialem Verhalten ($r = -.45$, $p \leq .05$). Der letzte Befund ließ sich auch in einer weiteren Studie bestätigen (Eisenberg, Fabes, Miller et al., 1989): 8-10jährige Jungen, die ängstlich/angespannt ("distress") schauten, waren eher *nicht* bereit, den Filmkindern Hausaufgabenhilfe zu leisten (partial $r = -.35$, $p \leq .01$, $n = 67$); bei 10jährigen Jungen und Mädchen fand sich zwischen ängstlich/angespannter ("distress") Mimik und Spendebereitschaft ebenfalls eine negative Korrelation ($r = -.59$, $p \leq .01$, $n = 21$). Fabes, Eisenberg und Miller (1990) fanden bei 8-11jährigen Mädchen ($n = 42$) keine signifikante Beziehung zwischen Mimik und Hilfeverhalten, bei Jungen ($n = 56$) eine relativ schwache von $r = .22$ für "facial sadness" und $r = .24$ für "sympathy" (jeweils $p \leq .05$).

Somit gibt es also einige Belege dafür, daß Kinder, die in der Mimik Mitgefühl ausdrücken, hilfsbereiter sind als solche, die eher mimischen "distress" zeigen. Die dabei aufgetretenen Alters- und Geschlechterunterschiede sind allerdings schwierig zu interpretieren, weshalb von einer eindeutigen Befundlage noch keine Rede sein kann.

Was die beiden anderen von Eisenberg verwendeten Indikatoren für das Mitgefühl anbelangt - Herzschlag und verbale Berichte -, so bergen sie auch einige Probleme. Die verbalen Daten haben sich als wenig valide erwiesen (Eisenberg, Fabes, Miller et al., 1989; Fabes et al., 1990). Der Herzschlag scheint sich zwar bei Kindern, die mitfühlen und/oder helfen, zu verlangsamen, er variiert aber mit Alter und Geschlecht und kann zudem nur in bestimmten Kontexten verwendet werden, nämlich wenn das Kind ruhig sitzt und z.B. einen Film anschaut, nicht aber in realen Interaktionssituationen.

Filme als Stimulusmaterial zur Erfassung emotionaler und prosozialer Reaktionen sind aber nicht die ideale Lösung. Es ist nicht klar, ob die durch den Film hervorgerufenen Emotionen tatsächlich mit Gefühlen, die in einer realen Situation entstehen würden, vergleichbar sind, zumal keine echte Interaktion mit dem "Opfer" entsteht. Fabes et al. (1990) unterstreichen dann auch die "... importance of using more natural and less deceptive methods of obtaining children's reactions to others' distress" (S. 647).

Eine Methode, die die Erfassung sowohl emotionaler als auch prosozialer Reaktionen in einem ökologisch validen Kontext erlaubt, findet sich bei Bischof-Köhler (1989). Sie untersuchte 12-18 Monate alte Kinder in einer Interaktionssituation mit einer instruierten Spielpartnerin. Diese Spielpartnerin hatte einen Teddybär, dem im Laufe des Spiels der (vorher präparierte) Arm abfiel. Die Spielpartnerin demonstrierte daraufhin Traurigkeit über das Geschehen (für Details s. Bischof-Köhler, 1989, S. 93). Die Reaktionen des Kindes wurden über eine Videokamera festgehalten.

Bischof-Köhlers Untersuchungsgegenstand ist allerdings nicht der Zusammenhang zwischen Empathie und prosozialem Verhalten, sondern die Frage, wann in der Ontogenese die Fähigkeit zur Empathie das erste Mal auftritt. Sie operationalisiert Empathie über spontane prosoziale Interventionen wie ein anderes Spielzeugtier anbieten oder sich zärtlich mit dem Teddy beschäftigen (S. 99). Wenn man auch der Meinung sein kann, daß ein solches Vorgehen bei der Altersgruppe von 1,5jährigen, bei denen es schwer ist, andere valide Indikatoren zu finden, noch zulässig ist, so ist bei der Untersuchung von älteren Kindern fraglich, ob eine Gleichsetzung der Konzepte von Empathie und prosozialem Verhalten statthaft ist. Letztendlich aber ist diese Frage eine empirische, zu deren Klärung die vorliegende Arbeit beitragen will.

4. MOTIVIERUNG PROSOZIALEN VERHALTENS

Die im vorigen Kapitel referierten Untersuchungen (Underwood & Moore, 1982, Eisenberg & Miller, 1987) haben gezeigt, daß sich bei erwachsenen Versuchspersonen nahezu immer ein Zusammenhang zwischen "Empathie" und prosozialem Verhalten feststellen läßt. Bei Kindern kam ein solcher Zusammenhang im allgemeinen dann zustande, wenn nicht-verbale Untersuchungsmethoden benutzt wurden und "Empathie" und prosoziales Verhalten im gleichen Kontext erhoben wurden.

Doch damit ist noch nicht die Frage geklärt, womit das prosoziale Verhalten motiviert ist! Dieses Problem ist für den vorliegenden Kontext umso wichtiger, als dieser Arbeit ein motivationstheoretischer Ansatz zugrunde liegt. Kornadt (1982) versteht unter "motivationstheoretisch" einen Ansatz, der

> ein relativ komplexes System in der Person annimmt, das zu *spezifischem zielgerichtetem* Verhalten anregt und dies in der Regel so lange in Gang hält, bis das Ziel erreicht ist. Im Gegensatz etwa zur sozialen Lerntheorie liegt hier der Ton vor allem auf der *Spezifität* des Systems, das (nur) durch *bestimmte* Bedingungen angeregt wird und das ebenfalls zu *bestimmten ziel*-bezogenem Verhalten veranlasst, das von anders motiviertem (in Ziel-wie in Ausführungsmerkmalen) unterschieden ist, auch dann, wenn sich innerhalb dieses Verhaltensbereiches eine sehr große intraindividuelle und interindividuelle wie situationsabhängige Variabilität zeigt (S. 69).

Motivationstheoretische Annahmen wurden bislang vor allem in der Leistungs- und Aggressionsentwicklung angewandt (Heckhausen, 1980; Kornadt, 1982), in jüngerer Zeit aber auch für die Altruismusgenese fruchtbar gemacht (Husarek, 1992).

Die Motivationstheorie bewertet Handeln also nach dem funktionalen Kriterium seiner Gerichtetheit auf bestimmte Ziele. Worin aber besteht nun das Ziel empathisch motivierten prosozialen Verhaltens? In der Literatur wird seit einigen Jahren kontrovers diskutiert, ob die Motivation tatsächlich nur darin besteht, dem *anderen* zu helfen, oder ob es vielmehr um die Reduzierung der *eigenen* Erregung oder der *eigenen* Traurigkeit oder um den Wunsch, nach der Hilfeleistung an der Freude der anderen Person teilhaben zu können, geht (Batson, 1987, 1991; Cialdini et al., 1987; Smith, Keating & Stotland, 1989).

Evidenz *für* die "Empathie"-Altruismus Hypothese, also die Behauptung, daß empathisch motiviertes Verhalten das *Ziel* habe, die Lage des anderen zu verbessern, wurde vor allem durch Untersuchungen aus der Arbeitsgruppe von Batson (1987, 1991) geliefert.

Grundlage für das Vorgehen von Batson war die Überlegung, daß bei niedriger "Empathie" die Hilfsbereitschaft von den gegebenen Fluchtmöglichkeiten aus der Situation abhängen sollte. Er nahm an, daß in einer Situation, in der eine Person eine andere in Not beobachtet, v.a. zwei unterscheidbare Emotionen auftreten sollten: Empathisches Mitgefühl (bei ihm "empathy") und eigenes Unbehagen ("personal distress"). Diese Annahme bestätigte sich in mehreren Untersuchungen mit studentischen Versuchspersonen, die ihre Reaktion auf die Notlage einer anderen, fiktiven Person (Beschreibung der Situationen siehe unten) mit verschiedenen Adjektiven beschreiben sollten (Coke, Batson & McDavis, 1978, Experiment 2; Batson, Cowles & Coke, 1979; Coke, 1980; Toi & Batson, 1982; Fultz, 1982; Batson, O'Quinn, Fultz, Vanderplas & Isen, 1983). Faktorenanalysen, die mit diesen Einschätzungen durchgeführt wurden, ergaben zwei unabhängige Faktoren. Der eine, auf dem die Eigenschaften *verständnisvoll, gerührt, mitleidsvoll, zart, warm und weichherzig* hoch luden, wurde als "empathisches Mitgefühl" bezeichnet, der andere, repräsentiert durch *alarmiert, bekümmert, bestürzt, beunruhigt, gestört, verwirrt, besorgt und aufgeregt*, als "personal distress" interpretiert. In einer unabhängigen Untersuchungsreihe, in der Erregung mittels Placebos fehlattribuiert wurde (Batson, Duncan, Ackerman, Buckley & Birch, 1981, Exp. 1), stellte sich ebenfalls heraus, daß die Versuchspersonen "empathisches Mitgefühl" und "personal distress" deutlich als zwei unterschiedliche Emotionen empfanden.

Ausgehend von dieser Trennung zwischen "empathischem Mitgefühl" und "personal distress" postulierte Batson (1987, 1991), daß "personal distress" die egoistische Motivation der Reduzierung der eigenen Erregung hervorrufe und daher zu Flucht aus der Situation führen sollte, falls dies möglich ist, da Flucht weniger Kosten verursacht als Hilfeleistung. Demgegenüber sollte das empathische Mitgefühl die altruistische Motivation erwecken, dem *anderen* zu helfen. Flucht wäre in diesem Falle keine Alternative, da das Ziel, dem anderen zu helfen, so nicht erreicht werden kann.

Zur Überprüfung der Hypothese, ob empathisches Mitgefühl *altruistische*, "personal distress" jedoch *egoistische* prosoziale Motivation hervorruft, wurden verschiedene Studien durchgeführt (Coke et al., 1978, Exp. 2; Batson et al., 1979; Batson et al., 1981, Exp. 1 und 2; Toi & Batson, 1982; Batson et al., 1983, Exp. 1 und 2). Es wurden zwei Designs verwendet. In dem einen (Coke et al., 1978) hörten die Versuchspersonen eine Radiosendung, in der über eine Person in Not berichtet wurde. Im Anschluß daran hatten die Versuchspersonen die Möglichkeit, ihre Hilfe anzubieten, wobei einem Teil von ihnen erklärt wurde, sie würden die Person aus der Sendung nicht wiedersehen (leichte Fluchtbedingung); dem anderen Teil wurde gesagt, sie würden das Opfer nächste Woche in der Einführungsveranstaltung für Psychologie treffen (schwere Fluchtbedingung).

"Empathie" wurde entweder über Selbstbeschreibungen (mit den oben aufgelisteten Adjektiven) gemessen und/oder über eine Perspektivenübernahme-Instruktion manipuliert. Bei dieser Instruktion wurde der einen Hälfte der Versuchspersonen gesagt, sie solle sich ganz auf die Gefühle der Person in Not konzentrieren, wohingegen die andere Hälfte instruiert wurde, nur auf Aspekte der Situation zu achten, die nichts mit dem Empfinden des Opfers zu tun hatten. Der Erfolg dieser Manipulation wurde wiederum über Selbstbeschreibungen kontrolliert.

Die Ergebnisse stützten klar die Hypothese: Versuchspersonen, die sich als hoch empathisch darstellten bzw. angehalten worden waren, sich auf die Gefühle des Opfers zu konzentrieren, zeigten Hilfeverhalten unabhängig davon, ob die "Flucht" leicht oder schwer war. Die Versuchspersonen, die sich als "distresst" beschrieben hatten bzw. auf die situativen Aspekte der Situation geachtet hatten, halfen demgegenüber in der schwierigen Fluchtbedingung signifikant mehr als in der einfachen!

In dem anderen Untersuchungsdesign (Batson et al., 1983) wurde das Verfahren der Fehlattribution von Erregung benutzt. Die Versuchsperson beobachtete eine Verbündete des Versuchsleiters, die im Laufe eines Lernexperiments scheinbar Elektroschocks ausgesetzt wurde. Vor dem Versuch nahm die Versuchsperson ein Placebo ein, das bei der einen Hälfte der teilnehmenden Personen angeblich interpersonelle Zuneigung und Sensitivität auslösen sollte, bei der anderen Unwohlsein und Unbehagen. Dadurch konnten die jeweils spontan auftretenden Gefühle auf die entsprechende Tablettenwirkung attribuiert werden. Falls tatsächlich ein gesteigertes empathisches Mitgefühl zu Altruismus führen sollte, sollte bei Überwiegen dieser Gefühle generell eine hohe Hilfsbereitschaft eintreten. Demgegenüber sollte bei Überwiegen des eigenen Unbehagens die Hilfeleistung davon abhängig sein, ob eine leichte Fluchtmöglichkeit besteht oder nicht. Tatsächlich zeigte sich, daß die Bereitschaft, Elektroschocks anstelle des Opfers zu ertragen, am geringsten war, wenn die Unbehagensgefühle überwogen (das Placebo also suggerierte, empathisches Mitfühlen sei nur aufgrund der Tablette entstanden) und die Versuchsperson sich leicht der Situation entziehen konnte.

Batson interpretiert diese Ergebnisse als Beleg dafür, daß Menschen, die aus empathischem Mitgefühl heraus helfen, dies nicht um der eigenen Erregungssenkung willen tun, sondern mit dem Ziel, dem anderen zu helfen.

Dennoch zog er noch weitere theoretische Möglichkeiten in Betracht, die *gegen* die "Empathie"-Altruismus Hypothese sprechen könnten, nämlich eine "Empathie"-spezifische Belohnungs- bzw. Bestrafungshypothese. Damit ist gemeint, daß empathisch erregte Menschen unter Umständen ganz bestimmte internale Belohnungen oder Bestrafungen antizipieren, die dann der eigentliche Motivator für die Hilfehandlung sind. Beispiele hierfür sind das "negative state relief model" von Cialdini et al. (1987) und die "empathic joy" Hypothese von Smith et al. (1989).

Cialdini et al. (1987) behaupteten, daß es den Versuchspersonen aus den Experimenten von Batson et al. vor allem darum ging, ihre *eigene traurige Stimmung zu verbessern*, ein "personal mood management" (S. 750) zu betreiben, während Smith et al. (1989) davon ausgingen, daß geholfen wurde, um an der *Freude der anderen Person teilzuhaben*, wenn es ihr besser geht.

Beide Forschungsteams benutzten Versuchsanordnungen, die denen von Batson und Mitarbeitern sehr ähnlich waren, in einigen für die jeweilige Hypothese entscheidenden Punkten jedoch abwichen (für Einzelheiten siehe Cialdini et al. (1987) und Smith et al. (1989)). Wenngleich beide Autoren durch ihre Ergebnisse jeweils ihre Theorie bestätigt und die "Empathie"-Altruismus-Hypothese widerlegt sahen, gab es dennoch in jeder der Studien einige Unklarheiten, die weitere Untersuchungen veranlaßten. Schaller und Cialdini (1988) und Fultz, Schaller und Cialdini (1988) berichteten weitere Evidenz für das "negative state relief model", wohingegen Schroeder, Dovidio, Sibicky, Matthews und Allen (1988), Eisenberg, Fabes, Miller et al. (1989) und Batson et al. (1989) zu Cialdini widersprechenden und Batson et al. (1991) zu Smith widersprechenden Ergebnissen kamen. In einer anderen Untersuchungsreihe fanden Batson et al. (1988) zusätzliche Evidenz für die "Empathie"-Altruismus bzw. gegen weitere alternative Belohnungs- oder Bestrafungshypothesen.

So gesehen hat die "Empathie"-Altruismus-Hypothese also bislang mehr Unterstützung als Widerlegung erfahren, wenngleich man den Forschungsstand derzeit kaum abschließend beurteilen kann. Borkenau (1991) vergleicht die Sicherheit, mit der die Frage nach einer wahrhaft altruistischen Motivation zu beantworten ist, mit "einem Indizienprozeß, in dem zwar eine allgemeine Stimmung im Sinne von pro oder contra zu verzeichnen ist, letztliche Gewißheit aber nicht hergestellt werden kann" (S. 203).

Mehrere Autoren (Borkenau, 1991; Smith et al., 1989) weisen darauf hin, daß es von der Strenge der Altruismus-Definition abhängt, wieviel Unterstützung die "Empathie"-Altruismus Hypothese erfährt. Smith et al. (1989) vertreten den Standpunkt, daß Theorien der Hilfemotivation zu häufig einen Konflikt zwischen dem Selbst und dem anderen postulieren. In ihrer Sicht unterscheidet sich Altruismus von Egoismus v.a. dadurch, daß es die *Bedürfnisse des oder der anderen sind*, die empathisches Mitfühlen und ein Gefühl der Befriedigung nach Erfüllen dieser Bedürfnisse hervorrufen. Die "Empathie" stelle dabei eine Kontingenz zwischen der eigenen Freude und der Freude der oder des anderen dar.

Abgesehen von diesen Überlegungen allgemeinerer Natur, müssen in bezug auf alle oben referierten Studien folgende Einschränkungen gemacht werden:

1. Sie wurden nur mit Psychologiestudenten und -studentinnen durchgeführt.
2. Es fand keine direkte Interaktion mit dem Opfer statt.
3. Nur die Hilfsbereitschaft, nicht die tatsächliche Hilfeleistung, wurde gemessen.
4. Die Emotionen wurden nur über Selbstbeschreibungen, die anfällig für soziale Erwünschtheit (s. Eisenberg, Fabes, Miller et al., 1989) und abhängig vom jeweiligen Kontext sind (s. Batson et al., 1991), gemessen.
5. Die Manipulation der Perspektivenübernahme ist kein Garant für gesteigerte "Empathie", zumal sie in den Untersuchungen von Batson (1991), Cialdini et al. (1987), Smith et al. (1989) usw. stets nur über Selbstbeschreibungen kontrolliert wurde. Trommsdorff und John (1992) fanden heraus, daß eine solche Instruktion zwar die Dekodierung von affektiven Informationen wesentlich verbesserte, gleichzeitig aber nicht mit gesteigerter "Empathie" (gemessen als trait-"Empathie" über den Fragebogen von Mehrabian & Epstein (1972)) einherging.

Die Bedeutung der "Empathie"-Altruismus-Diskussion wird immer wieder in Frage gestellt, da manche Autoren sie für unfruchtbar halten (Martz, 1991, S. 162, kommentiert sie mit "enough already!"). Trommsdorff (1993) weist jedoch darauf hin, daß an dieser Kontroverse vor allem zwei Punkte bedeutsam sind: zum einen "die Annahme, daß Emotionen als Bedingung prosozialen Verhaltens wirken, und zum anderen, daß Emotionen unterschiedliche Motive anregen, die beide zum gleichen Verhalten - Hilfe - führen können" (S. 11).

Damit ist gemeint, daß es beachtenswert ist, daß überhaupt Emotionen bei der Auslösung prosozialen Verhaltens in Betracht gezogen werden, im Gegensatz zu einer einseitigen Betonung von kognitiven Faktoren. Außerdem ist die Differenzierung von verschiedenen Emotionen, die unterschiedliche Motive auslösen und dennoch alle zu Hilfeverhalten führen können, fruchtbar für die weitere Forschung.

Zusätzlich zu dem bereits Gesagten muß man sich weiter vor Augen führen, daß es sehr verschiedene Arten von Hilfeleistungen gibt - solche, die hohe Kosten für den Geber der Hilfe beinhalten und solche, die mit nur sehr geringen Kosten verbunden sind. Dieser Aspekt wird von austauschtheoretischen Analysen des prosozialen Verhaltens betont. Bierhoff (1982, S. 75) berichtet von einer unveröffentlichten Arbeit von Piliavin und Piliavin (1975). Diese Autoren gehen davon aus, daß die Wahrnehmung einer Notsituation eine empathische Erregung bei der beobachtenden Person hervorruft, die umso unangenehmer erlebt wird, je intensiver sie ist, und die zu einer Reaktionsform führt, die diese Erregung so schnell und vollständig wie möglich reduziert. Weiter stellen sie in ihrem Modell die Kosten der Hilfe den Kosten der Nichthilfe gegenüber (s. Tabelle 2).

Tabelle 2
Reaktionen auf Notsituationen in Abhängigkeit von direkten und indirekten Kosten (aus: Bierhoff, 1982, S. 75)

Kosten der Nichthilfe	Kosten der Hilfe	
	Niedrig	Hoch
Hoch	Direkte Intervention	Indirekte Intervention oder Neudefinition der Situation, Herabsetzung des Opfers usw.
Niedrig	Variabel (im wesentlichen eine Funktion der situationsspezifischen Normen)	Verlassen der Situation, Ignorieren, Verleugnen usw.

Wie man sieht, gehen Piliavin und Piliavin (1975) von einer eindeutig egoistischen Orientierung der Hilfe aus; eine Sichtweise, der wir aufgrund der oben dargestellten Untersuchungen von Batson (1987, 1991) nicht zustimmen können. Der Aspekt der unterschiedlichen Kosten, die mit einer Hilfeleistung einhergehen, ist jedoch für das Verständnis der Aktualgenese prosozialen Verhalten durchaus fruchtbar, weshalb er im folgenden weiterverwendet werden soll.

Unter Berücksichtigung der verschiedenen dargestellten Ansätze kann man folgendes Bild der Aktualgenese prosozialen Verhaltens in einer Situation, in der eine Person mit der Traurigkeit eines Gegenübers konfrontiert wird, zeichnen:

Die wahrgenommene Traurigkeit des Gegenübers kann verschiedene Emotionen im Betrachter auslösen (empathisches Mitgefühl, eigenes Unbehagen oder einfach Unbetroffenheit), die verschiedene Motive aktivieren (der anderen Person zu helfen oder sich selbst etwas Gutes zu tun), welche wiederum zu verschiedenen Arten der Hilfeleistung (mit impliziten hohen oder niedrigen Kosten) führen können. Diese Aktualgenese prosozialen Verhaltens kann man sich demnach vereinfacht so vorstellen:

Tabelle 3
Aktualgenese prosozialen Verhaltens in Anbetracht des Kummers einer anderen Person

	Phase 1	Phase 2	Phase 3
	Gefühl	Motivation	Handlung
Pfad 1:	empathisches Mitgefühl ("sympathy")	altruistisch	prosoziales Verhalten mit hohen Kosten
Pfad 2:	eigenes Unbehagen ("personal distress")	egoistisch	prosoziales Verhalten mit niedrigen Kosten
Pfad 3:	Unbetroffenheit	egoistisch	kein pros. Verhalten

Die einzelnen Schritte sind folgendermaßen zu verstehen:

Pfad 1:

Die Wahrnehmung des Kummers eines Gegenübers löst in der beobachtenden Person empathisches Mitgefühl aus. Eine altruistische Motivation wird erweckt, die das Ziel hat, der anderen Person zu helfen. Es folgt prosoziales Verhalten mit hohen impliziten Kosten bzw. hohem Engagement.

Pfad 2:

Die beobachtende Person wird von der Wahrnehmung des Unglücks angerührt, sie löst aber eher Unbehagen in ihr aus. Es entsteht eine eher egoistische Motivation, die das Ziel hat, den eigenen unangenehmen Zustand bei möglichst geringem Aufwand zu beenden. Das resultierende prosoziale Verhalten ist daher mit eher niedrigen Kosten und wenig Engagement verbunden.

Pfad 3:

Die beobachtende Person nimmt sowohl Situation als auch Gegenüber wahr, läßt sich aber nicht davon anrühren und bleibt unbetroffen. Die resultierende Motivation kann man ebenfalls egoistisch nennen, da die Bedürfnisse des Gegenübers nicht berücksichtigt werden. Prosoziales Handeln ist nicht zu erwarten, da dazu kein Anlaß besteht.

5. FAKTOREN, DIE DEN ZUSAMMENHANG VON EMPATHISCHEM MITGEFÜHL UND PROSOZIALEM VERHALTEN BEEINFLUSSEN

Die soeben dargestellten Zusammenhänge zwischen emotionalen und prosozialen Reaktionen können durch verschiedene Einflüsse gefördert oder gehemmt werden, die im folgenden dargestellt werden sollen. Dabei wird unterschieden zwischen Variablen, die eher mit der Wahrnehmung der Situation und der Person des "Opfers" zu tun haben und Variablen, die die Sozialisation des Kindes betreffen.

5.1. WAHRNEHMUNG DES "OPFERS" UND DER SITUATION

Betrachten wir zunächst die Variablen, die mit den Merkmalen der Person und der Situation zusammenhängen:

- *Wahrnehmung der Situation*

Es kann sein, daß das Unglück nicht als ein solches wahrgenommen wird; auch kann die andere Person als nicht bedürftig eingeschätzt werden. In beiden Fällen dürfte *Unbetroffenheit* resultieren.

- *Attribution*

Wenn die andere Person als Verursacherin ihres Unglücks angesehen wird ("selber schuld") ist ebenfalls eine *Unbetroffenheitsreaktion* wahrscheinlich.

- *Andere Motive*

In der beobachtenden Person können andere Motive vorherrschen, die dazu führen, daß sie aktuell andere Ziele verfolgt und ihre Aufmerksamkeit davon nicht ablenken will. Auch hier dürfte die Folge *Unbetroffenheit* sein.

- *Erregung*:

Wird die beobachtende Person durch das Ereignis zu stark erregt, ist eine *"distress"*-Reaktion wahrscheinlich, da sie damit beschäftigt sein wird, die eigene Erregung unter Kontrolle zu bekommen. Gründe für diese Erregbarkeit können zum einen in der Disposition der Person liegen, zum anderen in mangelnder Erfahrung, wie man mit stressenden Situationen umgeht. Hoffman (1981) stellt Überlegungen an, denen zufolge die mangelnde Kontrollierbarkeit der Situation eine wesentliche Rolle in einem Prozeß, den er "empathisches overarousal" nennt, spielt. Ideal für eine empathisch mitfühlende Reaktion ist vermutlich ein mittleres Erregungsniveau, also weder Unter- noch Übererregung.

- Einschätzung der eigenen Kompetenz

Unsicherheit in der Einschätzung der Situation und der eigenen Kompetenz können zu einer *"distress"*-Reaktion führen, da die Person entweder gar nicht weiß, was sie machen soll, oder sich zwischen verschiedenen Hilfsalternativen nicht entscheiden kann oder trotz des Wissens über eine Hilfsmöglichkeit nicht in der Lage ist, sie umzusetzen. Die Gründe für dieses Verhalten liegen vermutlich in der Sozialisationsgeschichte der Person (s.u.).

- Ähnlichkeit mit der anderen Person:

Die Bedeutung der Ähnlichkeit der anderen Person für die Auslösung prosozialen Verhaltens ist in der sozialpsychologischen Literatur intensiv untersucht worden. Krebs (1975) z.B. fand in einer Untersuchung mit studentischen Versuchspersonen, daß diese besonders dann zu altruistischen Handlungen bereit waren, wenn ihnen mitgeteilt worden war, daß die Hilfe empfangende Person ähnliche Werte auf einem Persönlichkeitsfragebogen erhalten hatte. Auch in Untersuchungen mit Kindern stellte sich heraus, daß Ähnlichkeit im Sinne von gleichen Merkmalen wie z.B. Geschlecht (Feshbach & Roe, 1968) oder gemeinsamer Erfahrung (Barnett, 1984) zu erhöhter "Empathie" führte.

- Vertrautheit der anderen Person:

Bischof-Köhler (1989, S. 78/79) weist auf die Bedeutung der *Vertrautheit* der anderen Person hin. In ihrer Untersuchung hatte jedoch die Vertrautheit zwischen Kind und Spielpartnerin (erhoben in einer freien Spielphase vor Beginn der eigentlichen Experimente) keinen Einfluß auf seine prosozialen Interventionen (Bischof-Köhler, 1989, S.114). Um diesen Faktor zu kontrollieren, wurde für die vorliegende Untersuchung im Vorfeld der eigentlichen Experimente viel Wert darauf gelegt, ein vertrauensvolles Verhältnis zwischen den teilnehmenden Kindern und der Spielpartnerin zu schaffen (s.u.).

- Status der anderen Person

Neben der Vertrautheit der anderen Person kann noch ihr *Status*, die mit ihr verbundene Autorität, eine Rolle spielen. Whiting und Whiting (1975) fanden in ihrer Beobachtungsstudie von Kindern in sechs Kulturen heraus, daß diese *Erwachsenen* im Vergleich zu Kleinkindern und Kindern wesentlich *seltener* Hilfe und Unterstützung anboten. Da die Whitings spontan auftretende Verhaltensweisen in verschiedenen natürlichen Umgebungen des Kindes beobachteten, kann man aus ihren Ergebnissen keine direkten Rückschlüsse für die vorliegende Untersuchung ziehen, da der methodische Zugang nicht der gleiche ist. Dennoch wird deutlich, daß es nicht unerheblich ist, welchen Status die andere Person innehat. Für den vorliegenden Kontext läßt es sich unschwer vorstellen, daß das Konfrontiert-Sein mit einer traurigen Person, die in der sozialen Hierarchie eine höhere Stufe einnimmt als der Beobachter, Unbehagens-Gefühle ("distress") auslösen kann, da die beobachtende Person evtl. unsicher ist, wie sie sich verhalten soll, ohne die soziale Hierarchie zu gefährden.

In der vorliegenden Untersuchung wurde besonderer Wert auf die Maximierung der *Vertrautheit* zwischen beobachtender Person und "Opfer" gelegt. Die Erhöhung der Vertrautheit sollte auch einen indirekten Effekt auf den wahrgenommenen Statusunterschied haben - beides müßte sich positiv auf die emotionale Reaktionsbereitschaft auswirken. Die Person, die in der vorliegenden Untersuchung den Kindern ihre Traurigkeit zeigte, war eine junge Erwachsene, eine Psychologiestudentin - also eine Person mit höherem Status. Außerdem war sie den Kindern natürlich zunächst einmal nicht vertraut (zur Erläuterung der Kriterien bei der Auswahl der Spielpartnerin siehe Kap. 8.2., Punkt 4). Es wurde nun versucht, die Vertrautheit dadurch zu vergrößern, daß die Studentin vor Beginn der eigentlichen Experimente jeweils eine Woche die Kindergärten besuchte und dabei einfach nur mit den teilnehmenden Kindern spielte. Dadurch wurde zu jedem einzelnen Kind ein persönlicher Kontakt hergestellt und eine Vertrautheits-Basis geschaffen. Es wurde angenommen, daß durch diese Vertrautheit auch der Status der Spielpartnerin nicht mehr so stark ins Gewicht fallen würde, da die Kinder sie als eine gleichwertige Spielkameradin betrachten konnten. Ähnlich war Bischof-Köhler (1989) in ihrer Untersuchung vorgegangen und hatte anschließend keinen Einfluß der Vertrautheit auf die prosozialen Interventionen der Kinder festgestellt. Die Variable, mit der die Beziehung des Kindes zur Spielpartnerin auf den Dimensionen Vertrautheit und Status erfaßt werden sollte, wurde *Verhaltensstil* des Kindes genannt. Ihre Operationalisierung wird in Kapitel 12.3. dargestellt.

5.2. SOZIALISATIONSVARIABLEN

Wie ein Kind die Situation und das "Opfer" wahrnimmt, wird ganz entscheidend über seine *Sozialisationserfahrung* aus Familie und Kindergarten determiniert. Hier beobachtet es Modelle im Umgang mit traurigen Personen, hier macht es Erfahrungen, wie auf seinen eigenen Kummer reagiert wird, und hier werden ihm Regeln für den zwischenmenschlichen Umgang vermittelt. Einige Ergebnisse aus der empirisch-psychologischen Forschung in diesem Gebiet werden nachfolgend dargestellt:

- *Beteiligung des Vaters an der Erziehung des Kindes*:

In einer längsschnittlichen Untersuchung (Koestner, Weinberger & Franz, 1990) wurde der Effekt von elterlichen Erziehungsvariablen, die erhoben wurden, als die Kinder 5 Jahre alt waren, auf die Ausprägung der "Empathie" der Kinder 26 Jahre später untersucht. Es stellte sich heraus, daß die Dimension "väterliche Beteiligung an der Erziehung des Kindes" die größte Vorhersagekraft für das Niveau der "Empathie" der mittlerweile erwachsenen Kinder hatte. Die väterliche Beteiligung erklärte mehr an der Varianz der "Empathie" (14%) als die mütterlichen Erziehungsvariablen, die sich als bedeutend erwiesen hatten (Bereitschaft, Abhängigkeit zu tolerieren, aggressive Impulse zu hemmen und Zufriedenheit der Mutter mit ihrer Rolle), zusammen.

- *Sichere Bindung*:

Eine sichere Mutter-Kind-Bindung wird von mehreren Autoren als wichtige Basis für die Entwicklung von "Empathie" angesehen (Waters, Wippman & Sroufe, 1979; Kestenbaum, Farber & Sroufe, 1989). Die Bindungstheorie (Bowlby, 1982) sieht im kindlichen Bedürfnis nach Sicherheit und Geborgenheit und der Befriedigung oder Frustration dieses Bedürfnisses durch die Mutter die zentrale Entwicklungsvariable des Kindes. Man kann vermuten, daß sich bei Kindern, die sicher an die Mutter gebunden sind, eine stabile Sicherheits- und Vertrauensbasis ausgebildet hat, die es ihnen ermöglicht, offen für die Gefühle und Bedürfnisse anderer zu sein und auch mit negativen Emotionen angstfrei umgehen zu können. Unsicher gebundene Kinder demgegenüber sind vermutlich eher mit der Bewältigung ihrer *eigenen* Bedürfnisse und Gefühle beschäftigt und haben von daher weniger freie "Kapazitäten", die sie anderen Personen widmen können.

- *"Empathische" Modelle* :

Die Bedeutung des Modellernens ist vor allem für die Aggressionsgenese intensiv untersucht worden (z.B. Bandura, 1965). Im Bereich der "Empathie" gibt es erst wenige Untersuchungen, die aber insgesamt ebenfalls die Bedeutung des Modellernens bestätigen. Zahn-Waxler, Radke-Yarrow & King (1979) beobachteten, daß 1,5 - 2jährige Kinder von Müttern, die hoch in "empathic caregiving" (u.a. operationalisiert über promptes Reagieren auf die Bedürfnisse des Kindes) eingeschätzt wurden, emotional responsiver und hilfreicher waren als Kinder von Müttern, die sich weniger so verhielten. Eisenberg, Fabes, Schaller, Carlo und Miller (1991) und Fabes, Eisenberg und Miller (1990) fanden heraus, daß "empathische" Eltern

Kinder haben, die empathisches Mitgefühl zeigen und/oder kaum zu "distress" neigen, wenn sie eine andere Person in Not erleben. Dieser Zusammenhang galt aber interessanterweise vor allem für die Mutter-Tochter und die Vater-Sohn Beziehung, was einen direkten Schluß auf die Modellfunktion des *gleichgeschlechtlichen* Elternteils zuläßt.

- *Induktive Erziehungsmethoden*:

Eltern, die ihr Kind auf die Konsequenzen seines Handelns aufmerksam machen, wenn es einem anderen ein Leid zugefügt hat, helfen ihm somit zu verstehen, welche Folgen sein Tun für andere hat, und fördern dadurch seine "empathische" Reaktionsbereitschaft (Hoffman, 1975). Zahn-Waxler et al. (1979) fanden heraus, daß 1,5 - 2jährige Kinder vor allem dann mit intensiven Emotionen und gesteigerter Hilfsbereitschaft auf eine von ihnen verursachte Notlage einer anderen Person reagierten, wenn die Mutter ihnen die Folgen ihrer Handlung für das "Opfer" erklärte. Diese Erklärungen waren besonders wirkungsvoll, wenn sie nicht nur ruhig und sachlich, sondern emotional intensiv und verbunden mit Äußerungen von Erwartungen an das Kind vorgetragen wurden.

- *Reaktion der Sozialisationsagenten auf Emotionsausdruck*:

Die Art und Weise, wie Eltern auf emotionalen Ausdruck im allgemeinen reagieren, hat Einfluß auf den Emotionsausdruck ihrer Kinder. Eisenberg, Schaller et al. (1988) berichten, daß Kinder von Eltern, die sie ermutigten, ihre Emotionen zu zeigen, eher mit empathischem Mitgefühl und weniger mit "distress" in einer Mitgefühls-relevanten Situation reagierten. In die gleiche Richtung weisen die Ergebnisse aus einer Studie mit Erwachsenen, in der sich herausstellte, daß vor allem Frauen, in deren Zuhause positive Emotionen und solche Gefühle wie Bedauern und Mitleid offen ausgedrückt wurden, relativ starke Reaktionen auf Mitgefühl und Unbehagen ("distress") induzierende Filme zeigten (Eisenberg, Fabes, Schaller, Miller et al., 1991).

Zusammenfassend läßt sich sagen, daß ein sicher gebundenes Kind aus einem Elternhaus, in dem sich *beide* Eltern um es kümmern, wo Emotionen angstfrei gezeigt werden können, die Eltern selber mitfühlend sind und das Kind auf die Folgen seines Handelns für andere aufmerksam machen, mit relativ hoher Wahrscheinlichkeit mitfühlend und helfend auf den Kummer eines Gegenübers reagieren wird. Situative Faktoren, die diese Wahrscheinlichkeit erhöhen, sind Wahrnehmung der anderen Person als bedürftig, Vertrautheit und Ähnlichkeit der anderen Person und Abwesenheit von anderen dominierenden Motiven. Zudem dürfte ein mittleres Niveau der Erregung (weder über- noch untererregt) förderlich sein.

Es versteht sich von selbst, daß aus forschungsökonomischen Gründen nicht alle der oben genannten Faktoren für die vorliegende Studie berücksichtigt oder kontrolliert werden können. Das Erziehungsverhalten der Mütter wurde zwar über Interviews und einen semiprojektiven Fragebogen (So-Sit, Kornadt, 1989) erfaßt; diese Daten befinden sich aber noch in der Auswertung. Statt dessen sollen im folgenden noch zwei Variablen ausführlicher dargestellt werden, die für die vorliegende Untersuchung erhoben wurden, bislang aber noch kaum bzw. keine Erwähnung fanden, nämlich das *Geschlecht* und die *Kulturzugehörigkeit* der Kinder. Beides sind Merkmale, die eine Person unfreiwillig erwirbt, die aber in jeder Hinsicht für die Entwicklung ihres Sozialverhaltens von Bedeutung sind. Beginnen wir mit dem Faktor Geschlecht.

5.3. GESCHLECHT

Der Faktor *Geschlecht* wurde bereits im Zusammenhang mit der elterlichen "Empathie" erwähnt. Er wirkt sich aber nicht nur insofern aus, als Kinder sich vor allem am gleichgeschlechtlichen Elternteil orientieren (vgl. Eisenberg, Fabes, Schaller, Carlo & Miller, 1991; Fabes, Eisenberg & Miller, 1990), sondern Jungen und Mädchen kommen mit unterschiedlichen genetischen Dispositionen zur Welt und werden verschiedenartig sozialisiert. Die Frage, welcher Faktor einen größeren Anteil an der Genese altruistischer Motivation hat, wird kontrovers diskutiert (z.B. Bischof-Köhler, 1990). Dabei wird man den Prozessen der emotionalen und prosozialen Entwicklung vermutlich am ehesten gerecht, wenn man ein Zusammenwirken von angeborenen Dispositionen und lernabhängigen Erfahrungen derart annimmt, daß die Auslösung einer empathischen Reaktion und spezifische Lernbereitschaften eine biologische Ausgangsbasis haben, die dann jedoch im weiteren Verlauf der Persönlichkeitsentwicklung noch einen weiten Raum für - unter anderem geschlechtsspezifische - Erfahrungseinflüsse läßt. Es gibt Belege, daß die beiden Geschlechter bereits sehr frühzeitig in intensiver Weise in Hinblick auf sozial-kulturelle Erwartungen beeinflußt werden. Dunn, Bretherton und Munn (1987) z.B. wiesen nach, daß Mütter in Konversationen mit ihren 18 Monate alten Kindern *Mädchen* gegenüber im Vergleich zu Jungen signifikant häufiger über Gefühle sprachen. Über den Stand der diesbezüglichen Forschung wird im nächsten Kapitel ausführlicher berichtet.

5.3.1. Empathisches Mitgefühl und Geschlecht

Schon Schopenhauer (1979) sprach vom Mitleid als von einem Gefühl, "für welches die Weiber entschieden leichter empfänglich sind" (S. 113). Auch heutzutage gelten Frauen im Vergleich zu Männern sowohl alltagspsychologisch als auch im Spiegel verschiedener soziologischer und psychologischer Theorien als einfühlsamer.

Die traditionelle soziale Rolle sieht Frauen mit Belangen der Familie und der Kindererziehung betraut, wohingegen Männer nach außen hin agieren und das Funktionieren von Familie und Gesellschaft in dieser Richtung garantieren sollen.

In der Sozialpsychologie wird die männliche Rolle als "agentisch" oder "instrumentell" beschrieben (Bakan, 1966; Parsons & Bales, 1955). Hierzu gehören Eigenschaften wie Durchsetzungsfähigkeit, Unabhängigkeit, Kontrollausübung und eine individualistische Einstellung. Frauen demgegenüber seien "communal" oder "expressiv", was Attribute wie Emotionalität, interpersonelle Sensitivität, Selbstlosigkeit und unterstützende Haltung beinhaltet. Vor allem die beiden erstgenannten Eigenschaften sollten für die Fähigkeit zum empathischen Miterleben von Bedeutung sein. Betrachtet man die empirischen Ergebnisse aus der Empathieforschung (Eisenberg & Lennon, 1983; Lennon & Eisenberg, 1987), so zeigt sich, daß auch die Existenz bzw. das Ausmaß von Geschlechterunterschieden entscheidend von der Erfassungsmethode der "Empathie" abhängt. Bei den schon häufig kritisch zitierten Selbstbeschreibungen ist die Befundlage klar. Hier wurden stets mittlere bis große Unterschiede zugunsten der weiblichen Versuchspersonen gefunden. Frauen und Männer stellen sich also in einer Situation, in der sie Kontrolle über ihre Reaktion haben, entsprechend ihrem Geschlechtsstereotyp dar. Weitere Ergebnisse aus Untersuchungen mit Erwachsenen zeigen, daß Frauen die Emotionen anderer korrekter interpretieren als Männer (s. Übersicht von Hall, 1978). Auch Trommsdorff und John (1992) fanden, daß weibliche erwachsene Versuchspersonen aus gemischtgeschlechtlichen Kommunikationsdyaden emotionale Informationen akkurater dekodierten als ihre männlichen Gesprächspartner. Außerdem erwiesen sie sich als signifikant empathischer auf dem Mehrabian-Epstein-Empathie-Fragebogen (1972).

Doch wie sieht die Befundlage bei *Kindern* aus? Dunn, Bretherton und Munn (1987) berichten, daß schon 2jährige Mädchen mehr über Emotionen sprechen als gleichaltrige Jungen. Zahn-Waxler, Cole und Barrett (1991, S. 250) zitieren eine Untersuchung von Robinson (1989), in der die Reaktionen einer großen Stichprobe von 14 Monate alten Zwillingen auf simulierte Notsituationen beobachtet wurden. Es zeigte sich, daß die Mädchen höhere Werte als die Jungen auf 5 von 6 "Empathie"messungen (u.a. Affekt, Verhalten und Verbalisierungen über das Unglück) erreichten.

Das Bild bleibt nicht ganz so eindeutig, wenn man die Studien aus der Arbeitsgruppe von Eisenberg betrachtet, die *Mimik* als Indikator für die emotionale Reaktion benutzten. In einigen Studien ergaben sich keine Unterschiede zwischen Mädchen und Jungen (Eisenberg, McCreath & Ahn, 1988; Fabes et al., 1990), überwiegend zeigten die Mädchen jedoch entweder mehr mimische "sympathy" (Eisenberg, Schaller et al., 1988; Eisenberg, in Vorbereitung, zitiert in Eisenberg, 1989), Traurigkeit (Eisenberg, Fabes et al., 1988), "personal distress" (Eisenberg et al., 1990; Eisenberg, Shea, Carlo & Knight, 1991) oder "personal distress" *und* "sympathy" (Eisenberg, Fabes, Miller et al., 1989).

Insgesamt scheinen also Mädchen mehr mimischen Ausdruck zu zeigen - sowohl mitfühlenden als auch ängstlich/angespannten ("distressten"). Eisenberg, Fabes et al. (1988) nehmen an, daß Jungen eher motiviert sind, negative Emotionen verbal zu verleugnen und mimisch zu maskieren. Diese Vermutung wird durch eine Untersuchung von Fuchs und Thelen (1988) bestätigt. Sie untersuchten, inwieweit 6-12jährige Jungen und Mädchen bereit waren, ihren Eltern gegenüber Traurigkeit auszudrücken, und welche Reaktion sie darauf erwarteten. Es zeigte sich, daß die Jungen weniger bereit waren als die Mädchen, Traurigkeit zu zeigen, und daß sie vor allem von den Vätern eine eher negative Reaktion auf diesen Gefühlsausdruck erwarteten. Fuchs und Thelen schließen: " ... traditional socialization practices that discourage the expression of sadness among males still appear to be operating" (S. 1320).

Insgesamt kann man also den vorsichtigen Schluß ziehen, daß Frauen und Mädchen tatsächlich mehr empathisches Mitgefühl empfinden als Männer, wobei aber noch mehr Datenmaterial, das auf der Grundlage von validen Meßinstrumenten gewonnen wird, vonnöten ist. Insbesondere wäre es aufschlußreich, mehr Studien durchzuführen, die eine Trennung zwischen empathischem Mitgefühl und eigenem Unbehagen ("distress") vornehmen. Dann ließe sich die interessante Frage beantworten, ob Jungen eher unbetroffener reagieren als Mädchen (in dem Sinne, daß sie von der Traurigkeit der anderen Person einfach nicht so berührt werden) oder ob sie in Anbetracht der Tatsache, mit der Traurigkeit einer anderen Person konfrontiert zu werden, eher Unwohlsein im Sinne von "distress" empfinden.

5.3.2. Prosoziales Verhalten und Geschlecht

Auch bei der Betrachtung von Geschlechterunterschieden im prosozialen Verhalten müssen natürlich die oben erwähnten Rollenerwartungen und Stereotype berücksichtigt werden.

Eagly und Crowley (1986) beschreiben in ihrer Metaanalyse zu Geschlecht und Hilfeverhalten die weibliche Geschlechtsrolle durch eine fürsorgliche und unterstützende Einstellung, Zurückhaltung gegenüber Fremden und die Ausübung von Berufen, die vielfach durch Service-Leistungen gekennzeichnet sind. Demgegenüber gehöre zur männlichen Geschlechtsrolle eine eher instrumentelle, tatkräftige Orientierung. Dies äußere sich im sich-Einlassen von Männern auf Situationen, die Gefahr für die eigene Person bedeuten (d.h. die Rolle des "Helden"), dem Zeigen von Ritterlichkeit und Höflichkeit.

Auf diesem Hintergrund sollten Geschlechterunterschiede im prosozialen Verhalten entscheidend davon abhängen, welche Art von Hilfeleistung gefordert ist und in welchem Kontext sie stattfindet. Tatsächlich zeigte sich als Ergebnis der Metaanalyse, daß in den Studien, in denen *Fremden* Hilfe geleistet werden sollte, Männer mehr halfen als Frauen. Insbesondere waren sie hilfsbereiter, wenn die Untersuchung außerhalb der Universität stattfand, wenn Beobachter der Hilfeleistung anwesend waren und wenn keine Bitte gestellt wurde. Frauen, so zeigte sich, befürchteten in dieser Situation mehr Gefahren als Männer. Sie halfen unter den oben genannten Bedingungen deutlich weniger. Da die Mehrheit der Studien aber genau dieses experimentelle Design benutzte, ergab sich das irreführende Bild, daß Männer *generell* hilfsbereiter seien als Frauen.

Es wäre nun interessant zu fragen, wie die Befundlage im Kindesalter aussieht und ob sich Unterschiede im Hilfeverhalten in Situationen, die für das empathische Mitgefühl relevant sind, ergeben. Radke-Yarrow und Nottelmann (1989, zitiert in Zahn-Waxler, Cole & Barrett, 1991, S. 251) untersuchten die Reaktionen von 2 und 3jährigen auf simulierte Notsituationen ihrer Mütter. Die Mädchen zeigten dabei mehr prosoziale Interventionen als die Jungen. In den Arbeiten von Eisenberg und Mitarbeitern erwiesen sich die Mädchen nur in einigen Studien als überlegen, und zwar sowohl im spontanen (Eisenberg, McCreath & Ahn, 1988) als auch im intendierten (Fabes et al., 1990) Hilfeverhalten.

Auch Bischof-Köhler (1989) fand einen Geschlechterunterschied zugunsten der Mädchen, der aber keine statistische Signifikanz erreichte. Insgesamt waren 12 Mädchen, aber nur 6 Jungen "empathisch", wobei man aufgrund der Operationalisierung von "Empathie" eigentlich eher sagen sollte, daß diese Kinder sich prosozial verhielten.

In der Mehrzahl der Studien von Eisenberg fand sich jedoch kein Unterschied, so daß man zwar wohl von einem Trend, nicht jedoch von einer gesicherten Tatsache sprechen darf, wenn man Mädchen oder Frauen in Situationen, die Empathie-provozierend sind, als hilfsbereiter beschreibt. Es bedarf noch weiterer Untersuchungen, vorzugsweise aus entwicklungspsychologischer, längsschnittlicher Perspektive, um auf diesem Gebiet klarere Aussagen machen zu können.

5.4. KULTUR

Die Zugehörigkeit zu einer bestimmten *Kultur* bildet den Rahmen für sämtliche der bereits beschriebenen Sozialisationsbedingungen von empathischem Mitgefühl und prosozialem Verhalten. Die Kultur trägt die Werte, die den Sozialisationsprozeß eines Kindes steuern und die dem Kind vermittelt werden. Unterschiedliche Kulturen bieten somit verschiedene soziale Kontexte, die für die Entwicklung von empathischem Mitgefühl und prosozialem Verhalten von Bedeutung sein können (vgl. Trommsdorff, 1993). Es läßt sich unschwer vorstellen, daß viele der in Kapitel 5.2. genannten Sozialisationsvariablen, wie zum Beispiel die väterliche Beteiligung an der Erziehung des Kindes, die Erziehungsmethoden oder der Umgang mit Emotionsausdruck von Kultur zu Kultur unterschiedlich ausfallen und somit zu unterschiedlichen emotionalen und prosozialen Reaktionen bei Kindern führen, wenn sie mit einer traurigen Person konfrontiert werden. Die Ergebnisse empirisch-psychologischer Untersuchungen zu diesem Fragenkomplex werden in den folgenden zwei Kapiteln dargestellt.

5.4.1. Empathisches Mitgefühl und Kultur

Es gibt bislang erst sehr wenige Untersuchungen, die sich mit dem Einfluß von kulturellen Faktoren auf das empathische Mitgefühl beschäftigen. Trommsdorff und Mitarbeiter (Trommsdorff, 1993) untersuchten die Reaktionen deutscher und japanischer 5jähriger Mädchen in Anbetracht der Traurigkeit einer Spielpartnerin. Sie fanden heraus, daß die japanischen Mädchen mit mehr "distress" reagierten als die deutschen. Diese Beobachtung erklärt Trommsdorff (1993, S.17) damit, daß Emotionskontrolle in Japan einen hohen Stellenwert innehat und die Kinder durch den offenen emotionalen Ausdruck der Erwachsenen vermutlich kognitiv und emotional überfordert wurden.

Aufgrund dieses Ergebnisses Analogieschlüsse zu dem Verhalten sowjetischer Kinder zu ziehen, ist schlecht möglich, da die sowjetische und die japanische Gesellschaft sich grundlegend unterscheiden. Emotionskontrolle ist in Rußland z.B. kein Wert; im Gegenteil gelten die Russen ja allgemein als sehr emotional. Da aber aus der UdSSR keinerlei empirische Daten zum Emotionsausdruck vorliegen, die Anhaltspunkte für die Hypothesenbildung in dieser Untersuchung geben könnten, ist es sinnvoll, sich in der Literatur zu Erziehungszielen in der vorschulischen Erziehung der jeweiligen Kulturen zu informieren. Da der Bereich Mitgefühl in der Vorschulerziehung beider Staaten im Zusammenhang mit prosozialem Verhalten behandelt wurde, sollen diese beiden Bereiche auch hier gemeinsam dargestellt werden (s. Kap. 5.4.3. und 5.4.4.). Zunächst wollen wir jedoch den Forschungsstand zum Thema prosoziales Verhalten und Kultur betrachten.

5.4.2. Prosoziales Verhalten und Kultur

Das Ausmaß, in dem prosoziale Verhaltensweisen in verschiedenen Kulturen auftreten, variiert beträchtlich. Margaret Mead (1935) zum Beispiel beschrieb zwei Stämme aus Neu Guinea, die völlig verschiedene soziale Verhaltensweisen zeigten. Die Arapesh handelten kooperativ, großzügig, zeigten wenig Aggression, schenkten den Bedürfnissen und Gefühlen anderer viel Aufmerksamkeit und legten wenig Wert auf persönliches Eigentum. Die Mundugamor demgegenüber verhielten sich aggressiv, undiszipliniert, streitsüchtig und skrupellos.

Diese Befunde warfen natürlich die Frage nach der Herkunft solcher Unterschiede auf. Das Ehepaar Whiting (Whiting & Whiting, 1975) und ihre Mitarbeiter machten es sich zur Aufgabe, durch systematische Vergleiche den Einfluß kultureller Faktoren auf die Persönlichkeitsentwicklung von Kindern zu untersuchen. Zu diesem Zweck beobachteten sie das Verhalten von 134 Kindern zwischen 3 und 11 Jahren aus 6 Kulturen - Kenia, Mexiko, den Philippinen, Okinawa, Indien und einer Yankee-Kommune aus Neu-England - in ihrer natürlichen Umgebung. Die Kinder wurden bei verschiedenen sozialen Interaktionen beobachtet. Pro Kind gab es durchschnittlich 17 Beobachtungsperioden, die in so unterschiedlichen Settings wie in der Schule, auf der Straße, während der Gruppenarbeit und in An- oder Abwesenheit von Erwachsenen erhoben wurden. Jede Interaktion wurde aufgezeichnet und anschließend in Kategorien wie "symbolische Aggression zeigen", "Hilfe anbieten", "jemanden maßregeln", "Unterstützung anbieten", "Dominanz suchen", "Aufmerksamkeit suchen", "Verantwortlichkeit übernehmen" usw. eingeteilt. Mit den Kategorien wurden Faktorenanalysen durchgeführt, die drei Faktoren ergaben. Ein Faktor repräsentierte altruistisches versus egoistisches Verhalten. Die Verhaltensweisen "bietet Hilfe an" (Essen, Spielzeug, Information), "bietet Unterstützung an" und "macht hilfreiche Vorschläge" waren am engsten mit dem "Altruismus"-Pol verbunden. Das Streben nach Dominanz, Aufmerksamkeit und die Suche nach Hilfe charakterisierten am deutlichsten den "Egoismus"-Pol. Es zeigte sich, daß die Kinder aus Kenia, Mexiko und den Philippinen das höchste Maß an prosozialem Verhalten zeigten. Diese Kulturen unterschieden sich dadurch von den anderen, daß in ihnen ein Leben in der Großfamilie vorherrschend war und die Frauen einen großen Beitrag zum Familieneinkommen leisteten. Demgegenüber fanden sich in den Ländern mit Kernfamilien-Struktur (Mutter, Vater, Kind) mehr egoistische Kinder. Komplexe Gesellschaften mit sehr spezialisierten Beschäftigungen, einem Kasten- oder Klassensystem schienen deutlich weniger Altruismus hervorzubringen als einfach strukturierte Systeme. Die Variable, die am engsten mit Altruismus zusammenhing, war frühe Aufgabenzuweisung bzw. Verantwortungsübernahme (z.B. Haushalt). Demgegenüber ging Betonung der individuellen Leistung mit weniger Altruismus einher.

Als vorsichtige Synthese verschiedener Studien, die sich mit dieser Thematik beschäftigt haben, listen Eisenberg und Mussen (1989, S. 53) folgende Faktoren auf, die prosoziales Verhalten zu fördern scheinen:

1. Sowohl von Eltern als auch von Gleichaltrigen wird die Gruppenorientierung, die Wichtigkeit des Teilens mit anderen und die Bedeutung der Berücksichtigung von anderen betont;
2. eine einfache soziale Organisation und/oder ein traditionelles, ländliches setting;
3. eine wichtige ökonomische Funktion der Frau;
4. Leben in einer Großfamilie;
5. frühes Zuweisen von Aufgaben und Verantwortung.

Vergleicht man die UdSSR und die Bundesrepublik Deutschland - beide in ihrem Zustand von 1989/90 - in bezug auf diese Bedingungen, so würde man mit Sicherheit erwarten, daß die in der Sowjetunion aufgewachsenen Kinder mehr prosoziales Verhalten zeigen als die deutschen. Vor allem der erste und der fünfte Punkt favorisieren die sowjetischen Kinder eindeutig, da die Erziehung zur Gruppenorientierung ein bedeutendes Ziel der sowjetischen Pädagogik war, welches u.a. durch frühes Zuweisen von Aufgaben und Verantwortung und der Betonung von Teilen und der Berücksichtigung von anderen erreicht werden sollte (s. Kap. 5.4.3.). Was die anderen Aspekte betrifft, so unterschieden sich die beiden Staaten zumindest in bezug auf die Komplexität der sozialen Organisation nicht, da sie beide hochindustrialisiert waren. Die sowjetische Frau hatte vermutlich eine wichtigere ökonomische Funktion inne als die deutsche. Fast alle Frauen in der UdSSR waren berufstätig, was sich auch in der Stichprobe der für diese Studie untersuchten Mütter bestätigte. 89% der sowjetischen, aber nur 40% der deutschen Mütter gingen zur Zeit der Erhebung einer bezahlten Tätigkeit nach. Auch eine Großfamilienstruktur fand sich selbst in einer Großstadt wie Moskau noch eher als in Deutschland, da meistens zwei Generationen - gezwungenermaßen - eine Wohnung teilten. Alles in allem sprechen diese Punkte also eher dafür, daß in der UdSSR aufgewachsene Kinder mehr Hilfeverhalten zeigen sollten als bundesdeutsche.

Eisenberg und Mussen (1989, S. 54) geben allerdings zu bedenken, daß die meisten kulturvergleichenden Studien, die es zu Kultur und prosozialem Verhalten gibt, Kooperation oder solche prosozialen Verhaltensweisen gemessen haben, die relativ wenig Kosten für die helfende Person verursachten. In den Studien der Whitings (1975) waren die Zielpersonen des prosozialen Verhaltens meist Familienmitglieder oder andere aus der "community". Von daher waren hoch prosoziale Kinder evtl. eher durch das Bedürfnis nach positiver sozialer Bewertung oder der Antizipation von Reziprozität motiviert. Die Frage ist, ob sich vielleicht kein oder ein anders gearteter Unterschied ergäbe, wenn die hilfeempfangende Person nicht bekannt, sondern fremd ist.

Betrachten wir nun, welchen theoretischen Stellenwert die Erziehung zu mitfühlendem und helfendem Verhalten in der UdSSR hatte.

5.4.3. Sozialerziehung in der UdSSR

Eine der zentralen Aufgaben der Vorschulerziehung in der UdSSR war neben der Vorbereitung auf den Schulunterricht und der Anhebung des allgemeinen Entwicklungsniveaus die *Heranbildung hoher moralischer Eigenschaften* der Kinder (für einen Überblick über die sowjetische Vorschulerziehung siehe Eichberg, 1974). Im Kindergarten sollten so früh wie möglich Grundlagen für die moralischen Qualitäten Erwachsener gelegt werden, um die Kinder auf ihre späteren gesellschaftlichen Aufgaben vorzubereiten. Was damit gemeint ist, darüber geben die Lehrbücher "die

Erziehung moralischer Gefühle bei älteren Vorschulkindern" (Vinogradova, 1989) und "moralische Erziehung im Kindergarten" (Netschajewa & Markowaja, 1984), die zur Zeit der Datenerhebung für diese Untersuchung zum Standardprogramm der Ausbildung für Erzieher und Erzieherinnen gehörten, Auskunft. Beginnen wir mit der Betrachtung dessen, was die sowjetische Pädagogik über die moralische Erziehung im allgemeinen schreibt.

Netschajewa und Markowaja (1984) heben die Bedeutung moralischen Verhaltens für die sowjetische Gesellschaft hervor.[2]

> Die sowjetische Pädagogik betrachtet die moralische Erziehung als aktiven, zielgerichteten Prozeß der Bildung eines moralischen Bewußtseins, moralischer Gefühle und moralischen Verhaltens von den ersten Lebensjahren des Kindes an.
>
> Im Kindergarten verwirklicht sich dieser Prozeß im Geiste moralischer Prinzipien, die im moralischen Kodex der Erbauer des Kommunismus gebildet wurden, unter Berücksichtigung der altersmäßigen Besonderheiten der Vorschulkinder. Konkret drückt sich die moralische Erziehung in der Bildung der Grundlagen der moralischen Eigenschaften aus, die für die zukünftigen Bürger einer kommunistischen Gesellschaft unerläßlich sind. ...
>
> Die Liebe zur Heimat, ehrliche Arbeit zum Wohle der Gemeinschaft, Kollektivismus, gegenseitige Hilfe, andere moralische Normen, die charakteristisch für die sozialistische Gesellschaft sind - das sind die unabänderlichen Elemente des Bewußtseins, der Gefühle, des Verhaltens und der gegenseitigen Beziehungen, deren Wurzeln in der gesellschaftlich-ökonomischen Gesetzmäßigkeit unserer Gesellschaft liegen (S. 3).

Die Methoden, mit denen diese Ziele erreicht werden sollen, sind v.a. Modellernen und Verstärkung, wobei dem Kinderkollektiv eine besondere Bedeutung zukommt.

"Vor allem inhaltliche Tätigkeiten, in denen die Kinder sich ständig absprechen, den Ansichten anderer zustimmen und einander nachgeben müssen, bilden die erste Erfahrung kollektivistischer Beziehungen, die die Basis für das moralische Antlitz des Kindes bilden" (S. 89).

"Die Beachtung allgemeingültiger Regeln durch die Kinder, die Fähigkeit, in der Gruppe Ordnung zu halten, sich mit den Spielkameraden über ein bevorstehendes Spiel einigen zu können, Spielzeug aufzuteilen, das Bestreben, dem anderen bei auftauchenden Schwierigkeiten zu helfen - das sind alles Anfänge kollektivistischer Beziehungen" (S. 91).

[2] Übersetzungen aus dem Russischen durch die Verfasserin

Wie man sieht, wurde prosoziales Handeln als Verhalten von äußerst hoher gesellschaftlicher Bedeutung verstanden, das ein Kernstück des Aufbaus sozialistischer Kollektive darstellte und somit unbedingt von erzieherischer Seite zu fördern war.

Welchen Stellenwert hatte das Mitgefühl in diesem Gefüge?

In dem Buch von Vinogradova (1989) über die moralischen Gefühle finden sich folgende Kapitel: (1) Erziehung ethischer Gefühle und Vorstellungen, (2) Erziehung zum Mitgefühl, (3) Erziehung zu patriotischen Gefühlen, (4) Erziehung zu einer positiven Einstellung zur Arbeit und (5) Erziehung zu einer positiven Einstellung zum Lernen.

Durch diese Zusammenstellung wird deutlich, daß auch das Mitgefühl in gesellschaftspolitische Zusammenhänge eingebettet wurde und dadurch über das Individuum hinausgehende Relevanz erhielt.

Betrachten wir nun das Kapitel über das Mitgefühl in dem Buch von Vinogradova (1989, S. 21-32) genauer.

"Mitfühlen - bedeutet die Gefühle und Gedanken eines anderen Menschen zu verstehen, das durchzuleben, was er durchlebt. Die Fähigkeit zum Mitfühlen ist eine der Eigenschaften des Menschen als gesellschaftliches Wesen. Dieses soziale Gefühl begrenzt den persönlichen Egoismus der Menschen und erlaubt jedem, sich an der Stelle des anderen vorzustellen, sich selbst in ihm zu sehen" (S. 21).

Dabei wird Mitgefühl als eng verbunden mit Hilfeleistung angesehen: "Ein Mitgefühl, das sich in aktiver, uneigennütziger Hilfe für einen anderen Menschen ausdrückt, in der Sorge um ihn, in dem Verzicht um den eigenen Vorteil zugunsten des anderen - ist eines der ersten humanistischen Gefühle, die beim Vorschulkind auftauchen" (S. 31).

Als wichtige Voraussetzung zur Entwicklung des Mitgefühls wird eine allgemein entwickelte Emotionalität angesehen, da "ein emotionaler Mensch seine Umgebung aktiv wahrnimmt, Interesse zeigt, den Wunsch, sich um andere zu kümmern, sich behutsam zur Natur zu verhalten" (S. 21).

Die "Erziehung" zum Mitgefühl soll über verschiedene Methoden gewährleistet werden: zum einen über Verstärkung jedes noch so geringen Ausdrucks von Mitgefühl, zum anderen im Falle von Vergehen über das Erwecken von Schuldgefühlen und Gewissensbissen, u.U. vor dem versammelten Kinderkollektiv, und schließlich durch Modellernen. Neben dem Erzieher selbst als Modell wird auf die positive Wirkung von Kinderliteratur verwiesen. Es wird betont, daß Mitgefühl an erster Stelle den Eltern, v.a. der Mutter, aber auch alten Menschen und kleineren Kindern gegenüber gezeigt werden soll.

Zusammenfassend läßt sich also feststellen, daß Mitgefühl als eng verbunden mit prosozialem Verhalten angesehen und beide in der sowjetischen Pädagogik als wichtige Eigenschaften von höchster gesellschaftlicher Relevanz, als Bausteine der sozialistischen Moral betrachtet wurden und insofern von erzieherischer Seite her aktiv gefördert werden sollten.

Ergänzend zu diesen Ausführungen sollen im folgenden einige Beobachtungen der sowjetischen Kindergartentheorie und -praxis von Urie Bronfenbrenner dargestellt werden. Bronfenbrenner (1972) analysierte die sowjetische psychologische und pädagogische Literatur der 60er Jahre und hob folgende Besonderheiten des dortigen Erziehungssystems hervor:

1. Gehorsam und Disziplin sind Eigenschaften, auf die besonders großer Wert gelegt wird. Das Kind soll gehorsam den Erwachsenen gegenüber sein und ihnen stets Respekt erweisen; diese Einstellung soll internalisiert werden.

2. Die Erziehung durch das Kollektiv und zum Kollektivismus sind wichtige Bestandteile der Erziehung. Es wird schon im Kindergarten darauf hingewiesen, daß alles Eigentum Kollektiveigentum ist, und die Kinder werden stets zu Aufgaben für die Gemeinschaft wie Tischdecken, Saubermachen oder anderen Hilfeleistungen angehalten. Im Falle von abweichendem, antisozialem Verhalten wird häufig das Kollektiv als Druckmittel (öffentliche Scham) eingesetzt. "Ein besonders herausragendes Merkmal der Kollektiverziehung ist die nachdrückliche Betonung altruistischen Verhaltens, auf individueller wie auch sozialer Ebene" (Bronfenbrenner, 1972, S. 46).

Unabhängig von diesen Literaturstudien machte Bronfenbrenner während mehrerer Reisen durch die UdSSR zahlreiche unstrukturierte Beobachtungen und kam zu dem Eindruck, daß die sowjetischen Kinder sich im Vergleich zu westlichen auffallend "gut benehmen", gute Manieren und kaum Aggressivität zeigen.

Diese Ausführungen werden bestätigt durch Beobachtungen, die ich in der Zeit von 1984-1990 machte, als ich mich insgesamt vier Mal zu Forschungszwecken in der UdSSR, vor allem Moskau, aufhielt. Bei allen Aufenthalten, die zwischen 1 bis 9 Monate dauerten, verbrachte ich den größten Teil meiner Zeit in Kindergärten und hatte dort neben der experimentellen Arbeit vielfältige Gelegenheiten zur Beobachtung des Kindergartenalltags. Ich kam dabei zu völlig mit Bronfenbrenner übereinstimmenden Eindrükken: Die sowjetischen Kinder schienen auch mir wesentlich wohlerzogener und sozial angepaßter zu sein als ihre bundesdeutschen Alterskameraden, so daß zumindest dieser Teilbereich der "moralischen Erziehung" erfolgreich gewesen zu sein scheint.

5.4.4. Sozialerziehung in der Bundesrepublik Deutschland

Eine pluralistische Gesellschaft wie die der Bundesrepublik Deutschland verfolgt andere Erziehungsziele als eine uniforme Gesellschaft wie die der ehemaligen UdSSR. Deißler (1978) formuliert die fundamentale Aufgabe der Erziehung in Deutschland so: "Kinder sollen zu jener Mündigkeit geführt werden, die es ihnen möglich macht, die Wert-Norm-Strukturen ihrer Gesellschaft, der ihnen zugemuteten Rollen, Verhaltensweisen und Kulturgüter zu erkennen und zunächst einmal anzuerkennen. Gleichzeitig sollen sie immer mehr freigemacht werden, um - wenn notwendig - zur Distanz gegenüber ihrer eigenen Gesellschaft fähig zu sein" (S. 21). Die letzte Aussage ist für eine Gesellschaftsordnung wie die der ehemaligen UdSSR völlig undenkbar. Welche Konsequenzen ergeben sich daraus für den Stellenwert sozialen Verhaltens in der Erziehung bei uns?

Auch in der Bundesrepublik werden die Bereiche Mitgefühl und prosoziales Verhalten nicht getrennt betrachtet. Ein Problem für eine umfassende Darstellung der Erziehungsrichtlinien in diesem Bereich ist jedoch, daß bundesdeutsche Lehrkräfte relative Freiheit haben, Themenschwerpunkte zu setzen und ihr Unterrichtsmaterial auszuwählen. In Baden-Württemberg sieht der Lehrplan für Erzieher und Erzieherinnen lediglich vor, daß sie in 2 Jahren 160 Stunden Unterricht im Fach Psychologie erhalten, wovon 50 Stunden auf den Bereich Entwicklungspsychologie fallen, zu dem u.a. die Bereiche Emotion, Motivation und Sozialverhalten gehören. Welches dieser Themen wie intensiv behandelt wird oder evtl. auch ganz wegfällt, steht den Lehrkräften völlig anheim. Um dennoch einen Anhaltspunkt zu bekommen, ist es am sinnvollsten, sich an den Lehrbüchern zu orientieren, die zum festen Bestandteil des Unterrichts zählen.

In Baden-Württemberg ist ein solches Buch das vom Ministerium für Kultus und Sport herausgegebene "Lebensraum Kindergarten" (1981). Eines von 11 Unterkapiteln betrifft dabei das "soziale Lernen", in dem u.a. das Mitgefühl als Thema aufgeführt ist. Betrachten wir auch hier diesen Abschnitt (S. 41-43) genauer:

> ... Anfänge der Fähigkeit zum Mitfühlen, zur Sorge und zur Hilfsbereitschaft sind schon im zweiten Lebensjahr des Kindes vorhanden. Im engen Raum der Kernfamilie kann das Kind zu wenig Beziehungen zu anderen Erwachsenen und Kindern aufbauen. Folglich entwickelt es auch

kaum soziale Sensibilität für andere Menschen, da die Gelegenheiten fehlen, Reaktionen anderer herauszufinden und zu interpretieren. Die altersgemischte Gruppe im Kindergarten schafft hier einen Ausgleich, indem sie vielfältige Problemhandlungen und verschiedenartige soziale Erfahrungen zuläßt.

Kinder äußern Bedürfnisse, Stimmungen und Gefühle auf unterschiedliche Weise. Es ist Aufgabe des Erziehers, diese Signale wahrzunehmen, sie inhaltlich zu erfassen, ihren Sinn zu deuten und pädagogisch verantwortlich darauf zu reagieren. Er schafft eine vertrauensvolle Atmosphäre und ermutigt Kinder, gelassen ihre Wünsche zu äußern und ihre Gefühle zu zeigen.

Die Bereitschaft und die Fähigkeit der Kinder, anderen zu helfen und mit anderen zu fühlen, kann der Erzieher erweitern, indem er einmal Ereignisse aus dem Tagesablauf herausgreift und Kinder zur Hilfe anregt und zum anderen sie ermutigt, Stimmungsäußerungen anderer zu beobachten, zu erfahren und zu interpretieren.

Beispielsweise ist gegenseitige Hilfe anzubieten beim Anziehen der Mäntel, beim Binden der Schuhe, beim Einräumen von Spielen und Spielsachen, beim Ausschenken des Frühstücksgetränkes. ... Der Erzieher lobt Kinder oder Kindergruppen, die andere mitspielen lassen oder zum Spielen einladen. Er unterstützt Umgangsregeln, die nach und nach aus dem Zusammenleben der Kindergruppe entstehen, z.B. Verteilung des Spielzeuges, Austausch von und Spieldauer mit beliebten Spielen, Rollentausch durch Wechsel von Anführer und Mitspieler bei gebundenen Spielen ... .

Die Bereitschaft, sich in andere hineinzuversetzen und deren Beweggründe und Gefühle zu deuten zu versuchen, kann durch Pantomime, besonders aber durch Bilderbücher, durch Vorlesen und Erzählen von Geschichten und Märchen angeregt und gefördert werden. Diese zeigen Stimmungen und Gefühlsausbrüche, stellen menschliche Beziehungen, Lebenskrisen und Entwicklungsfortschritte dar, weisen Lösungen und glücklichen Ausgang vor. Geschichten und Märchen vergrößern den Kreis der Figuren, mit denen man sich identifizieren kann und mit denen man fühlt und dies in einem Rahmen, der frei ist von den Zwängen der Wirklichkeit ... .

Werden Kinder und Erzieher von solchen Situationen und Ereignissen berührt, und suchen beide diese zu bewältigen, gewinnt das Leben in der Gruppe religiöse Dimensionen: Religiöse Grunderfahrungen wie

Geborgenheit - Angst, Freude - Not, Verlust - Tröstung, Nächstenliebe werden mitgeteilt und beispielhaft vorgestellt (S. 42/43).

Vergleicht man die Aussagen des sowjetischen und des deutschen Lehrbuchs zum Thema Mitgefühl und prosoziales Verhalten, so fällt zunächst einmal auf, daß diese Themen auf übergeordneter Ebene mit sehr unterschiedlichen Bereichen in Zusammenhang gebracht werden: mit der Religion in Deutschland und mit gesellschaftlichen Aufgaben in der UdSSR. Auf der konkreten Beschreibungsebene allerdings überwiegen die Gemeinsamkeiten: In beiden Texten wird Mitgefühl ganz selbstverständlich im Zusammenhang mit Hilfeverhalten genannt, und in beiden wird die Verantwortung der Erzieher für die adäquate Reaktion auf Äußerungen des Kindes betont. Sogar die Hervorhebung der Bedeutung von Kinderliteratur ist in beiden Abhandlungen vorhanden.

Auch beim prosozialen Verhalten (zu dem es in dem deutschen Buch kein gesondertes Kapitel gibt) fällt auf, daß die konkreten Methoden - nämlich gemeinsame Tätigkeiten und für die Gruppe zu erledigende Arbeiten - quasi die gleichen sind.

Versucht man nun, die Frage zu beantworten, in welchem der beiden Systeme die Themen Mitfühlen und Helfen einen höheren Stellenwert hatten, so liegt die Schlußfolgerung nahe, daß die Antwort zugunsten der UdSSR ausfällt. Eine Gesellschaft, für die die Heranbildung eines "moralischen Menschen" von so entscheidender Bedeutung war, sollte in der Kindererziehung ganz besonderen Wert auf die Förderung dieser Verhaltensweisen legen.

Ob sich dieser theoretische Anspruch auch tatsächlich im Verhalten der Kinder wiederfindet - das ist eine Frage, auf die die vorliegende Arbeit eine Antwort zu geben sucht.

5.4.5. Soziales Verhalten bundesdeutscher und sowjetischer Kinder im Vergleich: empirische Befunde

Nachdem wir uns bislang mit der Erziehungstheorie beider Staaten beschäftigt haben, soll im folgenden die bislang einzige empirische Untersuchung dargestellt werden, die das soziale Verhalten bundesdeutscher und sowjetischer Kinder vergleicht. Urie Bronfenbrenner führte in den 60er Jahren als Gastwissenschaftler in der UdSSR eine Reihe von Beobachtungen und Untersuchungen durch, die vor allem das soziale Verhalten der Kinder betrafen (s. Bronfenbrenner, 1967, 1972; Shouval, Kav Venaki,

Bronfenbrenner, Devereux & Kiely, 1975). Bronfenbrenner (1967) untersuchte, inwieweit 12jährige Kinder bereit waren, moralische Normen zu übertreten. Die Kinder sollten zu einer Reihe von Konfliktsituationen angeben, wie sie sich verhalten würden. Das Versuchsmaterial bestand aus 30 hypothetischen Dilemmas wie z.B. abstreiten, einen Schaden selbst angerichtet zu haben, bei einer Prüfung betrügen, mit Freunden in einen Film gehen, den die Eltern schlecht finden, Hausaufgaben vernachlässigen, um mit Freunden zusammen zu sein usw.. Es gab drei verschiedene Versuchsbedingungen mit jeweils zehn verschiedenen Konflikten. In der ersten, der *Basis-Bedingung*, wurde den Kindern mitgeteilt, daß die Untersuchung von einer staatlichen wissenschaftlichen Institution durchgeführt würde. Niemand, weder Lehrer noch Eltern noch die Klassenkameraden würden ihre Antworten erfahren. Die zweite Bedingung war die *Erwachsenen-Bedingung*. Die Kinder wurden gebeten, an einer weiteren Untersuchung teilzunehmen, deren Ergebnisse in graphischer Form allen Eltern und Lehrern auf einer Versammlung gezeigt werden sollten. Die dritte Bedingung war identisch mit der zweiten, mit der Ausnahme, daß die Ergebnisse allen *Kindern* gezeigt werden sollten (*Gleichaltrigen-Bedingung*). Die Kinder konnten auf einer sechsstufigen Ratingskala angeben, mit welcher Sicherheit sie das in Frage stehende Verhalten ausführen würden.

Die gleichen Situationen wurden weiteren Stichproben von 12jährigen Kindern aus 12 Ländern, darunter der Bundesrepublik Deutschland, vorgelegt (s. Shouval et al., 1975). Die Ergebnisse zeigten, daß die Antworten der sowjetischen Kinder in allen drei Bedingungen ganz deutlich weniger antisozial waren als die ihrer bundesdeutschen Altersgenossen. Besonders interessant war die Bedingung der Gleichaltrigen. Bei den sowjetischen Kindern bewirkte die Ankündigung, daß die Klassenkameraden über die Ergebnisse erfahren würden, die gleiche Hemmung des antisozialen Verhaltens wie der Bericht der Ergebnisse gegenüber Lehrern und Eltern. Demgegenüber gaben die deutschen Kinder in der Gleichaltrigen-Bedingung signifikant weniger "moralische" Antworten als in der Erwachsenen-Bedingung!

Zusammengefaßt gibt es also eine Menge von Hinweisen, daß die sowjetischen Kinder weniger antisoziales Verhalten zeigen als die Mehrzahl der im Westen aufgewachsenen, darunter auch die bundesdeutschen, Kinder.

5.5. INDIVIDUALISTISCHE VERSUS KOLLEKTIVISTISCHE ORIENTIERUNG EINER KULTUR

Eine weitere Dimension, die für die Sozialisation von prosozialem Verhalten eine Rolle spielen sollte, ist die relative Betonung von individualistischen oder kollektivistischen Werten in einer Kultur.

Individualismus und Kollektivismus sind eine in der psychologischen Forschung relativ neue Dimension, die im Rahmen kulturvergleichender Studien in den letzten 10 Jahren zunehmend Bedeutung erlangte (Hofstede, 1980; Hui & Triandis 1986; Triandis, Bontempo, Villareal, Asai & Lucca, 1988; Triandis, 1989).

Kollektivismus wird dabei als "subordination of individual goals to the goals of the collective, and a sense of harmony, interdependence, and concern for others" und Individualismus als "the subordination of the goals of the collectivities to individual goals, and a sense of independence and lack of concern for others" (Hui & Triandis, 1986, S. 244/245) definiert.

Von Hofstede (1980) stammt eine der ersten großen psychologischen Untersuchungen auf diesem Gebiet. Er befragte IBM-Angestellte in mehr als 50 Ländern mit Fragebögen zu arbeitsbezogenen Werten und faktorenanalysierte die Ergebnisse. Die Unterschiede zwischen den Kulturen führte er auf vier Dimensionen zurück, von denen eine das Ausmaß der Integration von Individuen in Gruppen beschrieb. Auf diesem Faktor, den er "Individualismus" nannte, luden die USA, Australien und Großbritannien am höchsten, Venezuela, Kolumbien und Pakistan am niedrigsten. Auch Rokeach (1982) und The Chinese Culture Connection (1987) fanden in ihren kulturvergleichenden Werteuntersuchungen diese Dimension wieder.

Triandis et al. (1986) führten Fragebogenuntersuchungen zu Individualismus/Kollektivismus an studentischen Stichproben in 9 verschiedenen Kulturen (USA, Niederlande, Frankreich, Indien, Griechenland, Hongkong, Chile, Costa Rica und Indonesien) durch. Dabei stellte sich heraus, daß die Faktoren "Family Integrity" (Bsp.-Items: "alternde Eltern sollten zu Hause bei ihren Kindern leben"; "Kinder sollten bei ihren Eltern leben, bis sie verheiratet sind") und "Interdependence" (Bsp.: "Ich lebe gerne in der Nähe meiner guten Freunde") am besten Kollektivismus repräsentierten. Zudem korrelierte "Family Integrity" als einziger Faktor zu .73 mit Hofstedes (1980) Kollektivismus-Index. Aspekte des Individualismus wurden am besten durch die Faktoren "Self-Reliance" (Bsp.: "Man arbeitet besser alleine als in einer Gruppe") und "Separation from Ingroups" (Bsp.: "Selbst wenn ein Kind den Nobelpreis bekäme, sollten sich die Eltern dadurch in keiner Weise geehrt fühlen") wiedergegeben.

In einer Vielzahl von weiteren Untersuchungen (Triandis et al., 1988; Triandis, 1989) konnten Triandis und seine Mitarbeiter diese Faktorstruktur im wesentlichen bestätigen. Eine Theorie, die sich hauptsächlich auf Fragebogendaten von studentischen Versuchspersonen stützt, muß natürlich kritisch betrachtet werden. Dennoch ist auffällig, in wie vielen kulturvergleichenden Untersuchungen (Hofstede, 1980; Rokeach, 1982; The Chinese Culture Connection, 1987; Triandis, 1989) diese Dimension identifiziert werden konnte.

Die Hauptunterschiede zwischen individualistischen und kollektivistischen Kulturen faßt Triandis (1989, S. 59-61) wie folgt zusammen:

1. Betonung des privaten Selbst versus der Bezugsgruppe:

Individualisten stellen private Ziele über die Ziele möglicher Bezugsgruppen und definieren ihr Selbst nahezu völlig unabhängig von ihnen. Demgegenüber definieren Kollektivisten ihr Selbst hauptsächlich über die Bezugsgruppe und lassen sich in ihrem Sozialverhalten stark von ihr beeinflussen. Die Gestaltung einer Interaktion hängt im Kollektivismus stark davon ab, ob der Partner als zur eigenen ("ingroup") oder einer anderen Gruppe ("outgroup") zugehörig wahrgenommen wird.

2. Kurz- versus langfristige Perspektiven in der sozialen Interaktion:

Im Kollektivismus werden soziale Interaktionen mit einer längerfristigen Perspektive wahrgenommen und gestaltet als im Individualismus. Vor allem die Zielverwirklichung unterscheidet sich; während im Individualismus meist baldige, wenn nicht sogar sofortige Reziprozität erwartet wird, kann im Kollektivismus zwischen Leistung und Gegenleistung ein wesentlich längerer Zwischenraum von u.U. sogar Jahren liegen.

3. Betonung von Hierarchie und Harmonie im Kollektivismus:

Einer der Ursprünge des Kollektivismus liegt in der Auffassung, daß kollektive Handlung das Überleben sichert. Die Organisation einer solchen Zusammenarbeit wird häufig durch Autoritäten koordiniert, die zur Maximierung ihrer Effektivität Gehorsam und Harmonie in der Gruppe verlangen. Durch die Betonung von Harmonie innerhalb der Gruppe kann die Autorität sicher sein, ihre Energie nicht für Konfliktaustragung, sondern für die Gruppenführung verwenden zu können.

4. Emotional enge Bindung zu wenigen Bezugsgruppen versus emotional schwache Bindung an viele Bezugsgruppen:

Kollektivisten gehören meistens zu wenigen Bezugsgruppen, mit denen sie sich sehr verbunden fühlen. Individualisten demgegenüber haben Beziehungen zu vielen verschiedenen Gruppen, an die sie eher locker gebunden sind. Sie verfügen über sehr gute Fähigkeiten, oberflächlich mit vielen Leuten umzugehen, haben aber mehr Schwierigkeiten, intime Beziehungen mit einigen wenigen herzustellen.

Hofstede (1989) beschreibt einen weiteren Faktor, den er in seiner Analyse der IBM-Studie und in der chinesischen Werteumfrage fand. Dieser Faktor, "Machtdistanz" genannt, beschreibt "das Ausmaß, in dem die weniger mächtigen Mitglieder von Organisationen und Institutionen (wie der Familie) Macht akzeptieren und erwarten, daß Macht ungleich verteilt ist. Machtdistanz deutet auf die Ungleichheit (mehr oder weniger), die von unten, nicht die von oben definiert ist" (S. 165). Kulturen mit geringer bzw. ausgeprägter Machtdistanz unterscheiden sich dabei in ihren Sozialisationsschwerpunkten. Hofstede (1989) beschreibt, daß in Kulturen mit großer Machtdistanz die Kinder zum Gehorsam den Eltern gegenüber erzogen werden und die Eltern als Übergeordnete behandelt werden, während in Kulturen mit geringer Machtdistanz die Kinder in der Familie ermutigt werden, ihren eigenen Willen zu haben und die Eltern als Gleichberechtigte behandelt werden (S. 166).

Triandis (1989) beschreibt sehr ähnlich die Unterschiede in den *Sozialisationspraktiken* kollektivistischer und individualistischer Kulturen: Während im Individualismus vor allem horizontale Beziehungen von Bedeutung sind (Ehemann-Ehefrau; Kind-Gleichaltrige), spielen im Kollektivismus die vertikalen Beziehungen die wichtigste Rolle. Die Kinder werden in größtmöglicher Abhängigkeit von den Erwachsenen gehalten und haben kaum Privatsphäre. Triandis (1989, S. 74) zitiert Guthrie (1961), der für die Philippinen beschreibt, daß es als wünschenswert angesehen wird, den Willen des Kindes zu brechen, um dadurch völligen Gehorsam zu erreichen. Triandis (1988) faßt die verschiedenen Erziehungspraktiken wie folgt zusammen: "Child rearing practices that characterize individualist countries emphasize the child's autonomy, creativity, self-reliance, and independence from family. In collectivist cultures obedience, duty and sacrifice for the ingroup are emphasized" (S. 10). Ferner: "... the more collectivist the culture, the more likely children are to do what the adults expect them to do" (Triandis, 1989, S. 76).

An dieser Stelle sei kritisch angemerkt, daß Triandis die Situation insofern vereinfacht, als es durchaus Unterschiede zwischen kollektivistischen Kulturen gibt. Wie schon in Kapitel 5.4.3. beschrieben, legte die sowjetische Erziehung - zumindest theoretisch - viel Wert auf das Kinderkollektiv, in dem die Kinder voneinander und miteinander lernen sollten. Ähnliches läßt sich für den Kibbuz in Israel sagen. Insofern sind also nicht automatisch in allen kollektivistischen Kulturen die vertikalen Beziehungen die wichtigsten. Die Feststellung, daß die vertikalen Beziehungen in kollektivistischen Kulturen eher über Werte wie Pflicht und Gehorsam gestaltet werden, läßt sich davon unbenommen jedoch am Beispiel der UdSSR bestätigen.

Es gibt auch eine Reihe *soziologischer* Variablen, die individualistische und kollektivistische Kulturen charakterisieren:

a) Überfluß: Hofstede (1980) fand eine Korrelation von 0.8 zwischen dem Bruttosozialprodukt eines Landes und seiner Position auf der Individualismus-Skala. Je unabhängiger Menschen finanziell werden, um so unabhängiger werden sie offensichtlich auch von ihren Bezugsgruppen. Damit eng zusammen hängt die

b) kulturelle Komplexität: Komplexe Kulturen sind individualistischer, da es hier viele potentielle Bezugsgruppen gibt, die dem Individuum die Möglichkeit geben, zu wählen, ob es bleibt oder geht.

c) Soziale Mobilität: Eine Folge sozialer Mobilität sind häufig wechselnde Interaktionspartner. Je höher die soziale Mobilität, desto mehr Individualismus läßt sich in einer Gesellschaft finden.

Neben diesen generellen Unterschieden auf der kulturellen Ebene gibt es aber natürlich auch innerhalb einer Kultur Unterschiede zwischen Individuen. Um diesem Problem gerecht zu werden, führten Triandis, Leung, Villareal und Clack (1985) für die Persönlichkeitsebene noch die Bezeichnungen "allozentrisch" und "idiozentrisch" ein, als Pendant zu Kollektivismus und Individualismus auf dem kulturellen Sektor. Um darüber hinaus der Tatsache Rechnung zu tragen, daß Menschen einer bestimmten Kultur individuelle oder kollektive Ziele in Abhängigkeit von bestimmten Umgebungen oder Gruppen haben können, entwickelte Hui (1984, 1988) einen Fragebogen (INDCOL) zur Messung dieser Konstrukte, der nochmals eine Differenzierung in bezug auf verschiedene Gruppen (wie Familie, Freunde oder Kollegen) und verschiedene Situationen (z.B. häuslicher Bereich, Arbeit oder Religion) zuläßt.

Trommsdorff (1989b) verweist auf zwei Probleme, die mit dieser Konzeptualisierung von Individualismus und Kollektivismus verbunden sind. Zum einen sei "es problematisch anzunehmen, daß Individual- und Gruppenorientierung/Kollektivismus zwei Pole einer Dimension seien. (Es könnte ja auch mit beiden Wertorientierungen jeweils eine eigene Dimension verbunden sein.) Problematisch ist auch, daß diese Pole Typisierungen von Merkmalsklassen darstellen. (Individuen und Gesellschaften weisen normalerweise Merkmale und Merkmalskombinationen auf, die keineswegs diesen reinen Typ einer Individual- und Gruppenorientierung repräsentieren)" (S. 102). Schwartz (1990, S.141) kritisiert darüber hinaus das Konzept als zu grob, da es z.B. durchaus Werte geben kann, die sowohl individuellen als auch kollektiven Zielen dienen, oder kollektive Ziele, die nicht für die enge Bezugsgruppe, sondern für die Gesellschaft als Ganzes gelten. Er schlägt vor, die Individualismus-Kollektivismus-Dichotomie nur für Untersuchungen, in denen eine grobe Differenzierung von Interesse ist, vorzunehmen und ansonsten eine von ihm vorgeschlagene feinere Analyse von *Werten* anzuwenden. Schwartz (1990, S.144) nennt zehn theoretisch abgeleitete universelle Typen von Werten, die, wie er an Beispielen und empirischem Material belegt, *sowohl* individuellen *als auch* kollektiven Zielen dienen können. Anstatt sich von der Individualismus-Kollektivismus-Dichotomie zu vorschnellen Aussagen verleiten zu lassen, empfiehlt Schwartz, die zu untersuchenden Gruppen in bezug auf jeden einzelnen Wert zu analysieren, um durch diese Vorgehensweise zu differenzierteren Profilen zu gelangen. Interessant und aussagekräftig ist dann die spezielle Kombination von Werten einer spezifischen Gruppe, und nicht der über Mittelungen zustande gekommene Durchschnittswert auf einer Individualismus-Kollektivismus Skala.

Diese Kritikpunkte sind berechtigt und werden zum Teil auch von den Autoren selbst (z.B. Triandis, McCusker & Hui, 1990) erwähnt. Das Interesse der vorliegenden Arbeit ist es jedoch, in einer Pilotstudie erste empirische Hinweise darauf zu suchen, ob der in der ehemaligen UdSSR theoretisch proklamierte Kollektivismus sich tatsächlich in den Einstellungen der Versuchspersonen widerspiegelt und zu signifikanten Unterschieden zwischen deutschen und sowjetischen Müttern (gemeint sind die Mütter der untersuchten Kinder) führt. Auf diesem Hintergrund wird eine gewisse Vergröberung der Ergebnisse mit dem Ziel in Kauf genommen, auf der Grundlage der gewonnenen Daten eine erste empirisch fundierte Diskussionsgrundlage zur Erörterung möglicher Beziehungen zwischen sowjetischer und deutscher Kultur auf der einen Seite und Individualismus/Kollektivismus auf der anderen Seite zu gewinnen.

5.5.1. Individualismus/Kollektivismus und prosoziales Verhalten

Setzt man die in Kapitel 5.4.2. gewonnenen Erkenntnisse über den Zusammenhang von Kultur und prosozialem Verhalten in bezug zu den Dimensionen Individualismus/Kollektivismus, so fällt auf, daß die Charakteristika, die Eisenberg und Mussen (1989, S. 53) als förderlich für die Entwicklung von prosozialem Verhalten nennen, gut mit der Beschreibung einer kollektivistischen Kultur zusammenpassen: Die Gruppenorientierung, eine einfache soziale Organisation, Großfamilie und frühes Zuweisen von Aufgaben und Verantwortung (im Sinne von Pflicht und Gehorsam) sind Kernstücke der Charakterisierung einer kollektivistischen Kultur. Wenngleich auch empirische Arbeiten fehlen, die prosoziales Verhalten und Kollektivismus explizit in Beziehung zueinander setzen, kann man somit die Erwartung formulieren, daß Kinder aus kollektivistischen Kulturen im Vergleich zu Kindern aus individualistischen Kulturen mehr prosoziales Verhalten zeigen sollten.

Die Mechanismen, über die oben genannte Merkmale wirken, sind vermutlich folgende:

In einer *gruppenorientierten Kultur* wird dem Kind in allen Sozialisationsinstanzen vermittelt, daß nicht automatisch seine eigenen Bedürfnisse, sondern im allgemeinen die der Gruppe Vorrang haben. Dadurch lernt das Kind sehr früh eine soziale Orientierung, die es ihm vermutlich erleichtert, Anzeichen von Hilfsbedürftigkeit bei anderen wahrzunehmen und angemessen darauf zu reagieren.

Eine *einfache soziale Organisation* findet sich meistens in traditionellen, von Landwirtschaft lebenden Kulturen. Dort werden die Kinder schon sehr früh zu Arbeiten herangezogen, die wichtig für das ökonomische Wohlergehen der Familie sind. Whiting und Whiting (1975) nennen als Beispiele das Versorgen von Tieren, das Tragen von Wasser, Helfen im Haushalt und vor allem Betreuen von kleineren Geschwistern (S. 82-113). Diese Tätigkeiten vermitteln dem Kind vermutlich ein Gefühl von persönlicher Wichtigkeit und Kompetenz, außerdem das Bewußtsein des Eingebunden-Seins in die Bedürfnisse von anderen. Hierdurch erhalten Hilfsbereitschaft und -verhalten eine positive Valenz und werden somit entscheidend gefördert.

In einer *Großfamilie* kann das Kind zum einen eine Vielzahl von Modellen beobachten und gerät zum anderen mit verschiedenen Perspektiven in Berührung, die von der eigenen unter Umständen abweichen. Im Gegensatz zur Kernfamilie, wo das Kind im allgemeinen den ganzen Tag nur mit der Mutter zusammen ist, kann es in der Großfamilie Beziehungen zu mehreren

Erwachsenen und peers aufbauen. Dadurch erhält es die Gelegenheit, soziale Sensibilität für andere Menschen zu entwickeln und Reaktionen verschiedener Menschen zu erleben und zu interpretieren.

Das *frühe Zuweisen von Aufgaben und Verantwortung* erklärt seinen Beitrag zur Entwicklung prosozialen Verhaltens fast von alleine, zumal dieser Aspekt oben in Zusammenhang mit der einfacheren sozialen Organisation schon erwähnt wurde. Verantwortlichkeit ist ein wesentlicher Bestandteil prosozialen Verhaltens (vgl. Bierhoff, 1992). Je früher ein Kind zur Verantwortlichkeit erzogen wird, desto selbstverständlicher wird sie zu seinem Verhaltenssreportoire gehören und im Bedarfsfall aktiviert werden.

5.5.2. Die BRD und die UdSSR - Stellvertreter einer individualistischen oder kollektivistischen Kultur?

Folgt man den soziologischen Variablen, so ist die Zuordnung eindeutig: In der BRD herrsch(t)en Überfluß, kulturelle Komplexität und hohe soziale Mobilität, wohingegen in der UdSSR das genaue Gegenteil der Fall war. Auch die damalige Ideologie der Sowjetunion, die den Kollektivismus ganz ausdrücklich als wesentlichen Wert der Gesellschaft definierte, und die Betonung von individualistischen Werten in der Bundesrepublik Deutschland legen keine andere Einteilung nahe. Die Frage ist jedoch, ob sich diese Unterschiede tatsächlich auch auf der psychologischen Ebene widerspiegeln. Vor allem im Falle der ehemaligen UdSSR ist es interessant zu untersuchen, inwieweit der letztendlich von "oben" verordnete Kollektivismus die Einstellungen der Menschen tatsächlich beeinflußt hat, und wenn er sie beeinflußt hat, dann in welchem Ausmaß und in welchen Bereichen. Da psychologische Studien zu diesem Problembereich bislang völlig fehlen, soll in dieser Arbeit ein erster Schritt in diese Richtung gegangen werden.

6. FOLGERUNGEN FÜR DIE EMPIRISCHE UNTERSUCHUNG DES ZUSAMMENHANGS ZWISCHEN EMPATHISCHEM MITGEFÜHL UND PROSOZIALEM VERHALTEN

Faßt man die Ergebnisse der in den Kapiteln 2 bis 5 referierten Untersuchungen zusammen, so kann man folgern, daß der Zusammenhang zwischen empathischem Mitgefühl und prosozialem Verhalten bei Kindern in einem Design untersucht werden sollte, das folgenden Anforderungen entspricht:

1. Es sollte eine möglichst realitätsnahe, ökologisch valide Untersuchungssituation geschaffen werden, in der sowohl empathisches Mitgefühl als auch prosoziales Verhalten erfaßt werden können.

2. Es sollten nach Möglichkeit Indikatoren zur Erfassung beider Konstrukte verwendet werden, die der Kontrolle der Versuchsperson möglichst wenig unterliegen (z.B. Mimik, andere Verhaltensindikatoren).

3. Sowohl konzeptuell als auch operational sollte zwischen verschiedenen Formen der Empathie ("sympathy", "personal distress") und des prosozialen Verhaltens (altruistisch versus egoistisch motiviert) differenziert werden.

4. Wenn man sich die Frage nach der Bedeutung sozialer Kontexte und damit verbundener Sozialisationsbedingungen für empathisches Mitgefühl und prosoziales Verhalten stellt, ist es sinnvoll, eine kulturvergleichende Untersuchung durchzuführen. Dabei sollten Kulturen ausgewählt werden, die "am ehesten unterschiedliche Qualitäten von Selbst-Umweltbeziehungen repräsentieren und vermutlich auch in dieser Hinsicht unterschiedliche Entwicklungskontexte darstellen" (Trommsdorff, 1993, S. 21).

7. ZUSAMMENFASSUNG DER FRAGESTELLUNGEN UND HYPOTHESEN

Ziel der vorliegenden Arbeit ist es, den Zusammenhang zwischen emotionalen Reaktionen und prosozialen Interventionen von fünfjährigen Kindern in Anbetracht des Unglücks einer anderen Person in einem kulturvergleichenden Rahmen zu untersuchen. Im einzelnen werden dabei folgende Fragenkomplexe betrachtet:

7.1. DER ZUSAMMENHANG ZWISCHEN EMOTIONALEN UND PROSOZIALEN REAKTIONEN BEI KINDERN IM VORSCHULALTER

Ausgehend von der unklaren Befundlage zum Zusammenhang von emotionalen und prosozialen Reaktionen bei Kindern und der Kritik an den überwiegend verwendeten Untersuchungsmethoden (s. Kap. 3), sollen die Versuchspersonen der vorliegenden Arbeit in einer möglichst realistischen Interaktionssituation mit einem traurigen Gegenüber *beobachtet* werden, um so ihre spontanen emotionalen und prosozialen Reaktionen erfassen zu können. Auf der Seite der emotionalen Reaktionen soll dabei zwischen empathischem Mitgefühl ("sympathy") und eigenem Unbehagen ("personal distress") differenziert werden. Ausgehend von einem motivationspsychologischen Ansatz wird vermutet, daß bei Kindern, die mit empathischem Mitgefühl auf den Kummer des Gegenübers reagieren, eine altruistische Motivation ausgelöst wird, die zu prosozialem Verhalten mit hohen Kosten führt. Demgegenüber sollte in Kindern, die eher Unbehagen ("distress") in Anbetracht der traurigen Person empfinden, eine egoistische prosoziale Motivation entstehen, die zum Ziel hat, die unangenehme Situation unter Einsatz von möglichst wenig Kosten zu beenden. Die Studien von Batson (1987) zeigen, daß ein Überwiegen von "eigenem Unbehagen" ("distress") die egoistische Motivation aktiviert, sich ganz der Situation zu entziehen. Von diesem Ergebnis ausgehend läßt sich vermuten, daß, wenn dies physisch nicht möglich ist, Strategien des *psychischen* "Aus-dem-Felde-Gehens" benutzt werden, wie zum Beispiel wegschauen oder sich mit etwas anderem beschäftigen. Das empathische Mitgefühl sollte demgegenüber die altruistische Motivation hervorrufen, in erster Linie der anderen Person zu helfen, und in prompten Hilfehandlungen resultieren.

Auf der Seite der prosozialen Handlungen sollen verschiedene Differenzierungen vorgenommen werden: zum einen nach der *Anzahl* der Kinder, die überhaupt Hilfeverhalten zeigen, zum anderen nach der Höhe der *Kosten*, die die Kinder bereit sind, für die trauernde Person aufzubringen, und nach dem *Zeitpunkt* der prosozialen Reaktion. Für den Zusammenhang zwischen empathischem Mitgefühl und prosozialem Verhalten läßt sich dann erwarten, daß zum einen fast alle empathisch mitfühlenden Kinder Hilfeverhalten zeigen werden, welches zum anderen relativ hohe Kosten impliziert und schließlich früh, d.h. spontan auftreten sollte. Kinder, die eher mit eigenem Unbehagen ("distress") reagieren, sollten demgegenüber zu einem geringeren Anteil Hilfeleistungen zeigen, die außerdem mit relativ geringen Kosten verbunden sind und/oder erst zu einem späteren Zeitpunkt stattfinden, nachdem sich das Kind etwas aus der Beschäftigung mit seinen eigenen Gefühlen befreit hat. Damit ist gemeint, daß "distresste" Kinder vermutlich durch den offenen Emotionsausdruck der anderen Person "blockiert" werden und sie erst später, wenn die Traurigkeit des Gegenübers nachgelassen hat, aktiv werden können. Unempathische Kinder, also Kinder, die sich von der ganzen Situation überhaupt nicht anrühren lassen, sollten kein prosoziales Verhalten zeigen, da sie die Situation nicht als hilferelevant wahrnehmen.

Diesen Überlegungen entsprechend lauten die Hypothesen:

- Empathisch mitfühlende Kinder zeigen im Vergleich zu "distressten" und unempathischen Kindern
  - zu einem größeren Anteil prosoziales Verhalten,
  - prosoziales Verhalten mit höheren Kosten und
  - prosoziales Verhalten, das zu einem früheren Zeitpunkt auftritt.

7.2. GESCHLECHTERUNTERSCHIEDE IN EMOTIONALEN UND PROSOZIALEN REAKTIONEN

Das Ergebnis, daß Mädchen oder Frauen im allgemeinen höhere Werte auf Skalen des empathischen Mitgefühls erlangen als Jungen, sagt noch nichts darüber aus, was die Jungen denn nun tatsächlich empfinden. Sie könnten zum einen unbetroffen reagieren (d.h. dem Emotionsausdruck gegenüber gleichgültig bleiben) oder aber sich unwohl fühlen, d.h. eigenes Unbehagen ("distress") empfinden. Da dieser Frage in der Literatur bislang noch nicht nachgegangen wurde, soll sie in dieser Arbeit untersucht werden.

Was das prosoziale Verhalten anbelangt, so haben die Geschlechter hier offenbar sehr bereichsspezifisch ihre Stärken und Schwächen (s. Kap. 5.3.2.). Da der Bereich des empathischen Mitgefühls eher eine Domäne der Frauen und Mädchen ist, liegt es nahe, zu erwarten, daß ein größerer Anteil von Mädchen als Jungen in dieser Situation sowohl kostenreicheres als auch spontaneres Hilfeverhalten zeigen wird.

Die Hypothesen lauten:

- Mädchen zeigen im Vergleich zu Jungen mehr empathisches Mitgefühl und sowohl weniger "distress" als auch weniger Unbetroffenheit als Jungen.

- Mädchen zeigen im Vergleich zu Jungen
  - zu einem größeren Anteil prosoziales Verhalten,
  - prosoziales Verhalten mit höheren Kosten und
  - prosoziales Verhalten, das zu einem früheren Zeitpunkt auftritt.

7.3. KULTURUNTERSCHIEDE IN EMOTIONALEN UND PROSOZIALEN REAKTIONEN

Da die Sozialisationsbedingungen, in denen ein Kind aufwächst, für die Genese prosozialer Verhaltensweisen als ganz entscheidend angesehen werden (vgl. Kap. 5), soll die Untersuchung in zwei Kulturen durchgeführt werden, die in ihren Erziehungskontexten ein unterschiedliches Ausmaß an Individual- versus Sozialorientierung vermitteln (UdSSR versus BRD). Diese Orientierung soll durch einen Fragebogen zu Werteinstellungen, der den *Müttern* vorgelegt wird, kontrolliert werden (INDCOL, Hui, 1984, 1988).

Voraussagen über die Beziehung zwischen *emotionaler* Reaktion und Kultur sind insofern nicht ganz einfach zu machen, als es kaum eine empirische Datengrundlage gibt, auf die man sich stützen kann. Aufgrund des hohen Stellenwertes, den die sowjetische Pädagogik der moralischen Erziehung im Kindergarten einräumt, zu der u.a. das Mitgefühl gehört, wird jedoch erwartet, daß die sowjetischen Kinder mehr empathisches Mitgefühl zeigen werden als die deutschen - wobei sich hier natürlich die Frage anschließt, inwiefern sich die offiziellen Erziehungsziele im Verhalten der Kinder ausgewirkt haben.

Was das Verhältnis *prosoziale* Reaktionen und Kultur anbelangt, so legen theoretische Überlegungen und die empirischen Ergebnisse aus kulturvergleichenden Studien nahe, daß in einer kollektivistischen Kultur erzogene Kinder prosozialer sein sollten als diejenigen, die in einer individualistischen Kultur aufgewachsen sind. Berücksichtigt man zudem wiederum den Stellenwert hilfreichen Verhaltens in der sowjetischen Pädagogik, so kann man zusammenfassend erwarten, daß die sowjetischen Kinder sich hilfsbereiter zeigen werden als die deutschen. Das heißt, sie sollten zu einem größeren Anteil Hilfeleistungen zeigen, die außerdem mehr Kosten implizieren und spontaner (d.h. früher) stattfinden als bei den deutschen Kindern. Die Hypothesen lauten:

- Sowjetische Mütter äußern kollektivistischere Einstellungen und Werte als deutsche Mütter.
- Sowjetische Kinder zeigen im Vergleich zu deutschen Kindern mehr empathisches Mitgefühl und sowohl weniger "distress" als auch weniger Unbetroffenheit.
- Sowjetische Kinder zeigen im Vergleich zu deutschen Kindern
  - zu einem größeren Anteil prosoziales Verhalten,
  - prosoziales Verhalten mit höheren Kosten und
  - prosoziales Verhalten, das zu einem früheren Zeitpunkt auftritt.

7.4. METHODISCHE ASPEKTE

Neben den eben dargestellten Hypothesen sollen auch einige Fragen methodischer Natur angesprochen werden.

7.4.1. Zur Operationalisierung der emotionalen Reaktionen über die Blickrichtung

Die Operationalisierungen von empathischem Mitgefühl, "distress" aktiv, "distress" passiv und Unbetroffenheit (s. Kap. 12.1.) machen deutlich, daß die Blickrichtung ein zentrales Kriterium zur Einordnung der Kinder in eine der Gruppen darstellt, da sie als Indiz für die Aufmerksamkeitsrichtung des Kindes angesehen wird. Die exakte Messung der Blickrichtung soll zeigen, ob und wie dieses Kriterium tatsächlich zwischen den verschiedenen Gruppen trennt.

7.4.2. Der Zusammenhang von empathischem Mitgefühl, "distress" aktiv und passiv

In verschiedenen Arbeiten (Eisenberg, McCreath & Ahn, 1988; Batson, 1987) tauchte das Problem auf, daß "sympathy" und "distress" positiv miteinander korrelierten. In der Studie von Eisenberg, McCreath & Ahn (1988, S. 306) korrelierte ein traurig/betroffener Gesichtsausdruck positiv mit einem ängstlich/angespannten, allerdings nur bei Mädchen. Batson (1987, S. 102) berichtet, daß Adjektive wie bekümmert und beunruhigt, die eigentlich "distress" repräsentieren sollen, manchmal enger mit dem "Empathie"-Faktor verbunden waren. Umgekehrt fand sich das Ergebnis, daß die Begriffe "mitfühlend" und "sanft" enger mit dem "distress"-Faktor assoziiert waren. In allen von ihm berichteten Studien, in denen mit Selbstberichten gearbeitet wurde, korrelierten "distress" und "empathy" signifikant positiv (Batson, 1987, S. 98).

Die Frage, die hier beantwortet werden soll, ist, ob diese Korrelationen auf die mangelnde Validität der verwendeten Verfahren zurückzuführen sind (Selbstberichte bei Batson und Videofilme bei Eisenberg, s. Kap. 3) und ob Beobachtungsdaten aus einer natürlichen Interaktion, wie sie hier benutzt werden, zu eindeutigeren Ergebnissen führen.

Abschließend werden die Hypothesen und Fragen nochmal im Überblick dargestellt. Die Reihenfolge entspricht dabei der Darstellungsordnung im *Ergebnisteil*, in dem der besseren Verständlichkeit halber zunächst die Ergebnisse zum empathischen Mitgefühl, dann die zum prosozialen Verhalten und abschließend zu ihrem Zusammenhang dargestellt werden.

Da erwartet wird, daß die Wechselwirkungen zwischen den Variablen Geschlecht und Kultur nicht signifikant ausfallen, werden aus Gründen der Übersichtlichkeit an dieser Stelle keine diesbezüglichen Hypothesen formuliert.

7.5. ÜBERBLICK ÜBER HYPOTHESEN UND FRAGEN

1) Sowjetische Kinder zeigen im Vergleich zu deutschen Kindern mehr empathisches Mitgefühl und sowohl weniger "distress" als auch weniger Unbetroffenheit.

2) Mädchen zeigen im Vergleich zu Jungen mehr empathisches Mitgefühl und sowohl weniger "distress" als auch weniger Unbetroffenheit.

3) Sowjetische Kinder zeigen im Vergleich zu deutschen Kindern
   a) zu einem größeren Anteil prosoziales Verhalten,
   b) prosoziales Verhalten mit höheren Kosten und
   c) prosoziales Verhalten, das zu einem früheren Zeitpunkt auftritt.

4) Mädchen zeigen im Vergleich zu Jungen
   a) zu einem größeren Anteil prosoziales Verhalten,
   b) prosoziales Verhalten mit höheren Kosten und
   c) prosoziales Verhalten, das zu einem früheren Zeitpunkt auftritt.

5) Empathisch mitfühlende Kinder zeigen im Vergleich zu "distressten" und unempathischen Kindern
   a) zu einem größeren Anteil prosoziales Verhalten,
   b) prosoziales Verhalten mit höheren Kosten und
   c) prosoziales Verhalten, das zu einem früheren Zeitpunkt auftritt.

6) Sowjetische Mütter äußern im Vergleich zu deutschen Müttern kollektivistischere Einstellungen und Werte.

Zusätzlich werden folgende Fragen methodischer Art überprüft:

7a) Ist die Blickrichtung des Kindes ein valides Kriterium zur Einteilung der Kinder in die Gruppen der empathisch mitfühlenden, aktiv und passiv "distressten"?

7b) Wie ist das Verhältnis von empathischem Mitgefühl, "distress" und Unbetroffenheit zueinander?

TEIL II: METHODEN

8. AUSWAHL DER KULTUREN

8.1. ALLGEMEINE BEMERKUNGEN ZUM KULTURVERGLEICH ALS METHODE

Die Idee, den Kulturvergleich als Forschungsmethode einzusetzen, läßt sich schon zu Beginn der experimentellen Psychologie finden. Wundt befürwortete das Studium von kulturellen Phänomenen wie Sprache, Mythen und Gebräuchen als notwendige Ergänzung zur Untersuchung der elementaren psychischen Prozesse im Labor. Auf dieser Idee baute er die 10 Bände seiner *Völkerpsychologie* (1904-1920) auf.

Wie jede Methode hat das kulturvergleichende Vorgehen verschiedene Vor- und Nachteile, die im folgenden zusammengefaßt werden sollen (s. Triandis, 1984, und Trommsdorff, 1989a, für Überblicke). Betrachten wir zunächst die Vorteile:

1. Der Kulturvergleich liefert systematische, deskriptive Informationen über psychologisch interessierende kulturspezifische Phänomene.
2. Die meisten dominierenden Theorien der wissenschaftlichen Psychologie stammen aus dem westlichen Kulturkreis, vor allem den USA, und stellen somit Produkte einer ganz spezifischen, bereits kulturell determinierten Sozialisation dar. Will man ethnozentrische Fehlschlüsse in bezug auf die Allgemeingültigkeit dieser Theorien vermeiden, ist die Prüfung ihrer Gültigkeit (und der damit verbundenen Meßmethoden) in anderen Kulturen geradezu unerläßlich.
3. Der Kulturvergleich bietet die Möglichkeit, die Varianz der interessierenden Variablen in einer Weise zu erweitern, die innerhalb einer Kultur nicht möglich wäre. Als Beispiel können die unterschiedlichen familiären und institutionellen Sozialisationsbedingungen von Kindern (Leben in der Groß- versus Kleinfamilie, Zeitpunkt der Zuweisung von Aufgaben und Verantwortung) gelten.
4. Variablen, die in einer Kultur konfundiert sind, können durch den Vergleich mit einer Kultur, in der die in Frage stehende Variable isoliert auftritt, kontrolliert werden. Triandis (1984, S. 1008) führt als Beispiel die Möglichkeit an, den relativen Anteil von Anlage und Umwelt bei Verhaltensauffälligkeiten bestimmter ethnischer Gruppen

zu untersuchen, indem Mitglieder dieser ethnischen Gruppen, die von Geburt an in ihrer Kultur leben, mit solchen verglichen werden, die in andere Kulturen umgezogen sind und sich dort assimiliert haben.

5. Im Kulturvergleich können Variablen unter "natürlichen", ökologisch validen Bedingungen untersucht werden. Durch die Einbeziehung des sozialen Kontextes, der im Labor verlorengeht, wird den Ergebnissen soziale Relevanz verliehen und die Aussagekraft der Untersuchung u.U. beträchtlich erhöht.

Neben diesen offensichtlichen Vorteilen gilt es beim Kulturvergleich allerdings in jeder Phase der Untersuchung auch Probleme verschiedenster Art zu überwinden. Schon die *Vorbereitung* der Untersuchung ist meistens mit einem erheblichen organisatorischen und finanziellen Aufwand verbunden. Wird die *Datenerhebung* von Vertretern der anderen Kultur durchgeführt, ergibt sich vor allem das Problem der eindeutigen Kommunikation. Schon an dieser Stelle können kulturspezifische Mißverständnisse auftreten, die über reine Übersetzungsprobleme hinausgehen. Falls der/die Psychologe/in sich zum Zwecke der Datenerhebung selbst in die andere Kultur begibt, ergibt sich die Schwierigkeit der Anpassung an u.U. völlig ungewohnte Lebensbedingungen. Ein weiteres Problem stellen die Bedingungen der Datenerfassung, wie zum Beispiel die Bedeutung der Untersuchungssituation und der Status des Versuchsleiters, die von Kultur zu Kultur ganz unterschiedlich ausfallen können, dar.

Eine zentrale Frage der kulturvergleichenden Methode ist die nach der *Äquivalenz der Indikatoren.* Die gleichen Fragebogenitems oder Situationen können in verschiedenen Kulturen eine völlig andere Bedeutung haben. Daher muß die Äquivalenz in jeder Hinsicht gesichert werden. Trommsdorff (1989a) charakterisiert das Problem folgendermaßen: "Zentral für die Entwicklung von geeigneten Indikatoren für den Kulturvergleich ist zu prüfen, ob die gewählten Indikatoren in den verschiedenen Kulturen mit gleicher Validität erlauben, auf die Ausprägung des theoretisch interessierenden Merkmals zu schließen" (S.19).

Bei der *Dateninterpretation* ist die oben erwähnte Varianzerweiterung das größte Problem. Die Gefahr besteht, daß der Vorteil sich in einen Nachteil umkehrt und durch ein Zuviel an Varianz die Erklärung der Ergebnisse erheblich erschwert wird. Das Ziel einer idealen kulturvergleichenden Untersuchung sollte daher sein, Kulturen auszuwählen, die sich zwar bezüglich der interessierenden Merkmale unterscheiden, ansonsten aber ähnlich genug sind, um *sinnvoll* verglichen zu werden.

Um diesen Problemen zu begegnen, sind vor allem fundierte empirische *Kulturkenntnisse* und ein enger Austausch, sowohl mit Fachkollegen als auch "normalen" Einwohnern des Landes, vor allem "Leuten aus der Lebenswelt der Versuchspersonen" (Bronfenbrenner, 1981, S. 41), unerläßlich.

Kann den verschiedenen Ansprüchen Genüge getan werden, so eröffnet der Kulturvergleich vielfältige Perspektiven zum Erkenntnisgewinn innerhalb der psychologischen Forschung.

8.2. WAHL DER BRD UND DER UDSSR

Bezieht man die oben genannten allgemeinen Vor- und Nachteile auf die Fragestellung der vorliegenden Untersuchung, so verdienen vor allem folgende Aspekte Beachtung:

1. Die Einbeziehung des sozialen Kontextes ist ein für diese Studie entscheidender Vorteil des Kulturvergleichs. Wenn man sich die Frage nach der *Bedeutung sozialer Kontexte* für die Entwicklung von empathischem Mitgefühl und prosozialem Verhalten stellt, ist es sinnvoll, eine Untersuchung in Kulturen durchzuführen, die sich in bezug auf Individual- versus Gruppenorientierung möglichst wenig ähneln, da dies eine Dimension ist, mit der sehr unterschiedliche soziale Kontexte für die Sozialisation von Kindern einhergehen. Hier soll die Bundesrepublik Deutschland in ihren alten Grenzen für eine Kultur mit individualistischen und die ehemalige Union der Sozialistischen Sowjetrepubliken für eine Kultur mit kollektivistischen Werten stehen. Die UdSSR stellt hierbei ein besonders interessantes Untersuchungsobjekt dar, da die kollektivistische Orientierung im Gegensatz zu Kulturen wie Japan oder China nicht in jahrhundertelangen Traditionen wurzelt, sondern den Bewohnern des Landes mit der Oktoberrevolution von 1917 quasi von oben "verordnet" wurde. Da es aus politischen Gründen bislang - von einigen Ausnahmen (Bronfenbrenner, 1972) abgesehen - kaum möglich war, empirische sozialwissenschaftliche Studien in der UdSSR durchzuführen, besteht hier ein großes Forschungsdefizit. Die Untersuchung der Dimensionen kollektivistische/individualistische Werte und Sozialverhalten der Kinder, die in diesen Wertsystemen aufgewachsen sind, stellen somit eine besonders spannende Aufgabe dar. Da beide Staaten zudem hochindustrialisiert sind, ist wiederum ausreichend Ähnlichkeit vorhanden, um die Ergebnisse sinnvoll interpretierbar zu machen.

Hiermit kommen wir schon zu den oben genannten methodischen Problemen und der Frage, wie ihnen hier begegnet wurde. Folgende Entscheidungen wurden getroffen:

2. Die Untersuchung wurde in beiden Kulturen von der Verfasserin selbst durchgeführt, um möglichst gleiche Untersuchungsbedingungen garantieren zu können.

3. Um die Äquivalenz der Indikatoren zu gewährleisten, wurde eine Situation gewählt, die Kindern in beiden Kulturen wohlbekannt ist: Ein Spielzeug geht irreparabel kaputt, und die Person, der es gehörte, wird darüber traurig. In Anlehnung an die Arbeiten von Trommsdorff und Mitarbeitern (vgl. Trommsdorff, Friedlmeier & Kienbaum, 1991), fiel die Entscheidung für einen platzenden Luftballon als einem gut geeigneten Objekt. Es wurde besonders großer Wert darauf gelegt, die Bedeutung des Luftballons über seinen rein materiellen Wert hinaus zu erhöhen, indem die Spielpartnerin stets betonte, wie schön und einmalig er sei. Damit sollte die Traurigkeit der Spielpartnerin für die Kinder verständlicher und die Bedingungen für die deutschen und die sowjetischen Kinder möglichst gleichartig werden. Schließlich war zu bedenken, daß in Deutschland Luftballons normalerweise wesentlich leichter zu besorgen sind als in der UdSSR. Durch die Betonung der Einmaligkeit gerade dieses einen Luftballonmännchens sollte deutlich gemacht werden, daß durch den bloßen Kauf eines neuen Luftballons das Problem nicht zu beheben sei. Glücklicherweise ergab es sich außerdem so, daß in die Datenerhebungsphase in Moskau drei große Feiertage fielen (der 7. November - Jahrestag der Oktoberrevolution; Ende Dezember - Neujahrsfeier und der 8. März - der internationale Frauentag), zu denen in den Kindergärten Luftballons verteilt wurden, so daß der Gegensatz zudem etwas abgemildert wurde.

4. Sowohl in Deutschland als auch in der UdSSR wurde eine junge Erwachsene, und zwar jeweils eine Psychologiestudentin der Konstanzer bzw. Moskauer Universität, zur Spielpartnerin der Kinder ausgewählt. Diese Entscheidung wurde getroffen, da es für beide Kulturen typischer ist, wenn eine Frau Traurigkeit zeigt, und es nicht möglich gewesen wäre, ein Kind von 5 Jahren für diese anspruchsvolle Rolle zu gewinnen (vgl. hierzu auch Husarek, 1992, S. 66).

9. AUSWAHL DER STICHPROBEN

Die Stichprobe umfaßte insgesamt 96 fünfjährige Kindergartenkinder und ihre Mütter. Die 48 deutschen Kinder kamen aus Konstanz, einer süddeutschen Kleinstadt, und wurden aus den konfessionellen Kindergärten St. Gallus, St. Gebhard (katholisch), Kreuz- und Käthe-Luther (evangelisch) rekrutiert. Die sowjetischen Versuchspersonen kamen aus Moskau, aus den Kindergärten Nr. 501 und 646. Jede Stichprobe bestand zur Hälfte aus Jungen und Mädchen.

Für die Wahl der Altersgruppe spielten folgende Kriterien eine Rolle: Zum einen sollten die Kinder möglichst jung sein, da Beobachtungsdaten gesammelt werden sollten und es Belege gibt, daß ältere Kinder ihre Mimik stärker maskieren als jüngere (vgl. Eisenberg, Fabes, Schaller & Miller, 1989), zum andern sollten sie aber auch schon eine gewisse Sozialisationserfahrung in ihrer Kultur hinter sich haben, um den Kulturvergleich überhaupt sinnvoll zu machen. Die Altersgruppe der 5jährigen schien nach diesen Kriterien optimal zu sein, da sich hier zum einen schon Sozialisationseinflüsse bemerkbar machen (Trommsdorff, 1991, weist dies für 5jährige japanische Kinder im Vergleich zu 2jährigen nach), zum andern aber noch eine größere Spontaneität als im Schulalter erwartet werden kann.

Die Eltern der Kinder wurden über Elternbriefe (s. Anhang D) und persönliche Ansprache informiert und um schriftliche Zusage gebeten.

10. UNTERSUCHUNGSDESIGN

Die im Theorieteil aufgestellten Hypothesen werden in drei Designs untersucht. Die ersten zwei Designs betreffen die emotionalen und prosozialen Reaktionen der *Kinder*, das dritte die kollektivistischen bzw. individualistischen Einstellungen und Werte ihrer *Mütter*.

Im *ersten Design*, das die Hypothesen 1 und 2 betrifft, soll untersucht werden, welche emotionalen Reaktionen die Kinder in Abhängigkeit von ihrem Geschlecht und ihrer Kulturzugehörigkeit zeigen. Die *unabhängigen Variablen* sind hier also die *Kultur* (deutsch/sowjetisch) und das *Geschlecht* (Mädchen/Jungen) der Kinder, die *abhängige Variable* ihre Ausprägungen auf den emotionalen Reaktionen empathisches Mitgefühl, "distress" und Unbetroffenheit.

Der zweifaktorielle Versuchsplan mit den 2x2 Faktorstufenkombinationen wird in Tabelle 4 dargestellt.

Tabelle 4
Design zur Analyse der Auswirkung von Kultur und Geschlecht auf die emotionalen Reaktionen der Kinder

UV / AV	Deutsch		Sowjetisch	
	Mädchen	Jungen	Mädchen	Jungen
Mitgefühl				
"distress"				
Unbetroffenheit				

Anmerkungen. UV=Unabhängige Variablen; AV=Abhängige Variablen. Stichprobengröße pro Kultur: n=48, pro Gruppe von Mädchen und Jungen: n=24.

Im *zweiten Design* (Hypothesen 3, 4 und 5) geht es um die Frage, welches prosoziale Verhalten die Kinder in Abhängigkeit von Geschlecht, Kultur und emotionaler Reaktion zeigen. Es ergeben sich also 3 *unabhängige Variablen.* Erstens die emotionale Reaktion mit den Kategorien empathisches Mitgefühl, "distress" und Unbetroffenheit, zweitens die Kultur (deutsch/sowjetisch) und drittens das Geschlecht der Kinder. *Abhängige Variable* ist das prosoziale Verhalten.

Es handelt sich also um einen dreifaktoriellen Versuchsplan mit 3x2x2 Faktorstufen. Er ist in Tabelle 5 dargestellt.

Tabelle 5
Design zur Analyse der Auswirkungen von emotionaler Reaktion, Kultur und Geschlecht auf die prosozialen Reaktionen der Kinder

UV / AV	Mitgefühl				"distress"				Unbetroffenheit			
	deutsch		sowjet.		deutsch		sowjet.		deutsch		sowjet.	
	Mä	Ju	Mä	Ju	Mä	Ju	Mä	Ju	Mä	Ju	Mä	Ju
pV												

Anmerkungen. UV=Unabhängige Variablen; AV=Abhängige Variable. pV=prosoziales Verhalten. Mä=Mädchen; Ju=Jungen. N=96.

Die Variable *Verhaltensstil* wurde nicht in die Versuchspläne mitaufgenommen. Wie schon in Kapitel 5.1. dargestellt, stellte der Verhaltensstil eine Art gemeinsame Operationalisierung der Konstrukte Status und Vertrautheit der Spielpartnerin dar. Da die Spielpartnerin eine Woche vor Beginn jeder Versuchsreihe täglich in den entsprechenden Kindergarten gegangen war, um mit den teilnehmenden Kindern vertraut zu werden, wurde angenommen, daß auch der Status der Spielpartnerin daraufhin an Bedeutung verlieren würde. Daraus wurde gefolgert, daß die Kinder sich in ihrem Verhalten der Spielpartnerin gegenüber nicht signifikant unterscheiden würden und sich auch kein Einfluß auf die emotionalen und prosozialen Reaktionen finden lassen würde. Deshalb wurde der Verhaltensstil nur erhoben, um in Einzelanalysen außerhalb der eigentlichen Versuchspläne zu überprüfen, ob sich tatsächlich keine Zusammenhänge zu den Variablen Kultur, Geschlecht, emotionale und prosoziale Reaktion ergeben.

Im *dritten Design* ging es um die sechste Hypothese, mit der überprüft werden sollte, ob sich die Zuordnung BRD/Individualismus und UdSSR/Kollektivismus anhand einer Fragebogenerhebung mit den *Müttern* der untersuchten Kinder bestätigen läßt. Die *unabhängige Variable* war also hier die Kulturzugehörigkeit der Mütter (deutsch/sowjetisch), die *abhängige Variable* ihre Antworten auf den Skalen des Individualismus/Kollektivismus Fragebogen (INDCOL, Hui, 1984, 1988).

Der einfaktorielle Versuchsplan mit zwei Faktorstufen ist in Tabelle 6 dargestellt.

Tabelle 6
Design zur Analyse der Auswirkung von Kulturzugehörigkeit auf die INDCOL-Skalen

UV / AV	Deutsch	Sowjetisch
INDCOL		

Anmerkungen. UV=Unabhängige Variablen; AV=Abhängige Variablen. Stichprobengröße pro Kultur: n=48.

Vor dem Hintergrund der drei dargestellten Designs wird die Versuchspersonenzahl von 96 Kindern und 96 Müttern als ausreichend erachtet, um statistische Berechnungen durchführen zu können. Wie der Versuchsablauf genau aussah, wird im nächsten Kapitel beschrieben.

11. VERSUCHSABLAUF

Vor Beginn der eigentlichen Versuche besuchte die Spielpartnerin eine Woche lang den entsprechenden Kindergarten, um mit den teilnehmenden Kindern *vertraut* zu werden. Kein Kind wurde zum Experiment herangezogen, von dem nicht sowohl die Spielpartnerin als auch die Verfasserin den Eindruck gewonnen hatten, daß es zur Spielpartnerin Vertrauen gefaßt hatte.

Der Empathieversuch lief folgendermaßen ab:

Das Kind wurde von der Spielpartnerin in den Raum geholt, wo als Spielzeug 2 Luftballons, Filzstifte, Luftschlangen und Bauklötze bereitlagen. Die Spielpartnerin schlug vor, Männchen aus den Luftballons zu machen, wobei sie betonte, daß diese beiden Luftballons ihre letzten seien. Die Ballons bekamen ein Gesicht, Haare aus Luftschlangen und zuletzt noch einen Namen. Dann wurde eine Weile mit den Ballons gespielt, wobei die Spielpartnerin darauf achtete, daß das Kind eine möglichst enge Bindung an den Ballon entwickelte. Nach einigen Minuten wurden auch die Bauklötze in das Spiel miteinbezogen, und in einem Moment, in dem das Kind gerade nicht hinguckte, ließ die Spielpartnerin ihren Luftballon platzen. Sie sagte "Oh, mein(e) schön(e)r ...<Name> ist kaputt", schluchzte auf, verbarg ihr Gesicht hinter den Händen und verharrte 60 Sekunden lang in passiver Trauer (*Teil 1*). Auf ein Klopfzeichen hin blickte sie kurz auf, sagte "mein(e) schön(e)r ...<Name>, ganz kaputt" und trauerte anschließend wieder für eine Minute (*Teil 2*). Das Ende der insgesamt 120 Sekunden langen Szene bekam sie durch ein Klopfzeichen von außen angezeigt. Daraufhin blickte sie auf und sagte: "Na ja, vielleicht finde ich ja zuhause noch einen!", lenkte die Aufmerksamkeit des Kindes auf die Bauklötze und wurde langsam wieder fröhlich, um wieder eine entspannte Stimmung herzustellen. Nach einigen weiteren Minuten Spiels (*Teil 3*) wurden dem Kind möglichst nebenbei folgende Fragen gestellt (*Teil 4*):

- "Was war denn eben mit mir?" (wenn keine Antwort: "War ich traurig?")
- "Und was war mit Dir?"
- "Muß ich denn jetzt noch traurig sein?"

Danach wurde das Kind in die Gruppe zurückgeführt.

Die Szene dauerte 20 Minuten und wurde durch zwei im Raum befindliche Videokameras (eine Nah-, eine Gesamtaufnahme) gefilmt. Sie wurden jeweils so plaziert und mit Tüchern oder sonstigem Mobiliar verdeckt, daß von der filmenden Person so gut wie nichts zu sehen war. Da die verschiedenen Räume in den verschiedenen Kindergärten unterschiedlich groß waren, kann an dieser Stelle kein schematischer Grundriß eines Zimmers gezeigt werden. Statt dessen soll ein Photo aus Moskau als Illustration dienen, das im Kindergarten Nr. 501 aufgenommen wurde. Der Raum, in dem die Untersuchung durchgeführt wurde, dient dort normalerweise als Krankenzimmer.

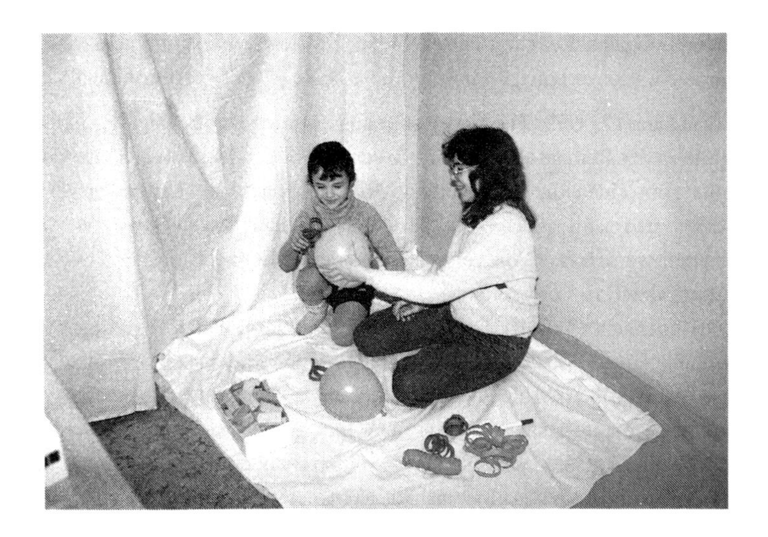

Abbildung 1
Versuchsanordnung im Kindergarten Nr. 501 in Moskau

Die Mütter bekamen den INDCOL-Fragebogen (Hui, 1984, 1988) in Anschluß an ein Interview über ihre Interaktion mit dem Kind in einer alltäglichen Konfliktsituation (über dessen Ergebnisse an dieser Stelle nicht berichtet werden kann, da es sich noch in der Auswertung befindet) mit nach Hause.

12. OPERATIONALISIERUNG DER VARIABLEN

12.1. OPERATIONALISIERUNG VON EMPATHISCHEM MITGEFÜHL, "DISTRESS" UND UNBETROFFENHEIT

Die emotionalen Reaktionen der Kinder wurden anhand von mimischen Merkmalen, Tonfall, Blickrichtung, Spielverhalten und dysfunktionalen Bewegungen während der 2minütigen Trauerphase mit einem von der Verfasserin entwickelten Kategoriensystem eingeschätzt (für Einzelheiten s. Anhang A: "Auswertungsleitfaden für die Empathie-Situation", 2. und 3. Teil).

Ausgehend von der Überlegung, daß sowohl *Dauer* als auch *Intensität* der emotionalen Reaktion entscheidend für die Hilfeleistung sein können, wurde die Auswertung *getrennt* für diese beiden Modi vorgenommen:

a) Dauer (2. Teil): Die Dauer aller auftretenden emotionalen Reaktionen wurde in der Reihenfolge ihres Auftretens in Sekunden festgehalten. Damit sollte zum einen die dominierende Reaktion nach der Länge festgestellt werden und zum anderen die Möglichkeit einer Verlaufsanalyse offengelassen werden (zur Auswertung mittels einer Sequenzanalyse siehe auch Trommsdorff, in Vorbereitung).

b) Intensität (3. Teil): Die Intensität jeder emotionalen Reaktion wurde im Sinne einer Globaleinschätzung *einmalig* über die ganzen 2 Minuten auf einer vierstufigen Skala eingeschätzt. Die Ausprägungen variierten von 0=nicht vorhanden über 1=gering ausgeprägt und 2=mittel ausgeprägt bis 3=hoch ausgeprägt. Lediglich die Reaktion "Unbetroffenheit" wurde aufgrund ihrer geringen Auftretenshäufigkeit nur dichotom nach dem Kriterium tritt auf/tritt nicht auf eingeschätzt.

Nach einer ersten Durchsicht der Videos wurde die "distress"-Variable noch einmal in *"distress" aktiv* und *"distress" passiv* unterteilt. Mit "distress" passiv wurde eine Reaktion bezeichnet, bei der das Kind förmlich "erstarrte", sich nur noch kaum oder wenig bewegte und sich sichtlich unwohl fühlte. "Distress" aktiv bedeutete demgegenüber, daß das Kind zwar auch deutlich gestreßt war, dabei aber irgendeiner Tätigkeit nachging, wie zum Beispiel den Turm weiterbauen oder mit dem Luftballon herumspielen. Außerdem wurde bei der Dauereinschätzung noch eine weitere Differenzierung nach den Kriterien "redet vesus schweigt" und "schaut hin versus schaut weg" vorgenommen, um evtl. Unterschiede auch auf diesen Dimensionen feststellen zu können.

Da es bei dieser Art von Auswertung unvermeidlich ist, daß trotz des Versuches, so objektive Kriterien wie möglich zu bilden, auch die Intuition stets eine Rolle spielt, wurden die Verhaltenskriterien Blickrichtung, Spielverhalten, Mimik, Tonfall und dysfunktionale Bewegungen in einer Art grober Verlaufsanalyse für die erste und zweite Minute noch einmal zusätzlich erfaßt (s. Anhang A, "Auswertungsleitfaden für die Empathie-Situation", 4. und 5. Teil).

Die grobe Entscheidung, um welche der interessierenden Emotionen es sich handelte, wurde nach folgendem Muster getroffen (s. Abbildung 2):

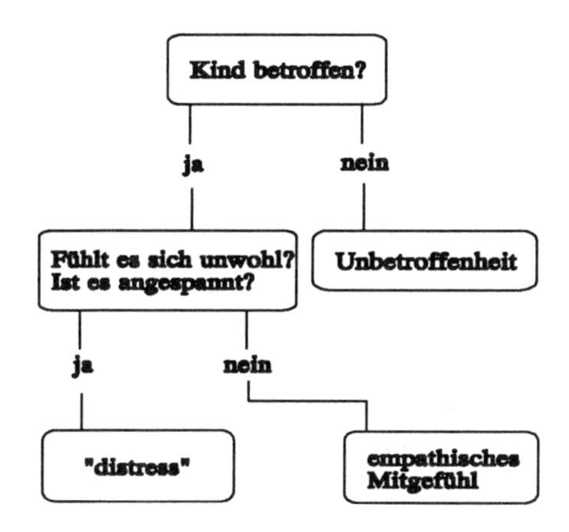

Abbildung 2
Grobkriterien zur Unterscheidung der verschiedenen emotionalen Reaktionen

Die feineren Kriterien zeigt Tabelle 7.

Tabelle 7
Feinkriterien zur Unterscheidung der verschiedenen emotionalen Reaktionen

	empath. Mitgefühl	"distress" passiv	"distress" aktiv	Unbetroffenheit
Spielaktivität	niedrig	niedrig	hoch	hoch
Aufmerksamkeit zur Spielpartnerin	hoch	variabel	niedrig	niedrig
Mimik	entspannt	angespannt	angespannt	entspannt
Tonfall	weich	angespannt	angespannt	wie vor Ereignis
Nervöse, dysfunktionale Bewegungen	nein	ja	ja	nein

Das *Spielverhalten* wurde vor allem danach bewertet, ob es sich im Vergleich zum Spiel *vor* dem Ereignis verändert hatte. Unverändertes Spiel galt als Merkmal für Unbetroffenheit, wohingegen erhöhte oder verlangsamte oder ganz unterbrochene Spielaktivität als Indikatoren für emotionale Betroffenheit gewertet wurden. Unterbrochenes Spiel sollte dabei eher typisch für empathisches Mitgefühl oder passiven "distress" sein, wohingegen eine erhöhte oder verlangsamte Spielaktivität aktiven "distress" charakterisieren sollte.

Die *Aufmerksamkeit zur Spielpartnerin* wurde über die Blickrichtung in Sekunden gemessen. Eine hohe Blickzuwendung hatte sich schon bei Bischof-Köhler (1989, S. 105) als brauchbares Kriterium zur Unterscheidung von "empathischen" und "nicht-empathischen" Kindern erwiesen.

Zur Messung des *mimischen Ausdrucks von Gefühlen* gibt es inzwischen eine Reihe von erprobten Auswertungsverfahren (z.B. das FACS von Ekman und Friesen, 1975, das MAX von Izard, 1979). Eine solche Art der Analyse wurde aber für die vorliegende Arbeit als zu aufwendig verworfen. Statt dessen fand die Auswertung der Mimik in Anlehnung an Kriterien statt, die von Eisenberg, McCreath und Ahn (1988, S. 303) zur Kodierung von traurig/betroffenem und ängstlich/angespanntem Gesichtsausdruck verwendet wurden und auf Kriterien von Ekman und Friesen (1975) aufbauen. Zur Beurteilung von "distress" wurden die Kriterien "Grimmassieren", "Lippen anspannen" (nach hinten ziehen), "nervöse Mundbewegungen", "Brauen und Augenregion runzeln" übernommen. Als Kriterium für mimisches empathisches Mitgefühl wurde vor allem ein weicher Gesichtsausdruck mit einem offenen Mund und heruntergezogenen Mundwinkeln, also ein eher entspanntes Gesicht, gewertet.

Der *Tonfall* des Kindes wurde, ähnlich wie die Mimik, auf der Dimension Anspannung ("distress") versus Entspannung (empathisches Mitgefühl oder Unbetroffenheit) bewertet. Ausschlaggebend war wieder der Vergleich mit dem Tonfall *vor* Platzen des Luftballons.

Nervöse, dysfunktionale Bewegungen galten als Indikatoren für Anspannung und somit "distress" (für alle Kategorien vgl. auch Anhang A, "Auswertungsleitfaden für die Empathie-Situation", 2. und 4. Teil).

Keines der obengenannten Kriterien konnte ausschließlich zur Entscheidung für eine der vier emotionalen Reaktionen führen; ausschlaggebend war jeweils der Gesamteindruck, der sich aus der spezifischen Konstellation der Verhaltensweisen, wie sie in Tabelle 7 beschrieben ist, zum Ausdruck kam.

12.1.1. Beobachterübereinstimmung

Zur Berechnung der Interraterreliabilität der emotionalen Reaktionen wurden 20 deutsche und 16 sowjetische Kinder nach einer Zufallsauswahl von je einem deutschen und einer sowjetischen Kulturangehörigen zweitgeratet. Bei den sowjetischen Kindern wurden aus Zeitgründen im Rahmen dieser Arbeit nur die *Intensitätswerte* verglichen. Die Übereinstimmung (berechnet mit dem Spearman-Rangkorrelationskoeffizienten) reichte von r = .90 bis r = .95 in der deutschen und von r = .91 bis r = .92 in der sowjetischen Stichprobe (s. Anhang B, Tabelle B-1).

Die Übereinstimmung der Beobachter bei der *Dauereinschätzung* wurde in zwei Schritten überprüft: zunächst die Übereinstimmung der *Qualitäten* (welche Emotion trat als erste auf, welche als zweite usw.), und dann die *Dauer* der jeweiligen Reaktion in Sekunden. Die Übereinstimmung der nominalskalierten Daten wurde mit dem Übereinstimmungskoeffizient Kappa (Cohen, 1960) berechnet. Bei den 20 deutschen Kindern ergab sich eine Übereinstimmung von .86 bis 1.00 (s. Anhang B, Tabelle B-2).

Bei der Berechnung der Dauer der einzelnen Reaktionen ergab sich eine Übereinstimmung von r = .86 bis r = .99 (Produkt-Moment-Korrelationskoeffizient nach Pearson, n = 20, deutsche Stichprobe, s. Anhang B, Tabelle B-3).

Ferner wurde die Interraterreliabilität für die Verhaltensweisen *Blickrichtung*, *Spielverhalten*, *Mimik*, *Tonfall* und *dysfunktionale Bewegungen* bestimmt.

Bei der Blickrichtung variierte die Übereinstimmung von r = .93 bis r = .99 in der deutschen und von r = .97 bis r = .99 in der sowjetischen Stichprobe (Produkt-Moment-Korrelationskoeffizient nach Pearson; s. Anhang B, Tabelle B-4).

Für die anderen Verhaltensweisen (Spielverhalten, Mimik, Tonfall und dysfunktionale Bewegungen) fiel die mit Kappa berechnete Beobachterübereinstimmung niedriger aus; die Koeffizienten reichten von .52 bis .92 bei den deutschen Kindern und von .57 bis .81 bei den sowjetischen (n pro Kultur = 26, s. Anhang B, Tabelle B-5). Da aber Kappa schon bei geringen Abweichungen deutlich geringer ausfällt als der Korrelationskoeffizient "r" können auch diese Werte als befriedigend angesehen werden.

12.2. OPERATIONALISIERUNG DER PROSOZIALEN VERHALTENS-WEISEN

Die Hilfehandlungen wurden ebenfalls auf zweierlei Weise erfaßt - zunächst *qualitativ* und dann *quantitativ*. Im Gegensatz zu den emotionalen Reaktionen wurden sie vom Moment des Platzens des Luftballons an bis zu dem Zeitpunkt, wo das Kind mit der Spielpartnerin den Raum verläßt, festgehalten. Dadurch ergaben sich *4 Erhebungszeiträume*: vom Platzen des Luftballons bis zur Bemerkung der Spielpartnerin (Teil 1), von der Bemerkung der Spielpartnerin bis zum Ende der Trauerszene (Teil 2), vom Ende der Trauerszene bis zu den Fragen der Spielpartnerin (Teil 3) und von den Fragen der Spielpartnerin bis zum Verlassen des Raumes (Teil 4).

Der Grund für diese Aufteilung war, daß Ereignisse wie die Bemerkung der Spielpartnerin nach den ersten 60 Sekunden passiver Traurigkeit, das Ende ihrer Traurigkeit und/oder das Fragenstellen zu dem Geschehenen vor allem für die "distressten" Kinder von Bedeutung sein sollte. Wenn man davon ausgeht, daß sie sich in Anbetracht der offenen Traurigkeit der Spielpartnerin unwohl fühlen, so sollten die oben beschriebenen Verhaltensweisen der Spielpartnerin dazu führen, daß die Kinder etwas aus ihrer Befangenheit herauskommen und nun evtl. auch in der Lage sind, prosozial zu handeln - nur eben später als die empathisch mitfühlenden Kinder.

Bei der *qualitativen* Analyse wurden die Reaktionen nach inhaltlicher Ähnlichkeit in Gruppen zusammengefaßt. Dann wurde versucht, die so gewonnenen Gruppierungen in eine Rangfolge zu bringen. Ziel dieses Ordnungsversuches war es, von vornherein eine Einteilung, die eine Klassifizierung der einzelnen Verhaltensweisen auf der Dimension "ist bereit, sehr hohe Kosten auf sich zu nehmen" versus "nimmt keinerlei Kosten auf sich" vorzunehmen. Unter hohen Kosten wurde verstanden, daß das Kind bereit ist, etwas zu opfern, etwas von sich wegzugeben, wie z.B. seinen eigenen Luftballon. Unter keinerlei Kosten wurde eine Verhaltensweise wie die Aufforderung, die Spielpartnerin könne sich doch einen neuen Ballon kaufen, verstanden.

Folgende Rangfolge wurde festgelegt:

1. eigenen Ballon abgeben oder zum Spielen anbieten oder am nächsten Tag tatsächlich einen mitbringen
2. Versuche, einen "Ersatzluftballon" herzustellen (z.B. aus Klötzen und Luftballonresten)
3. Anbieten, einen neuen Ballon mitzubringen
4. Verbal trösten (Bedauern ausdrücken)

5. Ablenken durch direktes Ansprechen ("Guck mal, wie hoch der Turm schon ist!")
6. Unstrukturierte Problemlösehinweise ("Was tut man da?")
7. Nachfragen ("Was ist denn? Wie ist das nur passiert?")
8. Auffordern ("Kauf' Dir doch 'nen Neuen!")

Nachfolgende Beschreibung soll verdeutlichen, welche Annahmen der Hierarchisierung, die anschließend empirisch geprüft werden soll, zugrunde lagen:

Verhalten	Beschreibungsebene
1-Ballon abgeben/anbieten	Kind selbst tut etwas sofort; gibt etwas von sich weg.
2-Ersatzballon herstellen	Kind selbst tut etwas sofort; gibt dabei aber nichts von sich ab.
3-Anbieten, neuen Ballon mitzubringen	Kind bietet konkret an, in Zukunft selbst etwas zu tun.
4-Trösten	Kind reagiert verbal, aber keine Handlung (weder zukünftig noch sofort). Konkretes Ansprechen der Spielpartnerin.
5-Ablenken	Kind tut selbst etwas sofort, lenkt aber dabei vom eigentlichen Problem ab bzw. tut so, als ob es nicht vorhanden sei.
6-Problemlösehinweise	Kind macht einen diffusen Hinweis auf eine Handlung, ohne daß deutlich ist, wer damit gemeint ist.
7-Nachfragen	Kind verschafft sich Informationen über die Situation. Ein Hinweis auf Handlung fehlt hier noch, es ist offen, ob nachfolgend jemand handeln soll.
8-Auffordern	Kind weist ausdrücklich der Spielpartnerin die Verantwortung für das Handeln zu.

Die Hauptebene, auf der die Verhaltensweisen von 1-8 sich unterscheiden, ist die *Selbstbezogenheit*. Bei den Verhaltensweisen 1-5 ist das Kind selbst der Handlungsagent; bei 6 und 7 ist es offen, wer handeln soll, und bei 8 geht die Anweisung ganz klar an die Spielpartnerin. Weitere, dem untergeordnete Ebenen sind:

- etwas von sich selber abgeben versus das nicht tun (1 vs. die nachfolgenden)

- Gegenwart versus Zukunft (handelt das Kind sofort oder nicht) (1,2 vs. 3)
- tatsächliches und in Aussicht gestelltes Handeln versus nur Reden (1,2,3 vs. 4,6,7,8)
- Fokussieren auf das Problem versus Ablenken davon (5 vs. den Rest)
- einen Hinweis auf eine Handlung geben versus nur nachfragen (6 vs. 7)

Jedes Auftreten einer dieser Verhaltensweisen in einem der vier Teile wurde festgehalten (s. Anhang A, "Auswertungsleitfaden für die Empathie-Situation", 6. Teil). Anschließend wurde dann noch die insgesamt "höchste" Verhaltensweise über alle 4 Teile bestimmt.

Da diese Rangfolge subjektive Elemente enthält und von daher nicht eindeutig ist, wurde sie anschließend anhand der Ratingskala (quantitative Analyse, s.u.) validiert, indem die Übereinstimmung zwischen "höchster" prosozialer Verhaltensweise pro Kind und der Gesamteinschätzung seines Engagements über die ganze Trauerphase hinweg berechnet wurde.

Bei der *quantitativen* Analyse wurde auf einer Ratingskala von 1-6 angegeben, wieviel Kosten das Kind in sein Verhalten investiert, wieviel Engagement damit verbunden ist (1 = kein prosoziales Handeln, 2 = sehr geringe Kosten, 3 = geringe Kosten, 4 = mittlere Kosten, 5 = hohe Kosten, 6 = sehr hohe Kosten; s. Anhang A, "Auswertungsleitfaden für die Empathie-Situation", 6. Teil). Dabei wurde eine Gesamteinschätzung über alle vier Teile getroffen.

12.2.1. Beobachterübereinstimmung

Die Zweitratings für das prosoziale Handeln wurden von je einem deutschen und einem sowjetischen Kulturangehörigen ausgeführt. Sie waren nicht identisch mit den Personen, die bei den emotionalen Reaktionen die Zweitratings durchgeführt hatten. Für die nominalskalierten prosozialen Verhaltensweisen wurde der Übereinstimmungskoeffizient Kappa berechnet. Er variierte von .71 bis 1.00 sowohl in der deutschen (n = 29) als auch in der sowjetischen Stichprobe (n = 16) (s. Anhang B, Tabelle B-6).

Für das Gesamtrating der investierten Kosten wurden mittels Spearman-Korrelationen Koeffizienten von r = .83 für die deutschen und r = .96 für die sowjetischen Kinder ermittelt (s. Anhang B, Tabelle B-7).

12.3. OPERATIONALISIERUNG VON VERTRAUTHEIT UND STATUS DER SPIELPARTNERIN: DER VERHALTENSSTIL DES KINDES

In Kapitel 5.1. war die Bedeutung der Variablen "Vertrautheit" und "Status der Spielpartnerin" für die emotionalen und prosozialen Reaktionen des Kindes dargestellt worden. Um ihren Einfluß zu verringern, war, wie in Kapitel 11 beschrieben, die Spielpartnerin eine Woche lang vor Beginn der eigentlichen Experimente in den Kindergarten gegangen, um mit jedem der teilnehmenden Kinder einen persönlichen Kontakt herzustellen und somit mit ihm vertraut zu werden. Das Verhältnis des Kindes zur Spielpartnerin wurde dann über sein Verhalten der Spielpartnerin gegenüber in der Phase *vor* dem Platzen des Luftballons, also während des freien Spiels, eingeschätzt. Zu diesem Zweck wurde eine Variable mit dem Namen *"Verhaltensstil"* gebildet. Diese Variable hatte drei Stufen: "eher schüchtern/gehemmt", "weder schüchtern noch offen" und "eher offen/selbstbewußt". Das Verhalten jedes Kind wurde einer dieser Stufen zugeordnet (s. Anhang A: "Auswertungsleitfaden für die Empathie-Situation", 1. Teil).

12.3.1. Beobachterübereinstimmung

Je 20 sowjetische und 20 deutsche Kinder wurden zur Bestimmung der Interraterreliabilität der Variable Verhaltensstil ausgewählt. Die Spearman-Rangkorrelation betrug $r = .77$ in der deutschen und $r = .73$ in der sowjetischen Stichprobe (s. Anhang B, Tabelle B-8).

12.4. OPERATIONALISIERUNG VON INDIVIDUALISMUS/KOLLEKTIVISMUS: DER INDCOL-FRAGEBOGEN

Der INDCOL ist ein Fragebogen, der von Hui (1984) zur Messung der Konstrukte Individualismus und Kollektivismus entwickelt wurde. Hui (1988, S. 20) betont, daß der INDCOL sich von anderen Meßinstrumenten dadurch unterscheidet, daß er

1. Kollektivismus als Persönlichkeitskonstrukt mißt,
2. Kollektivismus als vielschichtiges Konstrukt betrachtet, um zwischen verschiedenen Typen von Kollektivismus in bezug auf verschiedene Gruppen zu unterscheiden und
3. verschiedene Einstellungen, Überzeugungen, Verhaltensintentionen und Verhaltensweisen abdeckt.

Besonders hervorzuheben ist, daß der INDCOL berücksichtigt, daß es verschiedene Arten von Kollektivismus geben kann - je nachdem, auf welche Bezugsgruppe und welches Setting man sich bezieht (vgl. Kap. 5.5.).

Der INDCOL besteht im Original aus 64 Items, die die Versuchspersonen auf einer Skala von 1 (lehne völlig ab) bis 6 (stimme völlig zu) beantworten sollen. Die Items verteilen sich auf folgende 6 Subskalen: Ehepartner, Eltern, Verwandte, Freunde, Arbeitskollegen und Nachbarn.

Die erste Gruppe von Versuchspersonen, mit denen der INDCOL durchgeführt wurde, waren amerikanische und chinesische Studenten. Es folgten eine Reihe weiterer Untersuchungen zur Überprüfung sowohl der Reliabilität als auch der Validität (s. Hui, 1988; Triandis et al., 1985), die zu befriedigenden Ergebnissen führten. Bis auf eine Studie, in der die Teilnehmer Sozialwissenschaftler aus verschiedenen Ländern der Welt waren (Hui, 1988, S. 23-24), nahmen stets nur Studenten, überwiegend aus China und den USA, an den Untersuchungen teil, so daß der Aussagebereich dieser Studien streng genommen nur für diese akademischen Teilgruppen gilt. In der vorliegenden Untersuchung jedoch war geplant, den Fragebogen *Müttern* vorzulegen, die zudem aus zwei Kulturen kamen, in denen der INDCOL noch nie durchgeführt wurde. Vor diesem Hintergrund erschien es wichtig, die Items zunächst auf kulturelle Angemessenheit zu prüfen. Zu diesem Zweck wurden sie von der Verfasserin ins Deutsche und Russische übersetzt und anschließend mit Vertretern beider Kulturen (unter denen sich einige bilinguale befanden) diskutiert. Im Ergebnis wurden 8 Items gestrichen und durch kulturadäquate ersetzt. Die nichtpassenden Items mit den entsprechenden Änderungen sind folgende (s. Anhang C für alle Items):

Nr. 1: "If the husband is a stock broker, the wife should also be aware of the current market situation". Ersetzt durch: "Wenn der Mann Ingenieur ist, sollte seine Frau auch Interesse für Technik haben".

Nr. 21: "My friends and I agree on the best places where to shop". Er setzt durch: "Meine guten Freunde und ich haben die gleichen Lieblingslokale".

Nr. 36: "I practise the religion of my parents". Ersetzt durch: "Ich interessiere mich für die gleichen Dinge wie meine Eltern".

Nr. 43: "I would not let my cousin use my car (if I have one)". Ersetzt durch: "Ich würde keiner Cousine meinen schönsten Schmuck ausleihen".

Nr. 44: "I would not let my parents use my car (if I have one), no matter whether they are good drivers or not". Ersetzt durch: "Ich würde meiner Mutter nicht meinen schönsten Schmuck ausleihen".

Nr. 45: "It is better for a husband and a wife to have their own bank accounts rather than to have a joint account". Ersetzt durch: "Wenn man mit Freunden essen geht, ist es besser, wenn jeder für sich bezahlt".

Nr. 53: "I have never told my parents the number of sons I want to have". Ersetzt durch: "Ich habe meinen Eltern nie gesagt, wie viele Kinder ich haben möchte".

Nr. 63: "The number of sons my parents would like me to have differs by ___ from that I personally would like to have". Ersetzt durch: "Die Zahl der Kinder, die meine Eltern wünschen, daß ich sie hätte, unterscheidet sich um ___ von der Zahl, die ich persönlich gerne hätte".

Außerdem wurden 6 Items, die für den Vergleich der deutschen und sowjetischen Kultur besonders geeignet erschienen, hinzugefügt (s. Anhang C, Fragebogen INDCOL, Items 65-70). Wieviele Items den einzelnen Skalen hinzugefügt wurden und welche Item / Skalen Zuordnung sich ergab, zeigt Tabelle 8.

Tabelle 8
Item-Skalen-Zuordnung beim Indcol

Skala	Items	Anzahl alt	Anzahl neu
Ehepartner	1,9,17,20,56,60,66b	6	1
Eltern	2,4,7,11,18,19, 26,31,36,39,44,47, 49,52,53,63,66a,67	16	2
Verwandte	5,10,13,42,43,46, 50,54,55,59,66d	9	1
Freunde	3,12,21,23,25,28,33, 45,62,65,66c,68,69,70	9	5
Nachbarn	14,15,16,30,32,34, 35,38,40,48	10	0
Arbeitskolleg.	6,8,22,24,27,29,37, 41,51,57,58,61	13	1

Insgesamt bestand die in der vorliegenden Untersuchung benutzte Version des INDCOL also aus 70 Items (s. Anhang C). Da die Eichstichprobe des INDCOL amerikanische und chinesiche Studenten waren, ist die hier vorgenommene Erhebung im Sinne einer Pilotuntersuchung zu verstehen, die explorativen Charakter hat.

13. VORVERSUCHE

Die Konstanzer Vorversuche fanden im April 1989 in den Beobachtungsräumen des Lehrstuhls für Entwicklungspsychologie und Kulturvergleich an der Universität Konstanz statt. 6 Jungen und 9 Mädchen nahmen an dieser Phase des Versuchs teil. In Moskau wurden die Vorversuche mit 3 Jungen und 3 Mädchen im Oktober 1989 im Kindergarten Nr. 501 durchgeführt. Beide Versuchsreihen dienten im wesentlichen zum Training der Spielpartnerinnen und zu einer ersten Eindrucksbildung über die kindlichen Reaktionen.

14. HAUPTVERSUCHE

Die Hauptversuche fanden in Konstanz von Mai - Juli 1989 und in Moskau von Oktober - März 1990 statt. Sie wurden in Räumen der jeweiligen Kindergärten durchgeführt, da es uns wichtig war, die Kinder in ihrem natürlichen Lebensraum zu belassen und nicht mit einer fremden Laborumgebung zu konfrontieren, um evtl. dadurch zustandekommende Verzerrungen der Ergebnisse zu vermeiden.

Abbildung 3
Gruppe der 5jährigen Kinder aus dem Kindergarten Nr. 501 in Moskau

Abbildung 4
5jährige Kinder aus dem Kindergarten Nr. 646 in Moskau beim Mittagessen

Abbildung 5
Gruppe "Blau" (altersgemischt) aus dem St. Gebhard Kindergarten in Konstanz

TEIL III: ERGEBNISSE

15. AUSWERTUNG

Folgende Verfahren wurden zur Überprüfung der Hypothesen benutzt:

Als Korrelationsmaß wurde, wenn nicht anders vermerkt, der Spearman-Rangkorrelationskoeffizient (Bortz, 1985, S. 283) verwendet. Zur Überprüfung von Mittelwertsunterschieden wurden bei Intervalldatenniveau t-Tests oder Varianzanalysen (Bortz, 1985, S. 297) und - wenn nicht anders erwähnt - Scheffé-Tests (Bortz, 1985, S. 329) zur Überprüfung der Paarvergleiche angewandt. Lag Rangskalenniveau vor, wurden der H-Test nach Kruskal und Wallis (Bortz, 1985, S. 347) oder der Wilcoxon-Test (Bortz, 1985, S. 183) verwendet. Zur Erfassung von Zusammenhängen zwischen nominalskalierten Daten fanden der Fisher's Exact Test[3] (Siegel, 1987, S. 94) und der Übereinstimungskoeffizient Kappa nach Cohen (1960) Anwendung.

Die Berechnungen wurden mit dem Statistikprogrammpaket SAS im Rechenzentrum der Universität Konstanz durchgeführt.

Statistische Zusammenhänge wurden als bedeutsam betrachtet, wenn sie ein Signifikanzniveau von mindestens 5 Prozent erreichten. Zusammenhänge mit einem Signifikanzniveau zwischen 5 und 10 Prozent wurden als Trends berichtet, wenn sie durch das Gesamtbild der signifikanten Zusammenhänge bestätigt wurden.

Als Grundlage der Berechnungen gilt die Gesamtstichprobe von N = 96 Kindern und N = 96 Müttern.

16. EMOTIONALE REAKTIONEN (HYPOTHESEN 1 UND 2)

Die beiden Hypothesen, die hier überprüft werden sollten, lauteten:

1) Sowjetische Kinder zeigen im Vergleich zu deutschen Kindern mehr empathisches Mitgefühl und sowohl weniger "distress" als auch weniger Unbetroffenheit.
2) Mädchen zeigen im Vergleich zu Jungen mehr empathisches

[3] Zur Anwendung des Fisher's exact Test auf Mehrfeldertafeln siehe SAS Procedures Guide (1990), S. 340

Mitgefühl und sowohl weniger "distress" als auch weniger Unbetroffenheit.

Die Einteilung der Kinder in die Gruppen der empathisch mitfühlenden, "distressten" und unbetroffenen wurde, wie in Kapitel 12.1. dargestellt, getrennt nach den Kriterien *Intensität* (auf einer 4-stufigen Skala) und *Dauer* der Reaktion (in Sekunden) vorgenommen. Dieser Differenzierung hatte die Frage zugrunde gelegen, ob die Messung über beide Modi zu identischen Ergebnissen in bezug auf die emotionalen Reaktionen führt und ob sie einen unterschiedlichen Anteil an der Aufklärung der Varianz des prosozialen Verhaltens haben.

Im folgenden werden zunächst die Ergebnisse für Intensität und Dauer *getrennt* dargestellt.

Für ein deutsches Mädchen konnte die emotionale Reaktion nicht festgestellt werden, da es sofort prosozial handelte. Somit reduzierte sich die Gesamtversuchspersonenzahl für die deutschen Kinder bei der emotionalen Reaktion von n = 48 auf n = 47.

16.1. INTENSITÄT DER EMOTIONALEN REAKTIONEN, KULTUR UND GESCHLECHT

Gemäß der Reihenfolge der Hypothesen betrachten wir zunächst die Kulturunterschiede.

Tabelle 9
Kulturunterschiede bezüglich der Intensität der emotionalen Reaktionen

	Deutsch (n=47)		Sowjetisch (n=48)			
emotionale Reaktion	M	SD	M	SD	df	t
Mitgefühl[4]	0.94	1.05	0.56	0.90	90.1	1.86(*)
"distress" aktiv	0.79	0.98	1.23	1.22	89.4	-1.95(*)
"distress" passiv	0.98	1.28	1.98	1.23	92.7	-3.89***

Anmerkungen. t-Test für ungleiche Varianzen.
Die Mittelwerte beziehen sich auf eine 4-stufige Skala (0=tritt nicht auf, 1=schwach ausgeprägt, 2=mittel ausgeprägt und 3=stark ausgeprägt).
(*) $p \leq .10$ * $p \leq .05$ ** $p \leq .01$ *** $p \leq .001$.

Entgegen der Erwartung zeigten die sowjetischen Kinder im Vergleich zu den deutschen kein ausgeprägteres empathisches Mitgefühl und auch

[4] Aus Platzgründen wird im folgenden in den Tabellen statt von "empathischem Mitgefühl" nur von "Mitgefühl" gesprochen

nicht weniger "distress"; im Gegenteil ging der einzige signifikante *Kulturunterschied* (s. Tabelle 9) auf eine Differenz im "distress" passiv zurück, der bei den sowjetischen Kindern wesentlich *intensiver* ausgeprägt war als bei den deutschen Kindern.

Da die Reaktion Unbetroffenheit aufgrund ihrer geringen Auftretenshäufigkeit nur in der Ausprägung "tritt auf/tritt nicht auf" eingestuft worden war, wurde ein Fisher's exact Test zur Berechnung von Kulturunterschieden durchgeführt. Er wurde jedoch nicht signifikant, so daß man sagen kann, daß deutsche und sowjetische Kinder sich nicht bezüglich der Reaktion Unbetroffenheit unterschieden.

Betrachten wir nun *Geschlechterunterschiede* in den emotionalen Reaktionen.

Tabelle 10
Geschlechterunterschiede bezüglich der Intensität der emotionalen Reaktionen

	Mädchen (n=47)		Jungen (n=48)			
emotionale Reaktion	M	SD	M	SD	df	t
Mitgefühl	0.96	1.10	0.54	0.82	85.2	2.08*
"distress" aktiv	0.89	1.15	1.13	1.10	92.7	-1.00
"distress" passiv	1.42	1.39	1.54	1.30	92.3	-0.41

Anmerkungen. t-Test für gleiche Varianzen.
Die Mittelwerte beziehen sich auf eine 4-stufige Skala (0=tritt nicht auf, 1=schwach ausgeprägt, 2=mittel ausgeprägt und 3=stark ausgeprägt).
(*) p≤.10 * p≤.05 ** p≤.01 *** p≤.001.

Tabelle 10 zeigt, daß die zweite Hypothese in bezug auf das empathische Mitgefühl bestätigt werden konnte: Die Mädchen erwiesen sich im Vergleich zu den Jungen als intensiver mitfühlend. Die Reaktion Unbetroffenheit wurde wieder über einen Fisher's exact Test überprüft; hier stellte sich heraus, daß die Mädchen diese Reaktion *seltener* gezeigt hatten als die Jungen (p≤.05), so daß auch dieser Teil der Hypothese als bestätigt angesehen werden konnte. Entgegen der Erwartung ergab sich jedoch kein Unterschied zwischen Jungen und Mädchen auf den beiden "distress"-Variablen.

Um zu überprüfen, ob die unabhängigen Variablen Geschlecht und Kultur in Wechselwirkung zueinander standen, wurde im nächsten Schritt eine zweifaktorielle Varianzanalyse durchgeführt.

Bei der Analyse des *empathischen Mitgefühls* wurden sowohl die Haupteffekte für Geschlecht[5] ($F(1,91) = 4.71$, $p \leq .05$) als auch die Wechselwirkung zwischen Kultur und Geschlecht ($F(1,91) = 6.02$, $p \leq .05$) signifikant. Der Haupteffekt für Kultur verfehlte das Signifikanzniveau von 5% knapp ($F(1,91) = 3.81$, $p \leq .06$). Der Determinationskoeffizient betrug $r^2 = .14$.

Beim *"distress" aktiv* überschritt der Haupteffekt Kultur das Signifikanzniveau von 5% knapp ($F(1,91) = 3.76$, $p \leq .06$); insgesamt erklärten Geschlecht und Kultur gemeinsam nur 6% an der Gesamtvarianz.

Beim *passiven "distress"* erreichten sowohl der Haupteffekt Kultur als auch die Wechselwirkung zwischen Geschlecht und Kultur Signifikanzniveau ($F(1,91) = 15.76$, $p \leq .001$; $F(1,91) = 5.55$, $p \leq .05$). Der Determinationskoeffizient betrug $r^2 = .18$, was bedeutet, daß die Variablen Geschlecht und Kultur beim "distress" passiv mehr Varianz erklärten als beim empathischen Mitgefühl und vor allem als beim "distress" aktiv.

Mittelwerte, Standardabweichungen und Paarvergleiche durch Scheffé zeigt Tabelle 11.

Tabelle 11
Geschlechter- und Kulturunterschiede bezüglich der Intensität der emotionalen Reaktionen

	Deutsch (n=47)				Sowjetisch (n=48)			
	Mä (n=23)		Ju (n=24)		Mä (n=24)		Ju (n=24)	
	M	SD	M	SD	M	SD	M	SD
EM	1.39^{abc}	1.08	0.50^{a}	0.83	0.54^{b}	0.98	0.58^{c}	0.83
DA	0.57	0.95	1.00	0.98	1.21	1.25	1.25	1.22
DP	0.61^{ab}	1.12	1.33	1.34	2.21^{a}	1.18	1.75^{b}	1.26

Anmerkungen. Varianzanalyse und Scheffé-Test.
EM=empathisches Mitgefühl; DA="distress" aktiv ; DP="distress" passiv.
Die Mittelwerte beziehen sich auf eine 4-stufige Skala (0=tritt nicht auf, 1=schwach ausgeprägt, 2=mittel ausgeprägt und 3=stark ausgeprägt).
^{abc}Mittelwerte mit einem *gemeinsamen* Buchstaben unterscheiden sich signifikant bei $p \leq .05$.

Tabelle 11 macht deutlich, daß der in Tabelle 10 beschriebene Geschlechtereffekt im empathischen Mitgefühl insofern relativiert wird, als sich herausstellte, daß es allein die deutschen Mädchen waren, die auf dieser Skala signifikant höhere Werte erzielten als alle anderen Kinder. Inso-

[5]Der Vollständigkeit halber werden hier und im folgenden die Haupteffekte für Geschlecht und Kultur noch einmal aufgeführt, obwohl sie schon vorher im Rahmen der t-Tests dargestellt wurden.

fern bestand also nur in der deutschen Stichprobe ein Geschlechterunterschied, während die sowjetischen Jungen und Mädchen sich in keiner der Variablen signifikant voneinander unterschieden.

Auch der in Tabelle 9 beschriebene Kulturunterschied im "distress" passiv ging vor allem darauf zurück, daß diese Reaktion bei den sowjetischen Mädchen besonders stark und bei den deutschen Mädchen besonders schwach ausgeprägt war.

Interessant ist noch, daß zwischen deutschen und sowjetischen Jungen kein Unterschied Signifikanzniveau erreichte, ebensowenig wie zwischen deutschen Jungen und sowjetischen Mädchen. Auch in den Variablen "distress" aktiv und Unbetroffenheit (überprüft über Fisher's exact) traten bei den Paarvergleichen keine signifikanten Unterschiede zwischen den verschiedenen Gruppen auf.

Soweit die Ergebnisse zu den Intensitätsunterschieden. Welches Bild ergibt sich, wenn man die *Dauer* der emotionalen Reaktionen zur Grundlage nimmt?

16.2. DAUER DER EMOTIONALEN REAKTIONEN, KULTUR UND GESCHLECHT

Wie in Kapitel 12.1. bereits beschrieben, war getrennt von der Intensität auch die Dauer der emotionalen Reaktionen festgehalten worden. Nachdem wir im vorigen Kapitel bereits die Intensitätsunterschiede geprüft haben, betrachten wir nun im folgenden, ob sich ähnliche Unterschiede zwischen den Gruppen der untersuchten Kinder ergeben, wenn man die *Dauer* ihrer emotionalen Reaktionen als Berechnungsgrundlage nimmt. Beginnen wir mit den Kulturunterschieden (s. Tabelle 12).

Tabelle 12
Kulturunterschiede bezüglich der Dauer der emotionalen Reaktionen (in Sekunden)

	Deutsch (n=47)		Sowjetisch (n=48)			
emotionale Reaktion	M	SD	M	SD	df	t
Mitgefühl	24.71	32.89	16.06	28.59	92.2	1.37
"distress" aktiv	36.88	46.79	35.13	38.09	90.3	0.20
"distress" passiv	30.21	42.83	54.54	46.98	93.2	-2.65**
Unbetroffenheit	6.27	20.35	2.81	9.76	67.5	1.06

Anmerkungen. t-Test für ungleiche Varianzen.
Die emotionale Reaktion konnte von 0 bis 117 Sekunden andauern.
(*) $p \leq .10$ * $p \leq .05$ ** $p \leq .01$ *** $p \leq .001$.

Auch bei der Dauermessung zeigte sich der Unterschied zwischen den Kulturen im "distress" passiv wieder deutlich, nur er wurde signifikant (s. Tabelle 12). Bei der Analyse der "Feineinschätzungen", also den unter Berücksichtigung der Dimensionen "reden versus schweigen" und "anschauen versus wegschauen" gebildeten Untergruppen des "distress" passiv (s. Anhang A, 2. Teil: Feineinschätzung emotionale Reaktionen), ergab sich nur ein signifikanter Unterschied für *die* Form des "distress" passiv, die mit *Schweigen* und *Anschauen der Spielpartnerin* verbunden war. Vor allem sie war es, die von den sowjetischen Kinder im Vergleich zu den deutschen länger gezeigt wurde.

Die Ergebnisse des Geschlechtervergleichs werden im folgenden dargestellt.

Tabelle 13
Geschlechterunterschiede bezüglich der Dauer der emotionalen Reaktionen (in Sekunden)

	Mädchen (n=47)		Jungen (n=48)			
emotionale Reaktion	M	SD	M	SD	df	t
Mitgefühl	23.33	32.97	16.44	28.84	92.4	0.93
"distress" aktiv	34.20	43.46	37.79	41.78	94.0	-0.41
"distress" passiv	37.02	46.22	47.73	46.36	94.0	-1.13
Unbetroffenheit	2.35	10.28	6.73	20.00	70.2	-1.34

Anmerkungen. t-Test für ungleiche Varianzen.
Die emotionale Reaktion konnte von 0 bis 117 Sekunden andauern.
(*) $p \leq .10$ * $p \leq .05$ ** $p \leq .01$ *** $p \leq .001$.

In bezug auf die Dauer der emotionalen Reaktionen traten keine signifikanten Unterschiede zwischen den Geschlechtern auf (s. Tabelle 13).

Bei der anschließend durchgeführten Varianzanalyse mit den unabhängigen Variablen Kultur und Geschlecht zeigte sich bei der Dauer des *empathischen Mitgefühls* eine signifikante Wechselwirkung zwischen Kultur und Geschlecht ($F(1,92) = 15.99$, $p \leq .001$, $r^2 = .17$).

Diese Wechselwirkung wurde auch beim *"distress" aktiv* signifikant ($F(1,92) = 4.22$, $p \leq .05$, $r^2 = .05$).

Beim *passiven "distress"* wurden sowohl der Haupteffekt Kultur als auch die Wechselwirkung zwischen Kultur und Geschlecht signifikant ($F(1,92) = 7.35$, $p \leq .001$; $F(1,92) = 4.78$, $p \leq .01$, $r^2 = .13$).

Bezüglich der Unbetroffenheit ergaben sich keinerlei signifikante Effekte.

Die Mittelwerte, Standardabweichungen und Paarvergleiche durch den Scheffé-Test zeigt Tabelle 14.

Tabelle 14
Geschlechter- und Kulturunterschiede bezüglich der Dauer der emotionalen Reaktionen (in Sekunden)

	Deutsch (n=47)				Sowjetisch (n=48)			
	Mä (n=23)		Ju (n=24)		Mä (n=24)		Ju (n=24)	
	M	SD	M	SD	M	SD	M	SD
EM	39.33[ab]	38.47	10.08[a]	16.85	7.33[b]	14.43	24.79	36.10
DA	26.25	43.16	47.50	48.73	42.16	43.18	28.08	31.56
DP	15.04[a]	31.88	45.38	47.46	59.00[a]	48.38	50.08	46.13
Un	3.88	13.94	8.66	25.29	0.83	4.08	4.79	13.03

Anmerkungen. Varianzanalyse und Scheffé-Test.
EM=empathisches Mitgefühl; DA="distress" aktiv; DP="distress" passiv; UN=Unbetroffenheit.
Die emotionale Reaktion konnte von 0 bis 117 Sekunden andauern.
[abc]Mittelwerte mit einem *gemeinsamen* Buchstaben unterscheiden sich signifikant bei $p \leq .05$.

Wie schon bei der Analyse der Intensität der emotionalen Reaktionen zeigt sich auch bei der Betrachtung ihrer Dauer (s. Tabelle 14), daß die deutschen Mädchen sowohl die deutschen Jungen als auch die sowjetischen Mädchen, nicht jedoch die sowjetischen Jungen, in der *Dauer des empathischen Mitgefühls* übertrafen. Kein Unterschied trat jedoch zwischen den sowjetischen Jungen, den deutschen Jungen oder den sowjetischen Mädchen auf, so daß sich der einzige *Geschlechterunterschied* wieder nur zwischen den deutschen Mädchen und Jungen ausmachen ließ.

Beim *"distress" aktiv* wurde zwar die Wechselwirkung zwischen den Variablen Kultur und Geschlecht signifikant, dennoch ergaben sich beim Paarvergleich durch Scheffé keine signifikanten Unterschiede. Die Mittelwerte zeigen jedoch, daß es vor allem die deutschen Jungen und die sowjetischen Mädchen waren, die diese Reaktion im Durchschnitt länger zeigten als die anderen Kinder.

In bezug auf die Dauer des *"distress" passiv* bestätigte sich wieder, daß der *Kulturunterschied* (vgl. Tabelle 12) im wesentlichen auf die *Mädchen* aus den beiden Kulturen zurückging; ihre Mittelwerte unterschieden sich deutlich voneinander. Bei den "Feinunterscheidungen", also den Untergruppen des "distress" passiv (s. Anhang A, 2. Teil: Feineinschätzung emotionale Reaktionen), ergaben sich noch drei weitere signifikante Ergebnisse: Die sowjetischen Mädchen zeigten die Variante des "distress" passiv, die mit Blickzuwendung und Schweigen verbunden war, länger als alle anderen Kinder. Die Reaktionen "distress" aktiv, Blickzuwendung und Reden und "distress" passiv, Blickzuwendung und Reden zeigten die deutschen Jungen länger als die deutschen Mädchen.

In der Variable Unbetroffenheit trat kein Unterschied zwischen den Gruppen auf.

16.3. ÜBEREINSTIMMUNG ZWISCHEN INTENSITÄT UND DAUER DER EMOTIONALEN REAKTIONEN

Um zu überprüfen, wie hoch die Übereinstimmung zwischen den beiden eben dargestellten Maßen ist, wurden die jeweils längste und intensivste Reaktion pro Kind bestimmt und anschließend der Übereinstimmungskoeffizient Kappa berechnet. Kinder, bei denen keine eindeutige emotionale Reaktion festzustellen war (d.h. 2 oder mehr Reaktionen waren gleich intensiv oder lang), wurden als missing data behandelt. Da außerdem interessierte, inwieweit die Aufteilung der "distress"-Variable in "distress" aktiv und passiv eine Rolle spielt, wurde die Übereinstimmung einmal nur mit der Trennung nach empathischem Mitgefühl und "distress" als Gesamtvariable und das andere Mal unter Benutzung von empathischem Mitgefühl und der Differenzierung in aktiven und passiven "distress" berechnet.

Tabelle 15
Übereinstimmung zwischen längster und intensivster emotionaler Reaktion bei deutschen und sowjetischen Kindern

	deutsche Kinder	sowjetische Kinder
ier x ler	0.89*** (n=36)	0.69*** (n=43)
ier2 x ler2	0.78*** (n=19)	0.66*** (n=34)

Anmerkungen. Übereinstimmungskoeffizient Kappa.
ier= intensivste emotionale Reaktion, Trennung nach Mitgefühl und "distress".
ier2= intensivste emotionale Reaktion, Trennung nach Mitgefühl, "distress"-aktiv und "distress"-passiv.
ler= längste emotionale Reaktion, Trennung nach Mitgefühl und "distress".
ler2= längste emotionale Reaktion, Trennung nach Mitgefühl, "distress"-aktiv und "distress"-passiv.
*** = $p \leq .001$.

Wie Tabelle 15 zeigt, fiel der Zusammenhang zwischen den jeweiligen Maßen in beiden Kulturen hoch aus. Er war höher in der deutschen Stichprobe und dann, wenn der "distress" als Gesamtvariable, ohne Unterteilung in "aktiv" und "passiv", benutzt wurde. In der deutschen Stichprobe war also die Reaktion, die als intensivste eingeschätzt wurde, häufiger als in der sowjetischen gleichzeitig auch die längste. Die unterschiedliche Versuchspersonenzahl erklärt sich damit, daß bei dem Intensitätsmaß jeweils mehrere Versuchspersonen wegen nicht eindeutig bestimmbarer Reaktion in der Berechnung nicht berücksichtigt werden konnten (d.h. zwei oder mehr Reaktionen waren gleich intensiv). Bei der feineren Unterteilung der "distress"-Variable in "distress"-aktiv und "distress"-passiv waren dies mehr als bei der ausschließlichen Unterscheidung zwischen empathischem Mitgefühl und "distress", da mehr Kinder einen gleich intensiven aktiven und passiven "distress" zeigten.

Da die emotionale Reaktion später im Zusammenhang mit dem prosozialen Verhalten auch als unabhängige Variable benutzt werden sollte, mußte als nächste Frage entschieden werden, nach welchem der beiden Kriterien - Intensität oder Dauer - die Einteilung der Kinder in empathisch mitfühlende, aktiv und passiv "distresste" und unbetroffene vorgenommen werden sollte. Hierzu wurden Varianzanalysen mit den Variablen intensivste und längste emotionale Reaktion als unabhängige und Kosten des prosozialen Verhaltens (Gesamteinschätzung auf einer Skala von 1-6) als abhängige Variable durchgeführt. Die Ergebnisse zeigt Tabelle 16.

Tabelle 16
Anteil der aufgeklärten Varianz des prosozialen Verhaltens durch Intensitäts und Dauermaß der emotionalen Reaktion

Quelle	N	F	df	r^2
ier	81	34.79	2/78	0.47***
ier2	54	3.17	3/50	0.16*
ler	95	25.62	2/92	0.36***
ler2	95	16.57	3/91	0.37***
iler	95	18.99	3/91	0.40***

Anmerkungen. ier= intensivste emotionale Reaktion, Trennung nach Mitgefühl und "distress".
ier2= intensivste emotionale Reaktion, Trennung nach Mitgefühl, "distress"-aktiv und "distress"-passiv.
ler= längste emotionale Reaktion, Trennung nach Mitgefühl und "distress".
ler2= längste emotionale Reaktion, Trennung nach Mitgefühl, "distress"-aktiv und "distress"-passiv.
iler = Synthese-Variable aus intensivster und längster Reaktion.
r^2= aufgeklärte Varianz (Determinationskoeffizient).
(*) $p \leq .10$ * $p \leq .05$ ** $p \leq .01$ *** $p \leq .001$.

Die entscheidende Größe in Tabelle 16 ist der Determinationskoeffizient (r^2). Es zeigte sich, daß die Intensitätsvariable, die nur nach empathischem Mitgefühl und "distress" differenzierte (ier), den größten Teil der Varianz erklärte (47%, vgl. Tabelle 16, erste Zeile). Würde man die Kinder aber nach dieser Variable einteilen, müßte zum einen auf 14 Versuchspersonen verzichtet werden (da sie gleichintensiv mit empathischem Mitgefühl und "distress" reagierten), und zum anderen würde die Differenzierung in "distress" aktiv und passiv wegfallen.

Deshalb wurde die Gruppeneinteilung der Kinder folgendermaßen vorgenommen: Wo immer es eine eindeutig intensivste emotionale Reaktion gab, wurde diese zur Einteilung des Kindes benutzt. In den Fällen, in denen zwei oder mehr Reaktionen gleich intensiv waren, wurde die Variable gewählt, die am *längsten* angedauert hatte. Diese neue Variable (iler, s. Tabelle 16, letzte Zeile) erklärte 40% der Varianz.

Danach verteilten sich die Kinder folgendermaßen auf die Gruppen:

Tabelle 17
Verteilung der Kinder auf die dominanten emotionalen Reaktionen

	Deutsche Kinder			Sowjetische Kinder		
Emotion	Mä	Ju	Σ	Mä	Ju	Σ
Mitgefühl	12	02	14	02	06	08
"distress" aktiv	06	10	16	08	06	14
"distress" passiv	04	11	15	14	12	26
Unbetroffenheit	01	01	02	0	0	0
Missing	01	0	01	0	0	0

Anmerkung. N = 96.

Die in Tabelle 17 dargestellte Verteilung spiegelt im wesentlichen die bei den Variablen Intensität und Dauer gefundenen Ergebnisse wider: 26 sowjetische, aber nur 15 deutsche Kinder zeigten "distress" passiv als dominante Reaktion (Fisher's exact, $p \leq .05$).

Bei gleichzeitiger Berücksichtigung des Geschlechts der Kinder wurde erneut deutlich, daß im Vergleich zu den deutschen Jungen und den sowjetischen Mädchen signifikant mehr deutsche Mädchen empathisches Mitgefühl als dominierende Reaktion zeigten. Außerdem reagierten mehr sowjetische als deutsche Mädchen mit "distress" passiv (Fisher's exact[6], alle $p \leq .05$).

Da nur zwei Kinder als unbetroffen eingestuft wurden, wurde die "Unbetroffenheit" *aus allen weiteren Berechnungen ausgeschlossen.* Dadurch reduziert sich die Versuchspersonenzahl bei allen folgenden Rechnungen, die sich auf die in Tabelle 17 dargestellte Verteilung der Kinder auf die dominante emotionale Reaktion beziehen, von N = 95 auf N = 93.

16.4. ZUSAMMENFASSUNG

Beim Kultur- und Geschlechtervergleich der emotionalen Reaktionen lassen sich folgende Ergebnisse festhalten:

1. Es gab kaum Kinder, die *Unbetroffenheit* als dominierende Reaktion zeigten, d.h. fast alle der 96 untersuchten Kinder erwiesen sich überwiegend in der einen oder anderen Weise von der Traurigkeit der Spielpartnerin angerührt. Kulturunterschiede in dieser Variablen traten nicht auf, aller-

[6]Bei allen Paarvergleichen innerhalb der Vielfeldertafel wurde das Signifikanzniveau mit dem Bonferoni-Verfahren (Nagl, 1992, S. 108) angeglichen.

dings gab es einen Geschlechtseffekt: Jungen reagierten häufiger mit Unbetroffenheit als Mädchen (s. Variable Intensität); dieser Unterschied wurde jedoch dadurch relativiert, daß sie sich in der Dauer nicht unterschieden.

2. Hinsichtlich des *aktiven "distress"* gab es nach dem Kriterium Intensität *keine* signifikanten Unterschiede zwischen den Gruppen; die Analyse der Dauerwerte zeigte jedoch, daß diese Reaktion von den deutschen Jungen und sowjetischen Mädchen im Mittel länger gezeigt wurde als von den anderen; allerdings wurden die Paarvergleiche im Scheffé-Test nicht signifikant.

3. Ein *Geschlechterunterschied* war für die Gesamtstichprobe nur hinsichtlich der Intensität des empathischen Mitgefühls zu finden. Hierin übertrafen die Mädchen die Jungen. Betrachtete man jedoch die Kulturen getrennt, so zeigte sich, daß nur die deutschen Mädchen im Vergleich zu den deutschen Jungen sowohl intensiver als auch länger mit empathischem Mitgefühl reagierten; die sowjetischen Mädchen zeigten demgegenüber *entgegen* der Erwartung nur eine ganz bestimmte Variante des "distress" passiv, nämlich die zugewandte, schweigende Form, *länger* als die sowjetischen Jungen.

4. Ein deutlicher *Kulturunterschied* existierte im "distress" passiv, der bei den sowjetischen Kindern sowohl länger als auch intensiver ausgeprägt war.

Im einzelnen zeigten die deutschen Mädchen im Vergleich zu den sowjetischen Mädchen intensiveres und längeres empathisches Mitgefühl. Bei den sowjetischen Mädchen ließ sich demgegenüber längerer und intensiverer "distress" passiv feststellen. Nur in bezug auf die Intensität unterschieden sich die deutschen Mädchen von den sowjetischen Jungen: Erstere zeigten ausgeprägteres empathisches Mitgefühl, letztere mehr "distress" passiv. Die Jungen beider Kulturen unterschieden sich nicht voneinander, genausowenig wie die deutschen Jungen und die sowjetischen Mädchen.

Fazit: Für den Kultur- und Geschlechtervergleich scheinen vor allem die Variablen empathisches Mitgefühl und "distress" passiv von Bedeutung zu sein. An allen Unterschieden waren die deutschen Mädchen beteiligt. Sie unterschieden sich von den sowjetischen Mädchen in empathischem Mitgefühl und "distress" passiv (jeweils sowohl Intensität als auch Dauer), von den deutschen Jungen im empathischen Mitgefühl (Intensität und Dauer) und von den sowjetischen Jungen in empathischem Mitgefühl und "distress" passiv (nur Intensität). Die meisten Unterschiede bestanden somit zwischen den *Mädchen* der beiden Kulturen. Die deutschen Jungen unterschieden sich nicht von den sowjetischen Jungen, und auch zwischen deutschen Jungen und sowjetischen Mädchen wurde kein Unterschied signifikant. Sowjetische Jungen und Mädchen unterschieden sich nur in der Dauer einer speziellen Variante des "distress" passiv, nämlich der, die mit Zuwendung und Schweigen verbunden war. Diese Form zeigten die Mädchen signifikant länger als die Jungen.

17. VERHALTENSSTIL

Neben den emotionalen Reaktionen war auch der Verhaltensstil des Kindes in der Interaktion mit der Spielpartnerin vor dem Platzen des Luftballons erfaßt worden. Damit war gemeint, wie verschlossen/schüchtern bzw. offen/selbstbewußt das Kind sich im Spiel mit der jungen Erwachsenen verhalten hatte. Im folgenden wird der Verhaltensstil zunächst im Zusammenhang mit Kultur und Geschlecht und dann mit den emotionalen Reaktionen betrachtet.

17.1. VERHALTENSSTIL, KULTUR UND GESCHLECHT

Als erstes wurde die Frage geprüft, ob *Kulturunterschiede* im Verhaltensstil bestehen:

Tabelle 18
Kulturvergleich Verhaltensstil

Deutsch		Sowjetisch			
M	SD	M	SD	df	t
2.50	0.71	2.06	0.86	90.90	2.71**

Anmerkungen. t-Test für ungleiche Varianzen.
Die Mittelwerte beziehen sich auf eine 3-stufige Skala (1=verschlossen, 2=weder verschlossen noch offen, 3=offen).
n=48 pro Kultur.
(*) $p \leq .10$ * $p \leq .05$ ** $p \leq .01$ *** $p \leq .001$.

Wie Tabelle 18 zeigt, erwiesen sich die deutschen Kinder im Umgang mit der Spielpartnerin als offener und selbstbewußter als die sowjetischen.

Ob auch beim Geschlechtervergleich Unterschiede im Verhaltensstil auftraten, wird in der nächsten Tabelle dargestellt.

Tabelle 19
Geschlechtervergleich Verhaltensstil

Mädchen		Jungen			
M	SD	M	SD	df	t
2.29	0.82	2.27	0.81	94.00	0.12

Anmerkungen. t-Test für ungleiche Varianzen.
Die Mittelwerte beziehen sich auf eine 3-stufige Skala (1=verschlossen, 2=weder verschlossen noch offen, 3=offen).
n =48 pro Geschlecht.
(*) p≤.10 * p≤.05 ** p≤.01 *** p≤.001.

Tabelle 19 zeigt, daß Mädchen und Jungen sich nicht in ihrem Verhaltensstil unterschieden.

Um eventuellen Wechselwirkungen zwischen den Variablen Geschlecht und Kultur nachzuspüren, wurde im nächsten Schritt eine zweifaktorielle Varianzanalyse durchgeführt. Hier wurden der Haupteffekt für Kultur und die Wechselwirkung zwischen Kultur und Geschlecht signifikant ($F(1,92) = 7.49$, $p \leq .01$; $F(1,92) = 3.82$, $p \leq .05$; $r^2 = .11$). Tabelle 20 zeigt die Mittelwerte und Standardabweichungen und das Ergebnis der Paarvergleiche durch den Scheffé-Test.

Tabelle 20
Kultur- und Geschlechtervergleich Verhaltensstil

deutsche Kinder				sowjetische Kinder			
Mä		Ju		Mä		Ju	
M	SD	M	SD	M	SD	M	SD
2.66[a]	0.56	2.33	0.82	1.91[a]	0.88	2.21	0.83

Anmerkungen. Varianzanalyse und Scheffé-Test.
Die Mittelwerte beziehen sich auf eine 3-stufige Skala (1=verschlossen, 2=weder verschlossen noch offen, 3=offen).[abc]Mittelwerte mit mindestens einem *gemeinsamen* Buchstaben unterscheiden sich signifikant bei p≤.05.
n=48 pro Kultur; n=24 pro Gruppe von Jungen und Mädchen.

Es zeigt sich, daß bei gleichzeitiger Berücksichtigung der Faktoren Geschlecht und Kultur einzig der Unterschied zwischen den deutschen und sowjetischen Mädchen Signifikanzniveau erreichte (p≤.05, Scheffé).

17.2. VERHALTENSSTIL UND EMOTIONALE REAKTION

Weiter wurde der Frage nachgegangen, ob die emotionalen Reaktionen des Kindes in einem Zusammenhang zu seiner Offenheit bzw. Verschlossenheit im Umgang mit der Spielpartnerin standen.

In der Gesamtstichprobe unterschieden sich die als "offen", "mittel" oder "schüchtern" klassifizierten Kinder folgendermaßen in den emotionalen Reaktionen:

Tabelle 21
Unterschiede in den emotionalen Reaktionen in Abhängigkeit vom Verhaltensstil in der Gesamtstichprobe

	Offen (n=48)		Mittel (n=25)		Schüchtern (n=22)		
	M	SD	M	SD	M	SD	F(2,92)
Mitgefühl	1.04[a]	1.07	0.64	0.95	0.23[b]	0.53	5.87**
"distress" akt.	0.81	0.91	1.24	1.30	1.18	1.29	1.54
"distress" pas.	1.04[ab]	1.27	1.92[a]	1.32	1.95[b]	1.25	5.80**

Anmerkungen. Varianzanalyse und Scheffé-Test.
Die Mittelwerte beziehen sich auf eine 4-stufige Skala (0=tritt nicht auf, 1=schwach ausgeprägt, 2=mittel ausgeprägt und 3=stark ausgeprägt).
[abc]Mittelwerte mit einem *gemeinsamen* Buchstaben unterscheiden sich signifikant bei p≤.05.
(*) p≤.10 * p≤.05 ** p≤.01 *** p≤.001.

Tabelle 21 zeigt, daß die Kinder, die sich eher offen und selbstbewußt der Spielpartnerin gegenüber verhalten hatten, signifikant höhere Werte auf der Skala des *empathischen Mitgefühls* erreichten als die schüchternen. Der Verhaltensstil erklärte 11% der Varianz des empathischen Mitgefühls in der Gesamtstichprobe.

Hinsichtlich des *"distress" passiv* erreichten die offen/selbstbewußten Kinder signifikant *niedrigere* Werte sowohl im Vergleich zu den mittleren als auch zu den schüchternen Kindern. Auch hier betrug der Determinationskoeffizient $r^2 = .11$.

In bezug auf die Intensität des *"distress" aktiv* wirkte sich der Verhaltensstil der Kinder nicht aus; hier fanden sich keine signifikanten Unterschiede.

In der Gesamtstichprobe (N = 95) *korrelierten* Verhaltensstil und Intensität des empathischen Mitgefühls signifikant positiv (r = .34, p≤.001), Verhaltensstil und passiver "distress" signifikant negativ (r = -.33, p≤.01) und Verhaltensstil und aktiver "distress" nicht signifikant (r = -.11). Man kann also den Schluß ziehen, daß ein Kind umso mitfühlender war, je offener und selbstbewußter es mit der Spielpartnerin interagierte, und daß es umso mehr passiven "distress" zeigte, je schüchterner und zurückhaltender es war. Die Zusammenhänge waren zwar nicht sehr eng, bis auf den aktiven "distress" jedoch signifikant.

Für die deutschen Kinder allein fiel die Verteilung folgendermaßen aus:

Tabelle 22
Unterschiede in den emotionalen Reaktionen in Abhängigkeit vom Verhaltensstil in der deutschen Stichprobe

	Offen (n=30)		Mittel (n=12)		Schüchtern (n=06)		
	M	SD	M	SD	M	SD	F(2,44)
Mitgefühl	1.24	1.06	0.58	0.99	0.16	0.41	3.96*
"distress" akt.	0.62	0.82	1.33	1.23	0.50	0.84	2.75(*)
"distress" pas.	0.62	1.08	1.50	1.44	1.66	1.36	3.31*

Anmerkungen. Varianzanalyse und Scheffé-Test.
Die Mittelwerte beziehen sich auf eine 4-stufige Skala (0=tritt nicht auf, 1=schwach ausgeprägt, 2=mittel ausgeprägt und 3=stark ausgeprägt).
(*) $p \leq .10$ * $p \leq .05$ ** $p \leq .01$ *** $p \leq .001$.

Obwohl die in Tabelle 22 dargestellten Varianzanalysen in der deutschen Stichprobe sowohl in bezug auf das empathische Mitgefühl als auch auf den "distress" passiv signifikant wurden, erreichte keiner der Paarvergleiche im Scheffé-Test Signifikanzniveau. Dennoch wiesen die Mittelwerte ganz eindeutig in eine Richtung: Die höchsten Werte im empathischem Mitgefühl und die niedrigsten im "distress" passiv erreichten die als offen/selbstbewußt klassifizierten Kinder. Die Jungen und Mädchen, die weder als besonders offen noch als schüchtern eingestuft worden waren, fielen in den mittleren Bereich der Skalen des empathischen Mitgefühls und des "distress" passiv. Das geringste empathische Mitgefühl und den höchsten "distress" passiv zeigten die Kinder, die als schüchtern eingestuft worden waren.

Der Determinationskoeffizient beim empathischen Mitgefühl betrug in der deutschen Stichprobe $r^2 = .15$, beim "distress" passiv $r^2 = .13$ und beim "distress" aktiv $r^2 = .11$.

Hinsichtlich der *Korrelationen* zwischen dem Verhaltensstil und der Intensität der emotionalen Reaktion ergaben sich bei den deutschen Kindern (n = 47) eine im Vergleich zur Gesamtstichprobe etwas höhere signifikant positive Korrelation mit empathischem Mitgefühl ($r = .41$, $p \leq .01$) und ebenfalls eine signifikant negative mit passivem "distress" ($r = -.36$, $p \leq .05$). Der aktive "distress" und der Verhaltensstil korrelierten nicht signifikant. Bei den *deutschen Mädchen* (n = 23) korrelierte der Verhaltensstil signifikant positiv mit empathischem Mitgefühl ($r = .53$, $p \leq .001$) und signifikant negativ mit "distress" aktiv ($r = -.43$, $p \leq .05$); ein signifikanter Zusammenhang zum passiven "distress" ergab sich nicht ($r = -.26$, n.s.). Bei den deutschen Jungen (n = 24) korrelierte im Gegensatz dazu nur der passive "distress" tendenziell negativ mit dem Verhaltensstil ($r = -.36$, $p \leq .09$); kein signifikanter Zusammenhang ergab sich zum empathischen Mitgefühl ($r = .26$, n.s.) oder zum "distress" aktiv ($r = .24$, n.s.).

Für die *sowjetischen* Kinder sah die Verteilung wie folgt aus:

Tabelle 23
Unterschiede in den emotionalen Reaktionen in Abhängigkeit vom Verhaltensstil in der sowjetischen Stichprobe

	Offen (n=19)		Mittel (n=13)		Schüchtern (n=16)		
	M	SD	M	SD	M	SD	F(2,44)
Mitgefühl	0.73	1.04	0.69	0.95	0.25	0.58	1.50
"distress" akt.	1.11	0.99	1.15	1.40	1.43	1.36	0.34
"distress" pas.	1.68	1.29	2.30	1.11	2.06	1.24	1.05

Anmerkungen. Varianzanalyse und Scheffé-Test.
Die Mittelwerte beziehen sich auf eine 4-stufige Skala (0=tritt nicht auf, 1=schwach ausgeprägt, 2=mittel ausgeprägt und 3=stark ausgeprägt).

Tabelle 23 zeigt, daß keine der Varianzanalysen in der sowjetischen Stichprobe signifikant wurde. Dennoch bestätigte die Höhe der Mittelwerte in der Tendenz das Bild, das in der deutschen und in der Gesamtstichprobe gefunden wurde: Auf der Skala des empathischen Mitgefühls erreichten die offen/selbstbewußten Kinder höhere Werte als die schüchternen, während es sich hinsichtlich der Intensität der beiden "distress"-Formen genau umgekehrt verhielt: Hier fielen die Mittelwerte der schüchternen Kinder höher aus als die der offen/selbstbewußten. Der Determinationskoeffizient betrug $r^2 = .06$ beim empathischen Mitgefühl, $r^2 = .05$ beim "distress" passiv und $r^2 = .02$ beim "distress" aktiv.

Die *Korrelationen* zwischen der Intensität der emotionalen Reaktionen und dem Verhaltensstil waren in der sowjetischen Stichprobe relativ niedrig und wurden nicht signifikant: Der Verhaltensstil korrelierte mit empathischem Mitgefühl positiv ($r = .21$), mit "distress" passiv negativ ($r = -.10$) und mit "distress" aktiv ebenfalls negativ ($r = -.16$). Bei Hinzuziehung des Geschlechts der Kinder waren jedoch signifikante Korrelationen zu finden: Bei den sowjetischen Mädchen ($n = 24$) korrelierten Verhaltensstil und empathisches Mitgefühl tendentiell positiv ($r = .39$, $p \leq .06$), kein signifikanter Zusammenhang fand sich zwischen Verhaltensstil und aktivem oder passivem "distress" ($r = .24$ bzw. $r = -.30$, beide n.s.). Bei den sowjetischen Jungen fiel im Gegensatz dazu die Korrelation Verhaltensstil - "distress" aktiv signifikant negativ aus ($r = -.40$, $p \leq .05$); keine Zusammenhänge bestanden zwischen Verhaltensstil und empathischem Mitgefühl ($r = .007$, n.s.) und "distress" passiv ($r = .07$, n.s.).

Somit wurde insgesamt das Bild, das sich aus der Betrachtung der Gesamt- und der deutschen Stichprobe ergab, bestätigt, auch wenn sich bei den sowjetischen Kindern in ihrer Gesamtheit keine Signifikanzen feststellen ließen, sondern erst, nachdem das Geschlecht noch mit herangezogen wurde.

17.3. ZUSAMMENFASSUNG

Bei der Analyse des Verhaltensstils in Abhängigkeit von der Kulturzugehörigkeit der Kinder erwiesen sich die deutschen Kinder im Vergleich zu den sowjetischen als offener und selbstbewußter im Umgang mit der Spielpartnerin. Berücksichtigte man darüberhinaus das Geschlecht der Kinder, blieb nur der Unterschied zwischen den deutschen und den sowjetischen Mädchen signifikant.

Unterschiede zwischen den Geschlechtern in bezug auf den Verhaltensstil traten nicht auf.

Bei der gleichzeitigen Betrachtung von Verhaltensstil und emotionaler Reaktion zeigte sich, daß die Kinder, die sich in der Interaktion mit der Spielpartnerin eher offen/selbstbewußt gegeben hatten, intensiveres *empathisches Mitgefühl* ausdrückten als Kinder, die ihr gegenüber eher schüchtern gewesen waren. Dieser Zusammenhang wurde in der Gesamtstichprobe signifikant und bestätigte sich bei der Betrachtung der Mittelwerte auch dann, wenn man die Kulturen einzeln analysierte.

Hinsichtlich des *"distress" passiv* erreichten die Kinder, die sich der Spielpartnerin gegenüber entweder schüchtern oder weder besonders schüchtern noch besonders offen verhalten hatten, höhere Mittelwerte als die offen/selbstbewußten Kinder. Wieder wurde dieses Ergebnis nur in der

Gesamtstichprobe signifikant, fand aber in den einzelnen Kulturen tendenzielle Bestätigung.

Bezüglich des *"distress" aktiv* fand sich beim Vergleich der Mittelwerte kein signifikantes Ergebnis.

Die *Korrelationen* bestätigten im wesentlichen den Zusammenhang zwischen Verhaltensstil und der Intensität der emotionalen Reaktionen. Im einzelnen zeigte sich, daß bei den Mädchen beider Kulturen das empathische Mitgefühl umso intensiver ausgeprägt war, je offener und selbstbewußter sie mit der Spielpartnerin interagiert hatten - diese Korrelation wurde auch in der deutschen und in der Gesamtstichprobe signifikant. Bei den sowjetischen Jungen und den deutschen Mädchen fand sich auch ein Zusammenhang zum "distress" aktiv: Er war umso intensiver, je schüchterner und zurückhaltender diese Kinder sich verhalten hatten. Der gleiche Zusammenhang zwischen passivem "distress" und Verhaltensstil fand sich in der Gesamt- und der deutschen Stichprobe und wurde tendenziell bei den deutschen Jungen bestätigt.

18. ZUSAMMENFASSENDE BETRACHTUNG VON KULTUR, GESCHLECHT UND VERHALTENSSTIL IN HINBLICK AUF DIE VARIANZ DER EMOTIONALEN REAKTIONEN

Da in den vorigen Kapiteln deutlich geworden ist, daß sowohl Verhaltensstil als auch Kultur und Geschlecht eine nicht unbedeutende Rolle für die emotionalen Reaktionen der Kinder spielten, wurden weitere Varianzanalysen mit Geschlecht, Kultur und Verhaltensstil als unabhängigen Variablen und den emotionalen Reaktionen als abhängigen Variablen gerechnet. Dadurch sollte festgestellt werden, ob die in den Tabellen 9-23 dargestellten Ergebnisse unabhängige Effekte darstellten oder ob Interaktionen zwischen den Variablen auftraten. Ferner interessierte, wieviel der Varianz durch die gleichzeitige Berücksichtigung der Variablen aufgeklärt werden konnte. Um die Darstellung nicht unnötig zu komplizieren, werden hier nur die Ergebnisse für die *Intensitätswerte* der emotionalen Reaktionen dargestellt, da sie es auch waren, die die meiste Varianz am prosozialen Verhalten erklärten (vgl. Tabelle 16, S. 91). Im übrigen unterschieden sich die Ergebnisse für die Dauerwerte nicht wesentlich.

Bei der Analyse des *empathischen Mitgefühls* ergab sich nur ein signifikanter Haupteffekt für den Verhaltensstil ($F(2,83) = 3.49$, $p \leq .05$). Der Determinationskoeffizient betrug $r^2 = .26$. Für die Erklärung der Varianz des empathischen Mitgefühls war also der Verhaltensstil des Kindes entscheidend.

Beim *"distress" passiv* wurde außer dem Haupteffekt für Verhaltensstil ($F(2,83) = 3.27$, $p \leq .05$) und für Kultur ($F(1,83) = 8.79$, $p \leq .01$) auch die Wechselwirkung zwischen Geschlecht und Kultur ($F(2,83) = 5.50$, $p \leq .05$) signifikant. Der Determinationskoeffizient war etwas höher als beim empathischen Mitgefühl; er betrug $r^2 = .29$. Auch beim passiven "distress" spielte also das Verhalten des Kindes in der Interaktion mit der Spielpartnerin *vor* dem Platzen des Luftballons eine entscheidende Rolle; im Gegensatz zum empathischen Mitgefühl war aber die Kulturzugehörigkeit (s. den deutlichen Unterschied zwischen deutschen und sowjetischen Kindern, Tabelle 9, S.83) und die Interaktion zwischen Geschlecht und Kultur (s. die Differenz zwischen den Mädchen beider Kulturen, Tabelle 11, S.85) ebenfalls bedeutsam an der Aufklärung der Varianz beteiligt.

Beim *"distress" aktiv* wurde einzig die dreifache Wechselwirkung zwischen Geschlecht, Kultur und Verhaltensstil signifikant ($F(2,83) = 5.32$, $p \leq .01$). 24 Prozent der Varianz wurden aufgeklärt. Hier zeigte sich, daß die sowjetischen Jungen, die sich in der Interaktion mit der Spielpartnerin eher schüchtern verhalten hatten ($n = 6$), den höchsten Mittelwert im "distress" aktiv aufwiesen ($M = 2.33$); er war signifikant höher als der Mittelwert der "offen/selbstbewußten" deutschen Mädchen ($n = 16$, $M = 0.25$) und der schüchternen deutschen Jungen ($n = 5$, $M = 0.20$) (alle Paarvergleiche mittels T-Methode nach Tukey, 1953, zitiert nach Nagl, 1992, S. 111).

Somit war der Verhaltensstil des Kindes der einzige Faktor, der bei der Erklärung jeder der drei emotionalen Reaktionen eine Rolle spielte. Kultur und Geschlecht waren nur bei den beiden "distress"-Formen mitausschlaggebend.

19. PROSOZIALES VERHALTEN (HYPOTHESEN 3, 4 UND 5)

19.1. KOSTEN DES PROSOZIALEN VERHALTENS UND DIE HIERARCHIE DER PROSOZIALEN REAKTIONEN

Das prosoziale Verhalten wurde zum einen nach dem Kriterium "investierte Kosten/Engagement" als Einschätzung über die *gesamte* Szene (auf einer 6-stufigen Skala mit den Ausprägungen 1 = tritt nicht auf, 2 = sehr geringe Kosten, 3 = geringe Kosten, 4 = mittlere Kosten, 5 = ziemlich hohe Kosten, 6 = sehr hohe Kosten) und zum anderen nach dem Auftreten der einzelnen Reaktionen in *jedem* der vier Teile der Versuchssituation (s. Kap. 12.2. und Anhang A, 6. Teil) festgehalten.

Vor der Auswertung der Daten waren die einzelnen prosozialen Verhaltensweisen in eine hierarchische Reihenfolge gebracht worden (vgl. Kap. 12.2.). Die erste interessierende Frage war daher, ob sich die vorgenommene Hierarchie durch die Gesamteinschätzung bestätigen ließ, ob also mit der nach theoretischen Gesichtspunkten an höchste Stelle gesetzten Reaktion (Ballon abgeben) wirklich mehr Kosten von Seiten des Kindes verbunden waren als mit den darauffolgenden.

Zu ihrer Beantwortung wurde die der Hierarchie nach über alle vier Teile der Untersuchungssituation *höchste* prosoziale Verhaltensweise pro Kind bestimmt. Anschließend wurde die Korrelation zwischen diesem Wert und der Gesamteinschätzung der Kosten berechnet.

Tabelle 24
Zusammenhang zwischen den Kosten des prosozialen Handelns und dem "höchsten" prosozialen Verhalten

Deutsch	Sowjetisch
0.94***	0.91***

Anmerkungen. Spearman-Rangkorrelationskoeffizient.
n=48 pro Kultur.
*** = p≤.001.

Wie die hohe positive signifikante Korrelation zeigt, konnte die Hierarchie voll bestätigt werden. Mit der an höchste Stelle gesetzten Verhaltensweise (Ballon abgeben) waren tatsächlich mehr Kosten von Seiten des Kindes verbunden als mit den darauffolgenden. Wie die Mittelwerte der einzelnen prosozialen Verhaltensweisen auf der Skala der Gesamteinschätzung der Kosten ausfielen, zeigen die Tabellen 25 und 26.

Tabelle 25
Mittelwerte der Kosten der einzelnen prosozialen Verhaltensweisen: deutsche Kinder

Verhalten	n	M	SD	Min	Max
Ballon abgeben	13	5.38	0.87	3.00	6.00
Alternative herstellen	1	4.00	·	4.00	4.00
Angebot, Ballon mitzubringen	8	4.13	1.13	3.00	6.00
Verbal trösten	7	2.86	0.90	2.00	4.00
Ablenken	5	2.00	0.00	2.00	2.00
Problemlöseansatz	1	2.00	·	2.00	2.00
Nachfragen	2	2.00	0.00	2.00	2.00

Anmerkungen. Die Mittelwerte beziehen sich auf eine 6-stufige Skala (1=tritt nicht auf, 2=sehr geringe Kosten, 3=geringe Kosten, 4=mittlere Kosten, 5=ziemlich hohe Kosten, 6=sehr hohe Kosten).
Min= niedrigste geschätzte Kosten. Max= höchste geschätzte Kosten.
n= Zahl der Kinder, die die Reaktion als "höchste" gezeigt haben.
·= Missing.

Tabelle 26
Mittelwerte der Kosten der einzelnen prosozialen Verhaltensweisen: sowjetische Kinder

Verhalten	n	M	SD	Min	Max
Ballon abgeben	3	5.00	1.00	4.00	6.00
Alternative herstellen	4	4.00	0.82	3.00	5.00
Angebot, Ballon mitzubringen	8	4.25	0.71	3.00	5.00
Verbal trösten	16	3.00	0.73	2.00	4.00
Ablenken	3	2.00	0.00	2.00	2.00
Problemlöseansatz	0	·	·	·	·
Nachfragen	1	1.00	·	1.00	1.00

Anmerkungen. Die Mittelwerte beziehen sich auf eine 6-stufige Skala (1=tritt nicht auf, 2=sehr geringe Kosten, 3=geringe Kosten, 4=mittlere Kosten, 5=ziemlich hohe Kosten, 6=sehr hohe Kosten).
Min= niedrigste geschätzte Kosten. Max= höchste geschätzte Kosten.
n= Zahl der Kinder, die die Reaktion als "höchste" gezeigt haben.
·= Missing.

Wie aus den Tabellen 25 und 26 ersichtlich ist, gaben die Mittelwerte der prosozialen Verhaltensweisen in beiden Kulturen fast hundertprozentig die theoretisch festgelegte Reihenfolge wieder. Eine Ausnahme bildete die Verhaltensweise "Alternative herstellen", deren Mittelwert von 4.0 etwas unter dem des Verhaltens "einen neuen Ballon anbieten"- von 4.12 (deutsch) bzw. 4.25 (sowjetisch) lag.

Im nächsten Schritt wurde überprüft, ob sich die Mittelwerte signifikant voneinander unterschieden. Es zeigte sich, daß die oben beschriebene Differenz zwischen den Mittelwerten der Verhaltensweisen "Alternative herstellen" und "Angebot, einen neuen Ballon mitzubringen" nicht signifikant war. In beiden Kulturen erwies sich jedoch der Mittelwert der Verhaltensweise "verbal trösten" als signifikant *niedriger* als der von "Angebot, einen neuen Ballon mitzubringen" (Wilcoxon, sowjetische Kinder: $z = 3.06$, $p \leq .01$; deutsche: $z = -1.97$, $p \leq .05$) und signifikant *höher* als "Ablenken" (Wilcoxon, sowjetische Kinder: $z = -2.10$, $p \leq .05$; deutsche: $z = -1.84$, $p \leq .07$). Deswegen wurde eine Gruppierung der Verhaltensweisen in *"höhere"* (Ballon abgeben, Alternative herstellen und Angebot, einen neuen Ballon mitzubringen) und *"niedrigere"* (Ablenken, Problemlöseansatz, Nachfragen und Auffordern) Verhaltensweisen vorgenommen. Die Reaktion "verbal trösten" nahm eine Mittelstellung ein.

Die Hierarchie der prosozialen Verhaltensweisen konnte also durch die Gesamteinschätzung der investierten Kosten bestätigt werden.

Nachdem diese Zusammenhänge geklärt sind, können wir uns der Beantwortung der "eigentlichen" Hypothesen in bezug auf die prosozialen Reaktionen der Kinder zuwenden.

19.2. ANTEIL DER HANDELNDEN KINDER (HYPOTHESEN 3A, 4A UND 5A)

Zur Beantwortung dieser Frage soll betrachtet werden, wieviele Kinder überhaupt prosoziales Verhalten zeigten - unabhängig davon, welches. Die Hypothesen hatten gelautet:

3a) Sowjetische Kinder zeigen im Vergleich zu deutschen Kindern zu einem größeren Anteil prosoziales Verhalten.

4a) Mädchen zeigen im Vergleich zu Jungen zu einem größeren Anteil prosoziales Verhalten.

5a) Empathisch mitfühlende Kinder zeigen im Vergleich zu "distressten" und unempathischen Kindern zu einem größeren Anteil prosoziales Verhalten.

Beginnen wir wieder mit der Betrachtung der Kultur- und Geschlechterunterschiede:

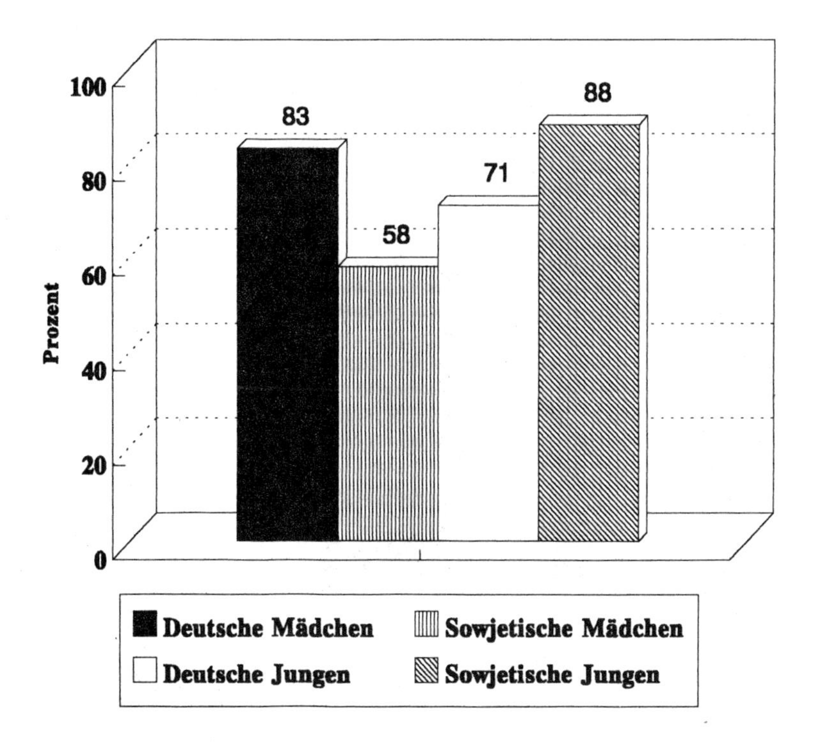

Abbildung 6
Prosoziales Handeln deutscher und sowjetischer Jungen und Mädchen

Während deutsche Mädchen und sowjetische Jungen zu über 80 Prozent und die deutschen Jungen zu immerhin 70 Prozent prosozial handelten, zeigte nur etwas über die Hälfte der sowjetischen Mädchen überhaupt irgendeine prosoziale Reaktion. An dieser Stelle trat erstmals ein signifikanter Geschlechterunterschied in der sowjetischen Stichprobe auf, der jedoch genau umgekehrt zur Erwartung ausfiel: Mehr sowjetische Jungen als Mädchen zeigten prosoziales Verhalten (Fisher's exact, $p \leq .05$). Die anderen Unterschiede wurden nicht signifikant.

Betrachtet man das Auftreten von Hilfeverhalten in Abhängigkeit von den *emotionalen Reaktionen* der Kinder, so ergibt sich folgendes Bild:

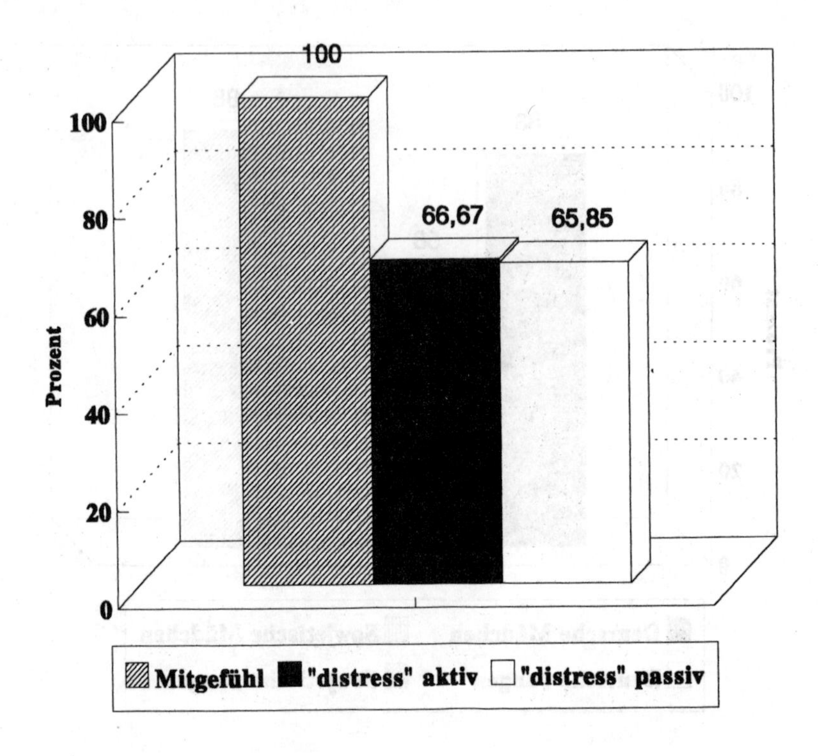

Abbildung 7
Prosoziales Handeln in Abhängigkeit von der emotionalen Reaktion: Gesamtstichprobe

Bei Zugrundelegung der Stichprobe von allen untersuchten Kindern (N = 93, s. Abbildung 7) zeigte sich ein deutlicher Effekt der emotionalen Reaktion. 100% der empathisch mitfühlenden Kinder handelten prosozial, im Gegensatz zu nur 66.67% der aktiv und 65.85% der passiv "distressten" (Fisher's exact, $p \leq .001$). Das heißt, daß gut ein Drittel der Kinder, die überwiegend mit "distress" reagiert hatten, gar keine Hilfeleistung zeigte! Dieses Muster fand sich auch bei der Betrachtung der einzelnen Kulturen (s. Abbildung 8 und 9).

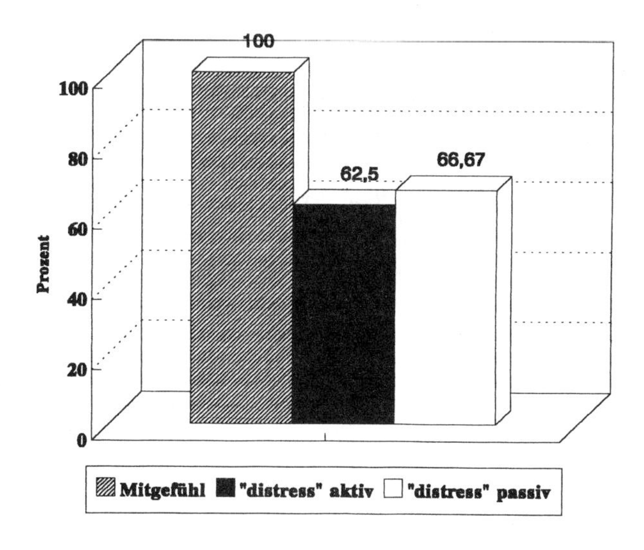

Abbildung 8
Prosoziales Handeln in Abhängigkeit von der emotionalen Reaktion: deutsche Kinder

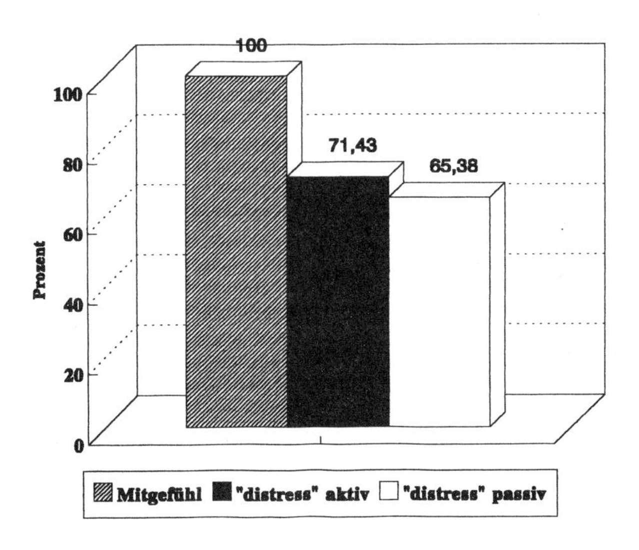

Abbildung 9
Prosoziales Handeln in Abhängigkeit von der emotionalen Reaktion: sowjetische Kinder

Bei der statistischen Überprüfung innerhalb der Kulturen ergab sich nur in der deutschen Stichprobe ein signifikantes Ergebnis. Dort bestätigte sich, daß die empathisch mitfühlenden Kinder signifikant häufiger prosozial handelten als die aktiv "distressten" (Fisher's exact, $p \leq .05$) und tendenziell häufiger als die passiv "distressten" (Fisher's exact, $p \leq .08$).

Auch wenn die Unterschiede in der sowjetischen Stichprobe nicht das Signifikanzniveau von 5% erreichten, bestätigten sie doch das bereits in der Gesamt- und der deutschen Stichprobe gefundene Bild: Alle empathisch mitfühlenden Kindern reagierten mit einer Hilfeleistung, im Gegensatz zu nur 71% der aktiv und 65% der passiv "distressten".

Dieses Kapitel hat sich mit der Frage beschäftigt, welche Kinder überhaupt prosozial handelten. Dabei wurde nicht berücksichtigt, welcher Art diese Hilfeleistungen waren - ob sie einen engagierten Hilfeversuch oder nur eine schwache Intervention darstellten. Im nächsten Kapitel soll deshalb der Frage nachgegangen werden, wie *engagiert* die kindliche Hilfe war, d.h. wieviel *Kosten* die verschiedenen Gruppen von Kindern bereit waren, für die Spielpartnerin in ihre Hilfeleistungen zu investieren.

19.3. KOSTEN DES PROSOZIALEN VERHALTENS (HYPOTHESEN 3B, 4B UND 5B)

Die hier untersuchten Hypothesen lauteten:

3b) Sowjetische Kinder zeigen im Vergleich zu deutschen Kindern prosoziales Verhalten mit höheren Kosten.

4b) Mädchen zeigen im Vergleich zu Jungen prosoziales Verhalten mit höheren Kosten.

5.b) Empathisch mitfühlende Kinder zeigen im Vergleich zu "distressten" und unempathischen Kindern prosoziales Verhalten mit höheren Kosten.

19.3.1. Kosten des prosozialen Verhaltens, Kultur und Geschlecht (Hypothesen 3b und 4b)

Betrachten wir zu Anfang wieder die Unterschiede in der Höhe der Kosten des prosozialen Verhaltens in Abhängigkeit von den Variablen Kultur und Geschlecht.

Tabelle 27
Kulturvergleich Kosten des prosozialen Verhaltens

Deutsch		Sowjetisch			
M	SD	M	SD	df	t
3.21	1.83	2.77	1.31	94.00	1.29

Anmerkungen. t-Test für gleiche Varianzen.
Die Mittelwerte beziehen sich auf eine 6-stufige Skala (1=tritt nicht auf, 2=sehr geringe Kosten, 3=geringe Kosten, 4=mittlere Kosten, 5=hohe Kosten, 6=sehr hohe Kosten).
n=48 pro Kultur.

Der Vergleich der in das prosoziale Verhalten investierten Kosten ergab keinen Unterschied zwischen den deutschen und sowjetischen Kindern.

Betrachten wir nun, ob bei der Gegenüberstellung von Mädchen und Jungen ein Unterschied auftrat.

Tabelle 28
Geschlechtervergleich Kosten des prosozialen Verhaltens

Mädchen		Jungen			
M	SD	M	SD	df	t
3.21	1.95	2.77	1.46	89.60	1.29

Anmerkungen. t-Test für ungleiche Varianzen.
Die Mittelwerte beziehen sich auf eine 6-stufige Skala (1=tritt nicht auf, 2=sehr geringe Kosten, 3=geringe Kosten, 4=mittlere Kosten, 5=hohe Kosten, 6=sehr hohe Kosten).
n=48 pro Kultur.

Auch beim Geschlechtervergleich trat *kein* signifikanter Unterschied in bezug auf die in das prosoziale Handeln investierten Kosten auf.

In der anschließend durchgeführten Varianzanalyse mit den unabhängigen Variablen Geschlecht und Kultur zeigte sich jedoch eine signifikante Wechselwirkung zwischen den beiden ($F(1,92) = 6.13$, $p \leq .05$; $r^2 = .10$). Eine Prüfung der Paarvergleiche ergab, daß die deutschen Mädchen signifikant mehr Kosten in ihr prosoziales Verhalten investierten, also engagierter handelten, als die sowjetischen Mädchen einerseits und die deutschen Jungen andererseits (Scheffé in Modifikation nach Einot & Gabriel, 1975) (s. Tabelle 29).

Tabelle 29
Kultur- und Geschlechtervergleich Kosten des prosozialen Verhaltens

Deutsch				Sowjetisch			
Mä		Ju		Mä		Ju	
M	SD	M	SD	M	SD	M	SD
3.83[ab]	1.97	2.58[a]	1.47	2.58[b]	1.74	2.96	1.12

Anmerkungen. Varianzanalyse und Scheffé-Test.
Die Mittelwerte beziehen sich auf eine 6-stufige Skala (1=tritt nicht auf, 2=sehr geringe Kosten, 3=geringe Kosten, 4=mittlere Kosten, 5=hohe Kosten, 6=sehr hohe Kosten). [abc]Mittelwerte mit einem *gemeinsamen* Buchstaben unterscheiden sich signifikant bei p≤.05.
n=48 pro Kultur; n=24 pro Gruppe von Mädchen und Jungen.

19.3.2. Kosten des prosozialen Verhaltens und emotionale Reaktionen (Hypothese 5b)

Wie sieht nun die Verteilung der "Kosten" des prosozialen Verhaltens aus, wenn man die Kinder gemäß ihrer dominierenden emotionalen Reaktion einteilt? Betrachten wir zunächst die Unterschiede zwischen den Kindern, die empathisch mitfühlend, aktiv oder passiv "distresst" reagierten, in der Gesamtstichprobe.

Tabelle 30
Kosten des prosozialen Verhaltens in Abhängigkeit von der emotionalen Reaktion: Gesamtstichprobe

Mitgefühl (n=22)		"distress" aktiv (n=30)		"distress" passiv (n=41)		
M	SD	M	SD	M	SD	F(2,90)
4.86[ab]	1.08	2.40[a]	1.40	2.39[b]	1.36	29.63***

Anmerkungen. Varianzanalyse und Scheffé-Test.
Die Mittelwerte beziehen sich auf eine 6-stufige Skala (1=tritt nicht auf, 2=sehr geringe Kosten, 3=geringe Kosten, 4=mittlere Kosten, 5=hohe Kosten, 6=sehr hohe Kosten). [abc]Mittelwerte mit einem *gemeinsamen* Buchstaben unterscheiden sich signifikant bei p≤.05.
(*) p≤.10 * p≤.05 ** p≤.01 *** p≤.001.

Wie Tabelle 30 zeigt, investierten die empathisch mitfühlenden Kinder mehr Kosten in ihr prosoziales Verhalten als die aktiv und passiv distressten (p≤.05, Scheffé), zwischen den beiden zuletzt genannten Gruppen bestand kein Unterschied. Der Anteil der Varianz, der durch die emotionalen Reaktionen aufgeklärt wurde, betrug 40 Prozent.

Innerhalb der Kulturen zeigte sich folgende Verteilung:

Tabelle 31
Kosten des prosozialen Verhaltens in Abhängigkeit von der emotionalen Reaktion: deutsche Kinder

Mitgefühl (n=14)		"distress" aktiv (n=16)		"distress" passiv (n=15)		
M	SD	M	SD	M	SD	F(2,42)
5.43[ab]	0.76	2.00[a]	0.97	2.40[b]	1.45	42.05***

Anmerkungen. Varianzanalyse und Scheffé-Test.
Die Mittelwerte beziehen sich auf eine 6-stufige Skala (1=tritt nicht auf, 2=sehr geringe Kosten, 3=geringe Kosten, 4=mittlere Kosten, 5=hohe Kosten, 6=sehr hohe Kosten).[abc]Mittelwerte mit einem *gemeinsamen* Buchstaben unterscheiden sich signifikant bei p≤.05.
(*) p≤.10 * p≤.05 ** p≤.01 *** p≤.001.

Für die deutschen Kinder bestätigte sich das in der Gesamtstichprobe gewonnene Bild - auch hier erreichten die empathisch mitfühlenden Kinder signifikant höhere Werte auf der Skala des prosozialen Verhaltens als die "distressten" ($p \leq .05$, Scheffé). Der Determinationskoeffizient betrug $r^2 = .67$. Betrachten wir nun die sowjetischen Kinder:

Tabelle 32
Kosten des prosozialen Verhaltens in Abhängigkeit von der emotionalen Reaktion: sowjetische Kinder

Mitgefühl (n=08)		"distress" aktiv (n=14)		"distress" passiv (n=26)		
M	SD	M	SD	M	SD	F(2,45)
3.88[a]	0.83	2.86	1.70	2.38[a]	1.33	3.56*

Anmerkungen. Varianzanalyse und Scheffé-Test.
Die Mittelwerte beziehen sich auf eine 6-stufige Skala (1=tritt nicht auf, 2=sehr geringe Kosten, 3=geringe Kosten, 4=mittlere Kosten, 5= hohe Kosten, 6=sehr hohe Kosten).[abc]Mittelwerte mit einem *gemeinsamen* Buchstaben unterscheiden sich signifikant bei p≤.05.
(*) p≤.10 * p≤.05 ** p≤.01 *** p≤.001.

Bei den sowjetischen Kindern wurde nur der Unterschied zwischen den passiv "distressten" und den empathisch mitfühlenden Kindern signifikant ($p \leq .05$, Scheffé), wobei bei letzteren wieder das höhere Engagement, die höheren Kosten zu finden waren. Der Determinationskoeffizient betrug $r^2 = .14$.

Betrachtet man den *korrelativen Zusammenhang* zwischen emotionaler Reaktion, gemessen an der Intensität, und der Einschätzung der Kosten des prosozialen Verhaltens, so ergeben sich folgende Koeffizienten:

Tabelle 33
Zusammenhang zwischen der Intensität der emotionalen Reaktionen und den Kosten beim prosozialen Verhalten

	N	Mitgefühl	"distr." aktiv	"distr." passiv
gesamt	95	0.70***	-0.23*	-0.38***
deutsch	47	0.79***	-0.32*	-0.42**
sowjetisch	48	0.60***	-0.12	-0.29(*)
Mädchen	47	0.86***	-0.24	-0.56***
Jungen	48	0.44**	-0.19	-0.07
deutsche Mädchen	23	0.90***	-0.51*	-0.66***
deutsche Jungen	24	0.56**	0.04	-0.04
sowjet. Mädchen	24	0.75***	0.14	-0.29
sowjet. Jungen	24	0.25	-0.48*	-0.22

Anmerkungen. Spearman-Rangkorrelationskoeffizient.
(*) p≤.10 * p≤.05 ** p≤.01 *** p≤.001.

Tabelle 33 zeigt deutlich, daß, je intensiver *das empathische Mitgefühl* ausgeprägt war, umso mehr Kosten ins prosoziale Verhalten investiert wurden. Dieser recht hoch ausgeprägte Zusammenhang ergab sich bis auf eine Ausnahme - die sowjetischen Jungen - in allen Fällen.

Bei den beiden *"distress"*-Formen ergab sich ein komplizierteres Bild. Sowohl in der Gesamt- als auch in der deutschen Stichprobe korrelierten "distress" passiv und "distress" aktiv negativ mit den Kosten des prosozialen Handelns, so daß man sagen kann, daß, je größer das Ausmaß des "distress" war, desto weniger Kosten investiert wurden. Allerdings waren die Absolutbeträge der Koeffizienten nicht so hoch wie beim empathischen Mitgefühl.

Dieser Zusammenhang galt mit Hinblick auf den *"distress" passiv* auch für die Stichprobe der Mädchen und in der Tendenz für die sowjetischen Kinder; beim "distress" aktiv fanden sich jedoch in diesen beiden Gruppen recht niedrige Koeffizienten, die das Signifikanzniveau nicht erreichten. Letzteres galt für die Stichprobe der Jungen sowohl in Hinblick auf den aktiven, als auch auf den passiven "distress".

Betrachtet man nun noch die Teilstichproben der *sowjetischen und deutschen Jungen und Mädchen* in Hinblick auf die beiden "distress"-Formen, so fanden sich bei den sowjetischen Mädchen und deutschen Jungen sehr niedrige Koeffizienten und gar keine signifikanten Zusammenhänge mehr. Bei den deutschen Mädchen korrelierten demgegenüber beide "distress" - Formen negativ mit den Kosten des prosozialen Verhaltens, bei den sowjetischen Jungen nur der "distress" aktiv.

19.3.3. Kosten des prosozialen Verhaltens und Verhaltensstil

Wie schon bei den emotionalen Reaktionen wurde auch für das prosoziale Verhalten untersucht, ob ein Zusammenhang zum Verhalten in der Interaktion mit der Spielpartnerin vor dem Platzen des Luftballons bestand. Betrachten wir zunächst die Gesamtstichprobe:

Tabelle 34
Kosten im prosozialen Verhalten in Abhängigkeit vom Verhaltensstil: Gesamtstichprobe

Offen (n=49)		Mittel (n=25)		Schüchtern (n=22)		
M	SD	M	SD	M	SD	F(2,93)
3.76[a]	1.52	2.72[a]	1.62	1.59[a]	0.85	17.06***

Anmerkungen. Varianzanalyse und Scheffé-Test.
Die Mittelwerte beziehen sich auf eine 6-stufige Skala (1=tritt nicht auf, 2=sehr geringe Kosten, 3=geringe Kosten, 4=mittlere Kosten, 5=hohe Kosten, 6=sehr hohe Kosten).[abc]Mittelwerte mit einem *gemeinsamen* Buchstaben unterscheiden sich signifikant bei p≤.05.
(*) p≤.10 * p≤.05 ** p≤.01 *** p≤.001.

Tabelle 34 zeigt, daß die als "offen" eingestuften Kinder mehr Kosten in ihre prosozialen Verhaltensweisen investierten als die "mittleren", die wiederum die als "schüchtern" klassifizierten übertrafen. Ein Kind war also umso prosozialer, je offener und freier es in der Spielsituation vor dem Platzen des Luftballons mit der Spielpartnerin interagiert hatte. Der Anteil an der Varianz des prosozialen Verhaltens, der durch den Verhaltensstil in der Gesamtstichprobe aufgeklärt wurde, betrug $r^2 = .28$.

In den einzelnen Kulturen ergab sich folgendes Bild:

Tabelle 35
Kosten im prosozialen Verhalten in Abhängigkeit vom Verhaltensstil: deutsche Kinder

Offen (n=30)		Mittel (n=12)		Schüchtern (n=06)		
M	SD	M	SD	M	SD	F(2,45)
3.90[a]	1.75	2.42[a]	1.51	1.33[a]	0.51	8.41***

Anmerkungen. Varianzanalyse und Scheffé-Test.
Die Mittelwerte beziehen sich auf eine 6-stufige Skala (1=tritt nicht auf, 2=sehr geringe Kosten, 3=geringe Kosten, 4=mittlere Kosten, 5=hohe Kosten, 6=sehr hohe Kosten).[abc]Mittelwerte mit einem *gemeinsamen* Buchstaben unterscheiden sich signifikant bei p≤.05.
(*) p≤.10 * p≤.05 ** p≤.01 *** p≤.001.

Auch bei den deutschen Kindern unterschieden sich alle drei Gruppen signifikant voneinander, es ergab sich das gleiche Bild wie in der Gesamtstichprobe. Der Determinationskoeffizient betrug hier $r^2 = .27$. Betrachten wir nun noch die sowjetische Stichprobe.

Tabelle 36
Kosten im prosozialen Verhalten in Abhängigkeit vom Verhaltensstil: sowjetische Kinder

Offen (n=19)		Mittel (n=13)		Schüchtern (n=16)		
M	SD	M	SD	M	SD	F(2,45)
3.53^{b}	1.07	3.00^{a}	1.73	1.69^{ab}	0.95	9.72^{***}

Anmerkungen. Varianzanalyse und Scheffé-Test.
Die Mittelwerte beziehen sich auf eine 6-stufige Skala (1=tritt nicht auf, 2=sehr geringe Kosten, 3=geringe Kosten, 4=mittlere Kosten, 5=hohe Kosten, 6=sehr hohe Kosten). ^{abc}Mittelwerte mit einem *gemeinsamen* Buchstaben unterscheiden sich signifikant bei $p \leq .05$.
(*) $p \leq .10$ * $p \leq .05$ ** $p \leq .01$ *** $p \leq .001$.

Bei den sowjetischen Kindern investierten nur die "schüchternen" Kinder signifikant weniger Kosten in ihr prosoziales Verhalten als die "offenen" und die "mittleren", die sich nicht voneinander unterschieden. Der Determinationskoeffizient war noch höher als in der Gesamt- und der deutschen Stichprobe, er betrug $r^2 = .30$.

Bei der *Korrelation* des Verhaltensstils mit der Einschätzung der Kosten im prosozialen Verhalten ergab sich für die Gesamtstichprobe ($N = 96$) ein signifikant positiver Koeffizient von $r = .54$, bei den deutschen Kindern ($n = 48$) ebenfalls von $r = .54$ und bei den sowjetischen ($n = 48$) von $r = .55$ (alle $p \leq .001$). Bei den deutschen Mädchen betrug er $r = .51$ ($p \leq .01$), bei den deutschen Jungen $r = .55$ ($p \leq .01$), bei den sowjetischen Mädchen $r = .46$ ($p \leq .05$) und bei den sowjetischen Jungen $r = .64$ ($p \leq .001$) (alle $n = 24$).

19.3.4. Zusammenfassung

Die bisherige Darstellung hat gezeigt, daß die Variablen Kultur, Geschlecht, Verhaltensstil und emotionale Reaktion alle einen Einfluß darauf hatten, wie engagiert bzw. kostenreich das prosoziale Handeln eines Kindes ausfiel. Eine zusammenfassende Betrachtung aller vier Faktoren in einer vierfachen Varianzanalyse ist aber leider aufgrund der hierfür zu geringen Versuchspersonenzahl (Zellenbesetzung) nicht möglich. Deshalb werden an dieser Stelle keine weiteren Analysen mit der abhängigen Variable "Kosten des prosozialen Verhaltens" durchgeführt.

Betrachtet man die in den Kapiteln 19.3.1. bis 19.3.3. dargestellten Ergebnisse, so läßt sich zusammenfassend sagen, daß der Verhaltensstil und die emotionale Reaktion des Kindes die entscheidenden Variablen bei der Erklärung des prosozialen Handelns waren. Die emotionale Reaktion erklärte für sich allein genommen in der Gesamtstichprobe 40% an der Varianz der Kosten des prosozialen Verhaltens, der Verhaltensstil 28%. Geschlecht und Kultur gemeinsam erklärten nur 10%, so daß man sagen kann, daß sie eine vergleichsweise weniger wichtige Rolle für die Entstehung der prosozialen Handlungen spielten. Die Wahrscheinlichkeit, daß ein Kind in seine prosoziale Handlung hohe Kosten investiert, ist also dann besonders hoch, wenn es mit empathischem Mitgefühl auf den Kummer der Spielpartnerin reagiert hat. Auch ein eher offener und selbstbewußter Verhaltensstil der Spielpartnerin gegenüber macht es wahrscheinlich, daß das Kind kostenreiches prosoziales Verhalten zeigen wird. Berücksichtigt man noch die Variablen Geschlecht und Kultur, so zeigt sich in ihrer Wechselwirkung, daß es vor allem die deutschen Mädchen sind, die mit ihren prosozialen Handlungen viel Engagement und Kosten verbinden.

Von Interesse ist nun, zu wissen, *welche* prosozialen Verhaltensweisen die Kinder im einzelnen zeigten.

19.4. KONKRETE PROSOZIALE VERHALTENSWEISEN

19.4.1. Kultur- und Geschlechterunterschiede

Betrachten wir zunächst, welche Verteilung prosozialer Verhaltensweisen sich ergab, wenn man die Kinder nach Kulturzugehörigkeit und Geschlecht gruppierte:

Tabelle 37
Prosoziale Verhaltensweisen deutscher und sowjetischer Jungen und Mädchen (in Prozent)

	Deutsch		Sowjetisch	
	Mä	Ju	Mä	Ju
Ballon abgeben	45.83	8.33	4.17	8.33
Alternative herstellen	8.33	4.17	8.33	12.50
Angebot, Ballon mitzubringen	29.17	29.17	29.17	16.67
Verbal trösten	29.17	37.50	33.33	66.67
Ablenken	25.00	16.67	16.67	19.83
Problemlösehinweis ("was tun?")	8.33	12.50	12.50	29.17
Nachfragen ("was ist los?")	19.83	29.17	8.33	41.67
Aufforderung, Neuen zu kaufen	16.67	16.67	0.00	12.50

Anmerkungen. Da die Kinder z.T. mehrere Verhaltensweisen zeigten, addieren sich die Prozente nicht zu Hundert.
n=48 pro Kultur; n=24 pro Gruppe von Jungen und Mädchen.

Tabelle 37 zeigt, daß fast die Hälfte der deutschen Mädchen ihren Ballon abgab. Dies steht im krassen Gegensatz zu den deutschen Jungen, von denen gerade 8% so handelten, und den sowjetischen Kindern, die diese Verhaltensweise ebenfalls zu einem verschwindend geringen Anteil zeigten (Fisher's exact, $p \leq .001$). Am ehesten neigten die drei letztgenannten Gruppen dazu, verbal zu trösten, wobei sich hier aber auch wieder Unterschiede ergaben: 67% der sowjetischen Jungen trösteten verbal, im Gegensatz zu nur 38% deutscher Jungen und 33% sowjetischer Mädchen. Die sowjetischen Jungen übertrafen damit die deutschen und sowjetischen Mädchen signifikant (Fisher's exact, $p \leq .05$); der Unterschied zu den deutschen Jungen erreichte nur einen Trend (Fisher's exact, $p \leq .08$).

Innerhalb der deutschen Stichprobe kamen ansonsten alle anderen Reaktionen bei etwa der gleichen Zahl von Jungen und Mädchen vor, wobei bei den Jungen "verbal trösten" die Verhaltensweise war, die von den meisten gezeigt wurde.

Bei den sowjetischen Kindern waren die Geschlechterunterschiede anders gelagert: Vor allem die Verhaltensweisen "verbal trösten" und "Nachfragen" wurden von deutlich mehr Jungen als Mädchen gezeigt (Fisher's exact, beide $p \leq .05$). Es gab nur eine Reaktion, die von mehr Mädchen gezeigt wurde - das Angebot, einen neuen Luftballon mitzubringen. Dieser Unterschied erreichte jedoch keine statistische Signifikanz.

19.4.2. Konkrete prosoziale Verhaltensweisen und emotionale Reaktion

Erweitert man nun die Betrachtung um die Dimension "emotionale Reaktion" so findet man hier deutliche Unterschiede zwischen den empathischen und den "distressten" Kindern:

Tabelle 38:
Prosoziale Verhaltensweisen in Abhängigkeit von der emotionalen Reaktion in der Gesamtstichprobe (in Prozent)

	EM (n=22)	DA (n=30)	DP (n=41)
Ballon abgeben	54.55	6.67	2.44
Alternative herstellen	13.64	6.67	7.32
Angebot, Ballon mitzubringen	40.91	16.67	24.39
Verbal trösten	59.09	33.33	36.59
Ablenken	13.64	43.33	4.88
Problemlösehinweis ("was tun?")	21.73	16.67	12.20
Nachfragen ("was ist los?")	21.73	16.67	31.71
Aufforderung, Neuen zu kaufen	17.18	6.67	12.20

Anmerkungen. EM=empathisches Mitgefühl; DA="distress" aktiv; DP="distress" passiv.
Da die Kinder z.T. mehrere Verhaltensweisen zeigten, addieren sich die Prozente nicht zu Hundert.

Wesentlich mehr empathisch mitfühlende Kinder als "distresste" gaben ihren eigenen Ballon ab (Fisher's exact, $p \leq .001$). Die Kinder, die "distress" aktiv als dominierende Reaktion zeigten, lenkten im Vergleich zu den empathisch mitfühlenden und den passiv "distressten" Kindern vor allem ab (Fisher's exact, $p \leq .001$). Die passiv "distressten" Kinder fragten häufiger als die anderen Kinder nach, was denn passiert sei - dieser Unterschied erreichte jedoch keine statistische Signifikanz.

Betrachten wir nun die Kulturen noch einzeln:

Tabelle 39
Prosoziale Verhaltensweisen in Abhängigkeit von der emotionalen Reaktion in der deutschen Stichprobe (in Prozent)

	EM (n=14)	DA (n=16)	DP (n=15)
Ballon abgeben	71.43	6.25	6.67
Alternative herstellen	14.29	0.00	6.67
Angebot, Ballon mitzubringen	57.14	12.50	19.00
Verbal trösten	42.86	31.25	19.00
Ablenken	7.14	43.75	6.67
Problemlösehinweis ("was tun?")	7.14	17.75	6.67
Nachfragen ("was ist los?")	14.29	12.50	46.67
Aufforderung, Neuen zu kaufen	20.43	6.25	26.67

Anmerkungen. EM=empathisches Mitgefühl; DA="distress" aktiv; DP="distress" passiv.
Da die Kinder z.T. mehrere Verhaltensweisen zeigten, addieren sich die Prozente nicht zu Hundert.

Bezüglich der Verhaltensweise "Ballon abgeben" bestätigte sich bei den deutschen Kindern das in der Gesamtstichprobe gefundene Bild; auch hier zeigten mehr empathisch mitfühlende Kinder dieses Verhalten (Fisher's exact, $p \leq .001$). Das gleiche galt für das "Angebot, einen neuen Ballon mitzubringen" (Fisher's exact, $p \leq .05$). Auch das bereits in der Gesamtstichprobe gefundene Ergebnis, daß mehr aktiv "distresste" Kinder als andere ablenkten, fand sich bei den deutschen Kindern wieder (Fisher's exact, $p \leq .05$). Mehr passiv "distresste" als andere Kinder wiederum fragten nach, was denn los sei - dieser Unterschied wurde tendenziell signifikant ($p \leq .06$).

Die Ergebnisse in der sowjetischen Stichprobe beschreibt Tabelle 40.

Tabelle 40
Prosoziale Verhaltensweisen in Abhängigkeit von der emotionalen Reaktion in der sowjetischen Stichprobe (in Prozent)

	EM (n=8)	DA (n=14)	DP (n=26)
Ballon abgeben	25.00	7.14	0.00
Alternative herstellen	12.50	14.29	7.69
Angebot, Ballon mitzubringen	12.50	20.43	26.92
Verbal trösten	87.50	35.71	46.15
Ablenken	25.00	42.86	3.85
Problemlösehinweis ("was tun?")	50.00	14.29	15.38
Nachfragen ("was ist los?")	37.50	20.43	23.08
Aufforderung, Neuen zu kaufen	12.50	7.14	3.85

Anmerkungen. EM=empathisches Mitgefühl; DA="distress" aktiv; DP="distress" passiv.
Da die Kinder z.T. mehrere Verhaltensweisen zeigten, addieren sich die Prozente nicht zu Hundert.

Auch bei den sowjetischen Kindern bestätigte sich, daß mehr empathisch mitfühlende als "distresste" Kinder ihren Ballon abgaben (Fisher's exact, $p \leq .05$) und mehr aktiv "distresste" ablenkten (Fisher's exact, $p \leq .01$). Keine Verhaltensweise fand sich, die von mehr passiv "distressten" Kinder gezeigt worden wäre.

19.4.3. Zusammenfassung

Bei der Analyse der konkreten prosozialen Verhaltensweisen im Zusammenhang mit den Variablen Geschlecht und Kultur stellte sich heraus, daß wesentlich mehr deutsche Mädchen als andere Kinder bereit waren, ihren Ballon abzugeben, während mehr sowjetische Jungen als andere Kinder verbal trösteten.

Bei der gleichzeitigen Betrachtung der emotionalen Reaktionen und konkreten prosozialen Aktionen zeigte sich, daß es in beiden Kulturen vor allem die empathisch mitfühlenden Kinder waren, die ihren Ballon abgaben, und die aktiv "distressten", die ablenkten.

Im anschließenden letzten Kapitel, das sich mit den prosozialen Reaktionen befaßt, soll der Frage nachgegangen werden, wie *spontan* die Verhaltensweisen gezeigt wurden.

19.5. SPONTANEITÄT DER PROSOZIALEN REAKTIONEN (HYPOTHESEN 3C, 4C UND 5C)

Die untersuchten Hypothesen lauteten:

3c) Sowjetische Kinder zeigen im Vergleich zu deutschen Kindern prosoziales Verhalten, das zu einem früheren Zeitpunkt auftritt.

4c) Mädchen zeigen im Vergleich zu Jungen prosoziales Verhalten, das zu einem früheren Zeitpunkt auftritt.

5c) Empathisch mitfühlende Kinder zeigen im Vergleich zu "distressten" und unempathischen Kindern prosoziales Verhalten, das zu einem früheren Zeitpunkt auftritt.

Die Frage des Auftretenszeitpunktes der prosozialen Verhaltensweisen sollte geklärt werden, um herauszufinden, ob die "distressten" Kinder evtl. erst dann in der Lage waren, prosozial zu handeln, wenn die Spielpartnerin weniger bzw. gar keine Traurigkeit mehr demonstrierte - also zu einem *späteren* Zeitpunkt. Da man die vier aufeinanderfolgenden Meßzeitpunkte (Teile 1-4 der Versuchssituation, vgl. Kap. 12.2.) als Rangskala auffassen kann, wurden Kruskal-Wallis- und Wilcoxon-Tests zur Berechnung der unterschiedlichen Auftretenszeitpunkte von prosozialen Verhaltensweisen verwendet. Die erste Frage richtete sich danach, wann die verschiedenen Gruppen von Kindern ihre *erste* prosoziale Reaktion zeigten, die zweite, wann sie mit den "*kostenreicheren*" Verhaltensweisen "Ballon abgeben", "Ersatzspielzeug herstellen" und "Anbieten, einen neuen Ballon mitzubringen" reagierten.

19.5.1. Zeitpunkt, zu dem die *erste* prosoziale Reaktion gezeigt wird

Bei der Betrachtung von *Kulturunterschieden* zeigte sich, daß die deutschen und sowjetischen Kinder sich *nicht* bezüglich des Auftretenszeitpunkts der *ersten* prosozialen Verhaltensweise unterschieden.

Beim *Geschlechtervergleich* stellte sich heraus, daß die deutschen Mädchen ($n = 20$) früher reagierten als die deutschen Jungen ($n = 17$; Wilcoxon, $z = 3.18$; $p \leq .01$), jedoch kein Unterschied zwischen den sowjetischen Mädchen ($n = 14$) und Jungen ($n = 21$) bestand .

Beim Vergleich der verschiedenen *emotionalen* Reaktionen ergab sich in der *Gesamtstichprobe* das folgende Bild: Am frühesten zeigten die empathisch mitfühlenden Kinder ($n = 22$) prosoziales Verhalten, dann die aktiv ($n = 20$) und zum Schluß die passiv "distressten" ($n = 27$; Kruskal-Wallis-Test, $Chi^2 = 7.72$, $df = 2$, $p \leq .05$). Dabei wurde sowohl der Unterschied zwischen den empathisch mitfühlenden Kindern und den passiv "distressten" (Wilcoxon, $z = -2.68$, $p \leq .01$) als auch den aktiv "distressten" (Wilcoxon, $z = 2.18$, $p \leq .05$) signifikant. In der *sowjetischen Stichprobe* (n = 35) ergab sich kein signifikantes Ergebnis, in der *deutschen* (n = 34) war jedoch ein Trend festzustellen, der die gleiche Reihenfolge, wie in der Gesamtstichprobe beschrieben, erbrachte (Kruskal-Wallis-Test, $Chi^2 = 5.12$, $df = 2$, $p \leq .08$).

Um die Enge des Zusammenhangs festzustellen, wurden *Korrelationen* zwischen den Intensitätswerten der emotionalen Reaktionen und den Auftretenszeitpunkten berechnet. Die Ergebnisse zeigt Tabelle 41.

Tabelle 41
Zusammenhang zwischen Intensität der emotionalen Reaktion und Auftretenszeitpunkt der ersten prosozialen Reaktion

	N	Mitgefühl	"distr." aktiv	"distr." passiv
gesamt	71	-0.16	0.19	0.37**
deutsche Kinder	36	-0.22	0.31(*)	0.39*
sowjetische Kinder	35	-0.13	0.13	0.45**
deutsche Mädchen	19	-0.48*	0.60**	0.11
deutsche Jungen	17	0.29	-0.13	0.33
sowjetische Mädchen	14	-0.01	-0.29	0.61*
sowjetische Jungen	21	-0.27	0.38(*)	0.32

Anmerkungen. Spearman-Rangkorrelationskoeffizient.
(*) p≤.10 * p≤.05 ** p≤.01 *** p≤.001.

Für die *Gesamtheit* der untersuchten Kinder fand sich eine positive, signifikante Korrelation nur beim "distress" passiv. Sie besagt, daß die erste prosoziale Verhaltensweise umso später gezeigt wurde, je intensiver diese Form des "distress" ausgedrückt wurde.

Der gleiche Zusammenhang ließ sich bei den *deutschen* und den *sowjetischen* Kindern feststellen, wobei der Koeffizient bei den sowjetischen Kindern am höchsten ausfiel. Speziell sowjetische Kinder, die sehr stark passiv "distresst" waren, neigten also dazu, wenn überhaupt vorhanden, ihre erste prosoziale Reaktion eher spät zu zeigen.

Bei der gleichzeitigen Betrachtung von Geschlecht und Kultur zeigte sich, daß bei den deutschen Mädchen die erste Reaktion umso früher auftrat, je höher das empathische Mitgefühl war, und je später, je höher der aktive "distress". Bei den deutschen Jungen fielen alle Koeffizienten recht niedrig aus; keine Korrelation wurde signifikant.

Die sowjetischen Mädchen reagierten umso später, je intensiver der passive "distress" ausgeprägt war, und die sowjetischen Jungen, je höher der aktive "distress" ausfiel (Trend).

19.5.2. Zusammenfassung

Bezüglich der Spontaneität der *ersten* prosozialen Verhaltensweise ergaben sich keine signifikanten Kulturunterschiede. Der einzige Geschlechterunterschied besagte, daß die Gruppe von Kindern, die sich am ausgeprägtesten mitfühlend und prosozial erwiesen hatte, nämlich die deutschen Mädchen, auch ihre erste prosoziale Verhaltensweise früher zeigte als die deutschen Jungen.

Gruppierte man die Kinder nach ihrer emotionalen Reaktion, so zeigte sich für die Gesamtstichprobe, daß die empathisch mitfühlenden Kindern sowohl im Vergleich zu den aktiv, als auch zu den passiv "distressten" ihre erste prosoziale Reaktion früher zeigten.

Was den korrelativen Zusammenhang zwischen Zeitpunkt und Intensität der emotionalen Reaktion anbelangt, so traten vereinzelte signifikante Ergebnisse auf, die alle in Richtung der Hypothesen gingen. Vor allem beim "distress" passiv wurde deutlich, daß die erste prosoziale Reaktion umso später gezeigt wurde, je intensiver er ausgeprägt war. Am engsten war dieser Zusammenhang bei den sowjetischen Kindern.

In der deutschen Stichprobe fanden sich nur bei den Mädchen signifikante Korrelationen: Je intensiver das empathische Mitgefühl, desto früher, und je intensiver der "distress" aktiv, desto später wurde die erste prosoziale Reaktion gezeigt.

19.5.3. Zeitpunkt, zu dem die "kostenreicheren" prosozialen Verhaltensweisen gezeigt werden

Nicht nur der Zeitpunkt, zu dem die allererste prosoziale Reaktion auftritt, verdient Beachtung, sondern auch der Zeitpunkt, zu dem die "höchsten" prosozialen Verhaltensweisen gezeigt werden. Im folgenden betrachten wir dabei nur die in der Hierarchie höheren Reaktionen "Ballon abgeben", "Reparationsversuche" und "Anbieten, einen neuen Ballon mitzubringen" in ihrer Eigenschaft als "höchste" Reaktion (s. Kap. 12.2., S.76).

Beginnen wir wieder mit dem *Kulturvergleich*. Es stellte sich heraus, daß die deutschen Kinder (n = 21) die genannten Reaktionen in der Tendenz früher zeigten als die sowjetischen (n = 15; Wilcoxon, z = 1.89, p≤.06).

Insbesondere reagierten die deutschen Mädchen (n = 13) früher als die sowjetischen Mädchen (n = 8; Wilcoxon, z = 1.98, p≤.05) und als die sowjetischen Jungen (n = 7; Wilcoxon, z = 2.82, p≤.01).

Bezüglich der *Geschlechterunterschiede* zeigten sowohl in der sowjetischen als auch in der deutschen Stichprobe die Mädchen die in Frage stehenden Verhaltensweisen früher als die Jungen; der Unterschied erreichte aber nur bei den deutschen Kindern Signifikanzniveau (Wilcoxon, z = 3.38, p≤.001).

Bei der Betrachtung der *emotionalen Reaktionen* ergab sich in der Gesamtstichprobe (n = 35) ein hochsignifikantes Ergebnis (Kruskal-Wallis-Test, Chi^2 = 15.59, df = 2, p≤.001). Die empathisch mitfühlenden Kinder (n = 16) reagierten früher sowohl als die passiv "distressten" (n = 12) (Wilcoxon, z = 3.76, p≤.001) als auch als die aktiv "distressten" (n = 7) (Wilcoxon, z = 2.34, p≤.05) Kinder mit den Verhaltensweisen "Ballon abgeben", "Reparationsversuche" und "Anbieten, einen neuen Ballon mitzubringen".

Auch wenn man die Kulturen einzeln betrachtete, stellte sich heraus, daß die empathischen Kinder die kostenreicheren Verhaltensweisen früher als die aktiv und passiv distressten Kinder (Kruskal- Wallis-Test, deutsche Kinder (n = 20): Chi^2 = 6.76, df = 2, p≤.05; sowjetische Kinder (n = 15): Chi^2 = 6.79, df = 2, p≤.05) zeigten. Dabei wurde in der deutschen Stichprobe der Unterschied zwischen den empathisch mitfühlenden Kindern (n = 13) und den passiv "distressten" (n = 4) signifikant (Wilcoxon, z = 2.14, p≤.05), der Vergleich der empathisch mitfühlenden Kinder mit den aktiv "distressten" (n = 3) ergab nur eine Tendenz (Wilcoxon, z = 1.77, p≤.08). Bei den sowjetischen Kindern war das Bild ähnlich: Auch hier wurde nur der Unterschied zwischen den passiv "distressten" (n = 8) und den empathisch mitfühlenden Kindern (n = 3) signifikant (Wilcoxon, z = -2.23, p≤.05).

Die Enge des Zusammenhangs drückte sich in folgenden Korrelationen aus:

Tabelle 42:
Zusammenhang zwischen Intensität der emotionalen Reaktion und Auftretenszeitpunkt der prosozialen Verhaltensweisen "Ballon abgeben", "Ersatzspielzeug herstellen" und "Versprechen, einen neuen Ballon mitzubringen"

	N	Mitgefühl	"distr." aktiv	"distr." passiv
gesamt	36	-0.68***	0.42**	0.57***
deutsche Kinder	21	-0.58**	0.54*	0.35
sowjetische Kinder	15	-0.79***	0.21	0.57***
deutsche Mädchen	13	-0.23	0.03	---
deutsche Jungen	08	-0.39	0.38	-0.44
sowjetische Mädchen	08	-0.69(*)	0.09	0.47
sowjetische Jungen	07	-0.79*	0.51	0.89**

Anmerkungen. Spearman-Rangkorrelationskoeffizient.
--=missing.
(*) p≤.10 * p≤.05 ** p≤.01 *** p≤.001.

Für die Gesamtstichprobe (Tabelle 42, erste Zeile) zeigten sich recht hohe signifikante Zusammenhänge bei allen drei emotionalen Reaktionsformen. Die prosozialen Handlungen "Ballon abgeben", "Reparationsversuche" und "Anbieten, einen neuen Ballon mitzubringen" wurden umso früher gezeigt, je intensiver das empathische Mitgefühl ausgeprägt war, und je später, je intensiver die beiden "distress" - Formen ausfielen.

Auch wenn man die beiden Kulturen einzeln analysierte, blieb der Zusammenhang zwischen Intensität des empathischen Mitgefühls und Auftretenszeitpunkt der drei Verhaltensweisen bestehen. Für den aktiven "distress" ergab sich eine Signifikanz nur noch bei den deutschen, für den "distress" passiv nur bei den sowjetischen Kindern.

Betrachtete man die deutschen Jungen und Mädchen einzeln, erreichte kein Koeffizient Signifikanzniveau. Bei den sowjetischen Kindern zeigte sich demgegenüber sowohl bei den Jungen als auch bei den Mädchen der sehr hohe Zusammenhang zwischen empathischem Mitgefühl und Spontaneität der in Frage stehenden Reaktionen. Bei den Jungen war der Zusammenhang beim passiven "distress" sogar noch höher. Das heißt, daß passiv "distresste" sowjetische Jungen umso später eine der Reaktionen "Ballon abgeben", "Reparationsversuche" oder "Anbieten, einen neuen Ballon mitzubringen" zeigten, je höher ihr "distress" ausgeprägt war.

19.5.4. Zusammenfassung

Bei der Analyse des Auftretenszeitpunktes der höheren prosozialen Reaktionen "Ballon abgeben", "Reparationsversuche" und "Anbieten, einen neuen Ballon mitzubringen" in ihrer Eigenschaft als "höchste" Reaktion ergab sich ein deutliches Profil.

Diese Verhaltensweisen wurden von den deutschen Mädchen früher gezeigt als von den sowjetischen Mädchen und den deutschen und sowjetischen Jungen.

Bei der Gruppierung der Kinder nach ihrer dominierenden emotionalen Reaktion stellte sich heraus, daß die empathisch mitfühlenden Kinder diese Verhaltensweisen früher zeigten als die "distressten".

Bei der Berechnung der Korrelationen zwischen Intensität der emotionalen Reaktion und Auftretenszeitpunkt ergab sich, daß der Zusammenhang sowohl zwischen empathischem Mitgefühl und Spontaneität als auch zwischen "distress" passiv und Spontaneität bei den sowjetischen Jungen besonders ausgeprägt war. Sie reagierten also umso früher, je intensiver ihr empathisches Mitgefühl, und umso später, je intensiver ihr "distress" passiv war.

20. INDIVIDUALISMUS/KOLLEKTIVISMUS DER MÜTTER (HYPOTHESE 6)

Nachdem sich die vorangegangenen Kapitel ausschließlich mit den Reaktionen der *Kinder* beschäftigt hatten, sollen nun noch die Ergebnisse der Fragebogen-Untersuchung mit den *Müttern* dargestellt werden. Wie schon in Kapitel 5.5. dargestellt, ließen sowohl Theorie als auch empirische Befunde erwarten, daß die sowjetischen Mütter kollektivistischer eingestellt sein sollten als die deutschen. Die Hypothese hatte dementsprechend gelautet:

6) Sowjetische Mütter äußern im Vergleich zu deutschen Müttern kollektivistischere Einstellungen und Werte.

Individualismus und Kollektivismus waren über den INDCOL-Fragebogen (Hui, 1984, 1988) erfaßt worden, der zum ersten Mal an einer Stichprobe deutscher und sowjetischer Mütter durchgeführt wurde. Deshalb interessierten zunächst die Reliabilitätskoeffizienten der Skalen. Da nicht alle der 96 Mütter den Fragebogen zurückgaben (insgesamt 43 deutsche und

45 sowjetische), beziehen sich die nun folgenden Berechnungen auf eine Stichprobe von N = 88.

20.1. RELIABILITÄTSÜBERPRÜFUNG DES INDCOL-FRAGBOGENS

Mittels Cronbach's alpha wurde die interne Konsistenz für alle 70 Items bestimmt. Die Koeffizienten lagen im mittleren bis unteren Bereich. Um die Reliabilität der Skalen zu erhöhen, wurden pro Skala die am wenigsten trennscharfen Items eliminiert. Es waren dies:

Eltern: 4, 7; Ehe: 20; Verwandte: 10,13,43; Arbeit: 24,6; Freund: 21; Nachbarn: 32 (zum Wortlaut der Items s. Anhang C).

Tabelle 43 zeigt die Reliabilität vor und nach der Eliminierung.

Tabelle 43:
Cronbach's alpha vor und nach der Eliminierung wenig trennscharfer Items des INDCOL

	Reliabilität alt			Reliabilität neu		
	Deutsch	Sowjetisch	Zs.	Deutsch	Sowjetisch	Zs.
Eltern	0.64	0.47	0.57	0.70	0.60	0.67
Nachbarn	0.55	0.60	0.57	0.61	0.66	0.63
Ehe	0.34	0.48	0.43	0.23[7]	0.72	0.59
Verwandte	0.56	0.32	0.46	0.56	0.42	0.53
Freunde	0.67	0.45	0.59	0.73	0.41	0.60
Arbeitskollegen	0.54	0.41	0.42	0.57	0.58	0.56
Gesamtwert	0.84	0.71	0.79	0.84	0.76	0.81

Anmerkung. Zs.=Gesamtstichprobe.

Wie Tabelle 43 zeigt, konnte die Reliabilität bis auf eine Ausnahme (s. Fußnote) in allen Stichproben und für alle Skalen erhöht werden. Am besten fiel die interne Konsistenz für die Gesamtskala aus, wohingegen sie sich für die einzelnen Skalen eher im mittleren Bereich befand. Auf diesem Hintergrund empfiehlt es sich, die im nächsten Abschnitt dargestellten Mittelwertsunterschiede nicht absolut, sondern eher als Hinweise auf Differenzen zwischen den Kulturen zu interpretieren.

[7] Das Absinken des Koeffizienten wurde zugunsten der Reliabilitätserhöhung in der Gesamt- und der sowjetischen Stichprobe in Kauf genommen, da er in der deutschen Stichprobe nicht wesentlich hätte verbessert werden können

20.2. VERGLEICH DER DEUTSCHEN UND DER SOWJETISCHEN MÜTTER

Bei dem Mittelwertsvergleich der Mütter beider Kulturen ergaben sich folgende Unterschiede:

Tabelle 44
Mittelwerte und Standardabweichungen der deutschen und sowjetischen Mütter auf den INDCOL-Skalen

	deutsche Mütter (n=43)		sowjet. Mütter (n=45)			
Skala	M	SD	M	SD	df	t
Eltern	3.76	0.54	4.08	0.51	84.9	-2.81**
Ehe	3.56	0.50	3.75	0.91	68.7	-1.21
Verwandte	3.19	0.65	3.59	0.53	81.3	-3.19**
Arbeitskollegen	3.90	0.54	4.23	0.66	84.2	-2.61*
Nachbarn	3.80	0.68	3.74	0.70	86.0	0.68
Freunde	3.68	0.64	3.62	0.51	80.2	0.51
Gesamt	3.65	0.38	3.84	0.36	85.2	-2.37*

Anmerkungen. t-Test für ungleiche Varianzen.
(*) $p \leq .10$ * $p \leq .05$ ** $p \leq .01$ *** $p \leq .001$.

Wie aus Tabelle 44 hervorgeht, zeigten die sowjetischen Mütter kollektivistischere Einstellungen in bezug auf Aussagen, die ihre Eltern, Verwandten und Arbeitskollegen betrafen, außerdem im Gesamtwert des INDCOL.

21. METHODISCHE ASPEKTE

21.1. ÜBERPRÜFUNG EINES KRITERIUMS ZUR KATEGORISIERUNG DER EMOTIONALEN REAKTIONEN: DIE BLICKRICHTUNG

Von allen Kriterien, die in Tabelle 7 zur Unterscheidung der verschiedenen emotionalen Reaktionen genannt worden waren, hatte sich die Blickrichtung als die reliabelste erwiesen (vgl. Kap. 11.1.1.).

An dieser Stelle sollte geprüft werden, ob die Blickrichtung ein "hartes" Kriterium ist, anhand dessen man empathisch mitfühlende von aktiv und passiv "distressten" Kindern unterscheiden kann. Es wurde vermutet, daß

Blicke *zur* Spielpartnerin ein Kriterium für empathisches Mitgefühl sind, so daß sich hier entsprechend hohe positive Korrelationskoeffizienten zeigen sollten, wohingegen bei "distress" aktiv und passiv negative Korrelationen erwartet wurden.

Tabelle 45
Zusammenhang zwischen Dauer der Blickrichtung zur Spielpartnerin (in Sekunden) und Intensität der emotionalen Reaktionen

	N	Mitgefühl	"distr." aktiv	"distr." passiv
Teil 1				
Gesamt	95	0.29**	-0.48***	0.15
deutsche Kinder	47	0.50***	-0.44**	0.10
sowj. Kinder	48	0.06	-0.51***	0.25(*)
deut. Mädchen	23	0.59**	-0.56**	-0.12
deut. Jungen	24	0.32	-0.24	0.26
sowj. Mädchen	24	0.17	-0.49*	0.15
sowj. Jungen	24	-0.05	-0.47*	0.38(*)
Teil 2				
Gesamt	87	0.26**	-0.29**	0.21(*)
deutsche Kinder	42	0.36*	-0.33*	0.18
sowj. Kinder	45	0.25(*)	-0.35*	0.03
deut. Mädchen	18	0.52*	-0.67**	0.05
deut. Jungen	24	0.24	-0.10	0.29
sowj. Mädchen	23	0.05	-0.36(*)	0.31
sowj. Jungen	22	0.51*	-0.33	-0.32

Anmerkungen. Spearman-Rangkorrelationskoeffizient.
Teil 1 = 1. Minute; Teil 2 = 2. Minute.
(*) p≤.10 * p≤.05 ** p≤.01 *** p≤.001.

Betrachtet man den Blick zur Spielpartnerin und die Intensitätswerte des *empathischen Mitgefühls* in der Gesamtstichprobe, so zeigte sich eine zwar nicht hohe, aber dennoch signifikante positive Korrelation für beide Teile. Es traten aber sowohl Kultur- als auch Geschlechterunterschiede auf. Am höchsten waren die Koeffizienten bei den deutschen Mädchen; hier ließ sich der Zusammenhang am deutlichsten ausmachen. In allen anderen Teilstichproben fielen die Koeffizienten wesentlich niedriger aus und erreichten überwiegend das Signifikanzniveau nicht; eine Ausnahme bildeten im zweiten Teil die sowjetischen Jungen, bei denen sich eine recht hohe positive Korrelation zwischen dem Blick zur Spielpartnerin und der Intensität des empathischen Mitgefühls fand.

Was den *aktiven "distress"* anbelangt, so waren hier negative Korrelationen zwischen Blickdauer und Intensität des Gefühls erwartet worden. Betrachtet man die Gesamtstichprobe, so bestätigte sich diese Vermutung für beide Teile, wobei die Koeffizienten im zweiten Teil niedriger ausfielen. Auf die deutschen und die sowjetischen Kinder traf das gleiche zu; der Koeffizient in Teil 1 war dabei jeweils höher als der in Teil 2. Was die Kulturen und Geschlechter im einzelnen betrifft, so bestätigte sich der Zusammenhang für den ersten Teil in allen Substichproben, mit Ausnahme der deutschen Jungen. Im zweiten Teil fand sich nur noch bei den deutschen Mädchen eine signifikante Korrelation, die recht hoch war.

Auch für den passiven "distress" waren negative Korrelationen erwartet worden. Hier zeigte sich jedoch, daß in keiner Stichprobe signifikante Werte auftraten, so daß Blickrichtung zur Spielpartnerin und Intensität des passiven "distress" unabhängig voneinander zu sein schienen.

21.2. DER ZUSAMMENHANG VON EMPATHISCHEM MITGEFÜHL, "DISTRESS" AKTIV UND "DISTRESS" PASSIV

In Anlehnung an die in Kapitel 7.4.2. aufgeworfenen Fragen sollte hier überprüft werden, ob mit der für diese Arbeit gewählten methodischen Vorgehensweise eine "trennschärfere" Erfassung der verschiedenen emotionalen Reaktionen möglich ist als mit mimischen Reaktionen auf Videofilme (Eisenberg, McCreath & Ahn, 1988) oder verbalen Selbstbeschreibungen (Batson, 1987). Zur Überprüfung der Zusammenhänge zwischen den verschiedenen emotionalen Reaktionen wurden ihre Intensitätswerte miteinander korreliert. Das Ergebnis zeigt Tabelle 46.

Tabelle 46
Korrelationen der Intensitätswerte der emotionalen Reaktionen untereinander

	N	Mitgefühl/ "distr." aktiv	Mitgefühl/ "distr." passiv	"distress" aktiv/ "distr." passiv
Gesamt	95	-0.33***	-0.43***	0.05
Deutsch	47	-0.43**	-0.34*	-0.00
Sowjetisch	48	-0.18	-0.44**	-0.03

Anmerkungen. Spearman-Rangkorrelationskoeffizient.
(*) p≤.10 * p≤.05 ** p≤.01 *** p≤.001.

Tabelle 46 zeigt, daß das empathische Mitgefühl und der "distress" passiv sowohl in der Gesamtstichprobe, als auch in den einzelnen Kulturen signifikant negativ miteinander korrelierten, daß also das empathische Mitgefühl umso intensiver ausgedrückt wurde, je weniger intensiv der "distress" passiv ausgeprägt war. Das gleiche galt für die Beziehung empathisches Mitgefühl - "distress" aktiv, mit der Ausnahme, daß dieser Zusammenhang in der sowjetischen Stichprobe nicht signifikant wurde. Die Intensitätswerte von "distress" aktiv und passiv waren unabhängig voneinander.

TEIL IV: DISKUSSION

Im folgenden werden zunächst die einzelnen Hypothesen diskutiert und anschließend eine Gesamtbewertung der Ergebnisse vorgenommen.

22. KULTURUNTERSCHIEDE IN DEN EMOTIONALEN REAKTIONEN

Die hier untersuchte Hypothese hatte gelautet:

1) Sowjetische Kinder zeigen im Vergleich zu deutschen Kindern mehr empathisches Mitgefühl und sowohl weniger "distress" als auch weniger Unbetroffenheit.

Die Annahme, daß die sowjetischen Kinder im Vergleich zu den deutschen mehr mit empathischem Mitgefühl und weniger mit "distress" und Unbetroffenheit reagieren würden, ließ sich nicht bestätigen. Es gab einen deutlichen Kultureffekt für "distress" passiv in dem Sinne, daß diese Reaktion bei den sowjetischen Kindern wesentlich *ausgeprägter* war als bei den deutschen. "Distress" aktiv und Unbetroffenheit spielten für den Kulturvergleich eine untergeordnete bzw. keine Rolle, und auch im empathischen Mitgefühl wurde der Unterschied zwischen den beiden Kulturen als Gesamtheit nicht signifikant - bei Hinzunahme der Variable Geschlecht stellte sich jedoch heraus, daß mehr deutsche als sowjetische *Mädchen* mit empathischem Mitgefühl als dominierender Emotion reagierten.

Die Hypothese, daß die sowjetischen Kinder mehr empathisches Mitgefühl und weniger "distress" zeigen würden, wurde also widerlegt. Offensichtlich wirkte sich der hohe Stellenwert, den die Erziehung zu "moralischen Gefühlen" in der sowjetischen Pädagogik hatte, nicht in der gewünschten Weise aus - zumindest nicht in dieser Untersuchungssituation. Wie ist dieses Ergebnis zu erklären?

Wie im Theorieteil (s. Kap. 5.4.3.) dargestellt, wurden die sowjetischen Kinder sehr stark zu angepaßtem Verhalten erzogen, was eine Betonung der Autorität der Erwachsenen miteinschloß. In den sowjetischen Kindergärten wurde großer Wert auf Disziplin gelegt - oft schon aufgrund der Notwendigkeit, daß eine Erzieherin alleine eine Gruppe von 20-25 Kindern zu beaufsichtigen hatte. In Deutschland standen demgegenüber seit den 70er Jahren andere Werte deutlich im Vordergrund der Erziehung, vor allem die Förderung von *Selbstständigkeit* und *Eigenaktivität* (vgl. Engel, Holfelder & Czerny, 1983, S. 27).

Es liegt nun nahe, zu vermuten, daß Kinder, für die eine erwachsene Person stets Autorität bedeutet, Verunsicherung empfinden werden, sobald sie diese Person schwach erleben - etwa, wenn sie Kummer zeigt.

Ein Maß dafür, wie das Kind sich im Zusammensein mit der Spielpartnerin fühlte, war der sogenannte Verhaltensstil in der freien Spielphase vor dem Platzen des Luftballons. Hier wurde festgehalten, wie schüchtern/gehemmt oder offen/selbstbewußt das Kind sich in der Interaktion mit der Spielpartnerin verhielt. Es zeigte sich, daß die sowjetischen Kinder im Vergleich zu den deutschen signifikant niedrigere Werte erzielten. Das bedeutet, daß sich die sowjetischen Kinder in der Interaktion mit der Spielpartnerin insgesamt zurückhaltender und schüchterner verhielten als die deutschen. Da der Verhaltensstil ebenfalls eine bedeutende Rolle in der Erklärung der Varianz der emotionalen Reaktionen, v.a. des empathischen Mitgefühls, spielte, und in der Gesamtstichprobe sowohl mit empathischem Mitgefühl als auch mit "distress" passiv zwar nicht hoch, aber doch signifikant positiv bzw. negativ korrelierte ($r = .34$ bzw. $r = -.31$), kann man sagen, daß hier ein aussagekräftiger Zusammenhang bestand.

Eine die Autorität der Erwachsenen stark betonende Erziehung scheint also eher negative Folgen für die emotionale Reaktionsbereitschaft der Kinder zu haben, da die Kinder in einer Situation wie der gegebenen ohne Verhaltensnorm sind und von daher mit Verunsicherung ("distress") reagieren. Dieser "distress" äußerte sich in der sowjetischen Stichprobe dabei vor allem in seiner passiven Form, kombiniert mit Schweigen und Anschauen der Spielpartnerin. Die hohen Werte auf der Intensitätsskala machen deutlich, daß die sowjetischen Kinder, allen voran die Mädchen, *sehr* betroffen waren, jedoch gleichzeitig eine starke Anspannung empfanden. Dies erinnert an die Ergebnisse aus den Untersuchungen von Trommsdorff und ihren Mitarbeitern (s. Trommsdorff, 1993), die herausfanden, daß japanische Mädchen in einer vergleichbaren Situation mit mehr zugewandtem (also mit Anschauen der Spielpartnerin verbundenem) "distress" reagierten als deutsche Mädchen. Wenngleich die Gründe der Entstehung dieser Reaktion vermutlich nicht die gleichen sind, ist es doch auffallend, wie ähnlich die Reaktionen der Mädchen aus Japan und der UdSSR ausfielen. Wenn ein Kind einerseits hochbetroffen ist, andererseits aber hohe Anspannung empfindet, scheint eine "distress"-Reaktion, die mit Passivität und Hinwendung zur Spielpartnerin einhergeht, sehr wahrscheinlich zu sein.

Interessant ist im Zusammenhang mit den sowjetischen Kindern, sich daran zu erinnern, daß die Spielpartnerin eine Woche vor Beginn der eigentlichen Untersuchung täglich in den Kindergarten gegangen war und dabei zu allen Kindern einen subjektiv als gut empfundenen Kontakt bekommen hatte. Dennoch war der Respekt vor der Autorität der Erwachsenen offensichtlich insoweit internalisiert, daß die sowjetischen Kinder in Anbetracht des Kummers der Spielpartnerin vor allem starkes Unwohlsein ("distress") zeigten.

23. GESCHLECHTERUNTERSCHIEDE IN DEN EMOTIONALEN REAKTIONEN

Die hier untersuchte Hypothese hatte gelautet:

2) Mädchen zeigen im Vergleich zu Jungen mehr empathisches Mitgefühl und sowohl weniger "distress" als auch weniger Unbetroffenheit.

Diese Annahmen konnten nur teilweise bestätigt werden.

Unter Vernachlässigung der Variable Kultur zeigte sich zum einen, daß die Mädchen mit *intensiverem* empathischem Mitgefühl reagierten als die Jungen. Bei der Unbetroffenheitsskala verhielt es sich genau umgekehrt; diese Reaktion zeigten die Mädchen *seltener* als die Jungen. Relativiert wurde letztgenannter Unterschied allerdings dadurch, daß sich die Geschlechter in der Dauer der Unbetroffenheit *nicht* unterschieden; überhaupt erreichte keine Differenz bezüglich der *Dauer* der Reaktionen Signifikanzniveau.

Bei gleichzeitiger Berücksichtigung der Kulturzugehörigkeit stellte sich heraus, daß die deutschen Mädchen die deutschen Jungen sowohl in der Intensität als auch in der Dauer des empathischen Mitgefühls übertrafen; signifikante Unterschiede auf den "distress"- oder Unbetroffenheits-Skalen ergaben sich jedoch nicht.

In der sowjetischen Stichprobe fanden sich überhaupt keine signifikanten Unterschiede zwischen Jungen und Mädchen, wenn man davon absieht, daß die sowjetischen Mädchen im Vergleich zu den sowjetischen Jungen die zugewandte, schweigende Form des "distress" passiv *länger* zeigten.

Im wesentlichen wurde die Hypothese damit nur in der deutschen Kultur bestätigt. Wie ist dieses Ergebnis zu erklären? Offensichtlich müssen hier kulturspezifische Sozialisationsmechanismen am Werke sein. Die Erklärung des Befundes in der deutschen Stichprobe bereitet keine Schwierigkeiten, da er in Übereinstimmung mit den im Theorieteil dargestellten Untersuchungen steht, die Mädchen durchweg als "empathischer" beschrieben als Jungen. Wären nur die deutschen Kinder untersucht worden, würde die Schlußfolgerung mit Sicherheit lauten, daß ein erneuter Beleg dafür gefunden wurde, daß Mädchen mitfühlender seien als Jungen. Die Gründe hierfür würden dabei entweder in der geschlechtsspezifischen Erziehung oder in der unterschiedlichen genetischen Disposition der Geschlechter vermutet werden. Beide Erklärungen halten aber vor den Ergebnissen dieser Untersuchung nicht stand. Durch den Kulturvergleich werden wir also mit einer neuen Frage konfrontiert: Wieso unterschieden sich die sowjetischen Mädchen dann nicht auch von den sowjetischen Jungen?

Sollte die sowjetische Erziehung es geschafft haben, Geschlechterunterschiede zu nivellieren, während sie in Deutschland verstärkt werden? Bei einer Betrachtung aus dieser Perspektive darf allerdings nicht vergessen werden, daß die sowjetischen Kinder *weniger* empathisches Mitgefühl als die deutschen Mädchen zeigten, daß also das Nicht-Vorhandensein eines Geschlechterunterschiedes in diesem Fall bedeutete, daß die sowjetischen Mädchen auf einem so "niedrigen" Niveau des empathischen Mitgefühls reagierten wie die Jungen. Betrachtet man weiter die Erziehungsrealität in den beiden Staaten, so kommt man nicht umhin, festzustellen, daß in sowjetischen Kindergärten, wie in der gesamten sowjetischen Gesellschaft, der Geschlechterunterschied sehr *betont* wurde. Rein äußerlich zeigte sich dies daran, daß Mädchen im Kindergarten stets Röcke zu tragen hatten - ganz so, wie man im sowjetischen Straßenbild nur selten erwachsene Frauen in Hosen antreffen konnte. Mädchen wurden entsprechend dem traditionellen Rollenbild vor allem im Sinne von "Brav"- und "Angepaßt"-Sein erzogen, wohingegen Jungen relativ mehr Freiräume in ihrem Verhalten gestattet wurden ("er ist eben ein Junge"). In bundesdeutschen Kindergärten wird demgegenüber ganz im Gegenteil versucht, Jungen und Mädchen unabhängig von den gängigen Geschlechtsstereotypen zu erziehen. Als das eigentliche Lernziel wird "der Abbau starrer und Entwicklung flexibler und selbstbestimmter Geschlechtsrollen" (Kölln & Tiemann, 1976, S. 127) formuliert.

Die Behauptung, daß die Erziehung in der Sowjetunion die Geschlechterunterschiede verringere und die in der Bundesrepublik sie verstärke, ist also nicht haltbar, das Gegenteil ist eher der Fall. Wie aber sind dann die Ergebnisse zu erklären?

Betrachten wir die Daten noch einmal genauer. Bei den Jungen beider Kulturen fand sich den Hypothesen entsprechend "distress" als dominierende Reaktion (bei den sowjetischen Jungen "distress" passiv, bei den deutschen Jungen ungefähr gleichhäufig "distress" aktiv und passiv), wohingegen die deutschen Mädchen, ebenfalls wie erwartet, vor allem mit empathischem Mitgefühl reagierten, während die sowjetischen Mädchen - entgegen der Erwartung - überwiegend passiven "distress" zeigten.

Welcher Mechanismus in der Sozialisation der sowjetischen Mädchen könnte für dieses erwartungswidrige Ergebnis verantwortlich sein?

Zur Erklärung der Kulturunterschiede (Kap. 22) hatten wir bereits die Variable "Verhaltensstil" herangezogen. Sie scheint auch im Zusammenhang mit den Geschlechterunterschieden Erklärungswert zu besitzen. Es zeigte sich, daß die sowjetischen Mädchen *besonders* schüchtern und zurückhaltend der Spielpartnerin gegenüber waren, vor allem im Vergleich zu den deutschen Mädchen. Es scheint, daß die sowjetischen Mädchen der jungen Erwachsenen gegenüber besonders viel Respekt verspürten. In diesem Zusammenhang ist eine Schlußfolgerung interessant, die Bronfenbrenner (1969) aus seinen Untersuchungen zog: "This fact ... adds further weight to the conclusion of our earlier study that it is Soviet girls in particular who conform to culturally-approved standards of behavior" (S. 8).

Wenn die sowjetischen Mädchen also in besonderem Maße bereit waren, sich an kulturelle Normen anzupassen, und wenn diese Normen in erster Linie von ihnen verlangten, nett und brav zu sein und das zu tun, was die Erzieherin sagt, so ist es nicht mehr verwunderlich, daß sie im Umgang mit der Erwachsenen eher zurückhaltend waren und ihnen die Erfahrung und Kompetenz fehlte, in adäquater Weise auf die Traurigkeit der Spielpartnerin zu reagieren. Stattdessen verfielen sie in Anspannung und Unsicherheit ("distress"), wodurch eine möglicherweise den Jungen gegenüber stärkere Disponiertheit oder andere das empathische Mitgefühl fördernde Sozialisationsmechanismen nicht zur Geltung kommen konnten.

Die deutschen Mädchen demgegenüber profitierten offensichtlich von dem Selbstständigkeit und Eigenaktivität fördernden Erziehungsstil, in dem sie einen sichereren Umgang mit verschiedenen sozialen Situationen lernen konnten und fähig wurden, emotional offen auf die Gefühlsäußerung auch einer Erwachsenen zu reagieren. Dies vermittelte ihnen offensichtlich einen Vorteil gegenüber den Jungen, die entweder aufgrund ihrer genetischen Disposition oder früh einsetzender anderer Sozialisationsmechanismen (vgl. Kap. 5.2. und 5.3.) weniger empathisches Mitgefühl zeigten.

24. KULTURUNTERSCHIEDE IN DEN PROSOZIALEN REAKTIONEN

Die hier untersuchten Hypothesen hatten gelautet:
3) Sowjetische Kinder zeigen im Vergleich zu deutschen Kindern
   a) zu einem größeren Anteil prosoziales Verhalten,
   b) prosoziales Verhalten mit höheren Kosten und
   c) prosoziales Verhalten, das zu einem früheren Zeitpunkt auftritt.

Bei der Frage, wieviel Kinder *überhaupt* irgendeine prosoziale Reaktion zeigten (Hypothese 3a), trat kein signifikanter Unterschied zwischen den Kulturen auf.

Auch bei der Analyse der *Kosten*, die in die prosozialen Handlungen investiert wurden (Hypothese 3b), unterschieden sich die Kulturen zunächst nicht signifikant voneinander; erst, als die Variable Geschlecht mitberücksichtigt wurde, stellte sich heraus, daß das Hilfeverhalten der deutschen Mädchen engagierter war als das der sowjetischen Mädchen.

Bei den *konkreten Verhaltensweisen* der Kinder zeigte sich, daß die deutschen Kinder häufiger ihren Ballon abgaben und die sowjetischen öfter verbal trösteten; diese Ergebnisse stellen aber insofern keine "reinen" Kulturunterschiede dar, als es vor allem die deutschen Mädchen waren, die ihren Ballon abgaben, und die sowjetischen Jungen, die verbal trösteten (vgl. Kap. 25). An dieser Stelle trat der einzige - und auch das nur tendenziell - signifikante Unterschied zwischen den Jungen der beiden Kulturen auf: Mehr sowjetische als deutsche Jungen zeigten der Spielpartnerin gegenüber verbale Tröstversuche.

Bezüglich der *Spontaneität* der prosozialen Verhaltensweisen (Hypothese 3c) ergaben sich bei der Betrachtung des Auftretenszeitpunktes der *ersten* prosozialen Reaktion keine signifikanten Unterschiede zwischen den beiden Kulturen. Bei der Frage, wann die "kostenreicheren" Verhaltensweisen (Ballon abgeben, Ersatzspielzeug herstellen und Anbieten, einen neuen Ballon mitzubringen) das erste Mal auftraten, zeigte sich jedoch, daß die deutschen Kinder hier früher reagierten als die sowjetischen; vor allem die deutschen Mädchen waren schneller als die sowjetischen Mädchen und Jungen.

Zusammenfassend kann man also festhalten, daß die Hypothese nicht bestätigt werden konnte und unter einigen Gesichtspunkten gerade der umgekehrte Sachverhalt bestätigt wurde: Die deutschen Mädchen zeigten kostenreicheres Hilfeverhalten als die sowjetischen Mädchen und reagierten außerdem früher in Hinblick auf die engagierteren Verhaltensweisen Ballon abgeben, Alternative herstellen und Versprechen, einen neuen Ballon mitzubringen.

Auch in Hinblick auf das prosoziale Verhalten hat also die sowjetische Erziehungstheorie nicht die erwünschten Ergebnisse in der Praxis erzielt; vor allem die Mädchen verhielten sich völlig erwartungswidrig und zeigten zu fast der Hälfte überhaupt keine prosoziale Reaktion. Die plausibelste Erklärung ergibt sich wieder aus der Betrachtung des Verhaltensstils, der die sowjetischen Mädchen in der Interaktion mit der Spielpartnerin als schüchterner und zurückhaltender beschrieb als alle anderen Kinder, vor allem aber als die deutschen Mädchen. Der Anteil der Varianz, den der Verhaltensstil an den Kosten des prosozialen Verhaltens erklärte, betrug 28% in der Gesamt-, 27% in der deutschen und 30% in der sowjetischen Stichprobe. Je offener und selbstbewußter sich ein Kind in der Interaktion mit der Spielpartnerin verhielt, desto engagierteres bzw. kostenreicheres prosoziales Verhalten zeigte es auch.

Da den sowjetischen Kindern, vor allem den Mädchen, genau diese Kompetenz zu fehlen schien, verfielen sie in Anbetracht der ungewohnten Situation in Unwohlsein, Apathie und Starre. Wenn sie dann doch kostenreiches, engagiertes Hilfeverhalten zeigten, dann erst, wenn einige Zeit vergangen war und die Spielpartnerin nicht mehr so traurig war (d.h. eine Bemerkung gemacht hatte, die die Stille "auflockerte" [nach Teil 1] oder ganz aufgehört hatte, traurig zu sein [nach Teil 2]).

Die Tatsache, daß die deutschen Kinder (bzw. genaugenommen die deutschen Mädchen, siehe unten) öfter ihren Ballon abgaben oder zum Spiel anboten soll an dieser Stelle nicht überbewertet werden. Wenngleich alle Anstrengungen unternommen worden waren, um die Bedeutung dieses einen Luftballonmännchens im nicht-materiellen Sinne hervorzuheben und zudem in Moskau mehrere hohe Feiertage in den Untersuchungszeitraum fielen, zu denen Luftballons an die Kinder verteilt wurden, kann man letztendlich nicht ausschließen, daß die Bedeutung des Luftballons für die sowjetischen Kinder dennoch eine andere war als für die deutschen und der Akt, seinen eigenen Ballon abzugeben oder anzubieten, in den beiden Kulturen nicht unbedingt vergleichbar ist. Zu denken geben sollte allerdings, daß es nicht nur die sowjetischen Kinder waren, die ihren Ballon nicht abgaben, sondern auch die deutschen Jungen, so daß von einem reinen Kultureffekt nicht die Rede sein kann (s. Kap. 25).

Das Ergebnis, daß tendenziell mehr sowjetische als deutsche Jungen verbal trösteten, findet seine Erklärung am ehesten in der geschlechtsstereotypen Erziehung in der UdSSR. Die sowjetischen Jungen bekamen im

Kindergarten stets zu hören, daß sie sich um die Mädchen "sorgen", sich um sie kümmern sollten. Vermutlich hatten sie diese Aufforderung, den Mädchen gegenüber "Kavalier" zu sein, soweit internalisiert, daß sie durch die Traurigkeit der Spielpartnerin zumindest zu einer verbalen Form der Anteilnahme motiviert wurden.

25. GESCHLECHTERUNTERSCHIEDE IN DEN PROSOZIALEN REAKTIONEN

Folgende Hypothesen waren hier untersucht worden:

4) Mädchen zeigen im Vergleich zu Jungen

a) zu einem größeren Anteil prosoziales Verhalten,

b) prosoziales Verhalten mit höheren Kosten und

c) prosoziales Verhalten, das zu einem früheren Zeitpunkt auftritt.

Bei der Betrachtung des absoluten Auftretens von prosozialem Verhalten (Hypothese 4a) fand sich nur in der sowjetischen Stichprobe ein signifikantes Ergebnis, das aber genau umgekehrt zur Erwartung ausfiel: 88% der Jungen, aber nur 58% der Mädchen zeigten Hilfeverhalten.

Im nächsten Teil der Hypothese war danach gefragt worden, wie engagiert das prosoziale Verhalten war, wieviel Kosten die Kinder bereit waren, für die Spielpartnerin aufzubringen. Hier bestätigte sich die Geschlechterhypothese wieder nur in der deutschen Stichprobe: Die deutschen Mädchen zeigten im Vergleich zu den deutschen Jungen signifikant kostenreicheres prosoziales Handeln. In der sowjetischen Stichprobe lag der Mittelwert der Jungen zwar über dem der Mädchen; der Unterschied wurde jedoch nicht signifikant.

Was die einzelnen Arten der Hilfeleistung anbelangt, so zeigte sich in der deutschen Stichprobe ein deutlicher Unterschied in der Bereitschaft, den eigenen Ballon abzugeben: Fast die Hälfte der deutschen Mädchen handelte so, im Vergleich zu nur 8% der Jungen. Die anderen Verhaltensweisen wurden von ungefähr gleich vielen deutschen Jungen und Mädchen gezeigt.

In der sowjetischen Stichprobe wurden die Verhaltensweisen "Ballon abgeben", "Alternative herstellen" und "Anbieten, einen neuen Ballon mitzubringen" von in etwa gleich vielen, aber wenigen, sowjetischen Jungen und Mädchen gezeigt; wesentlich mehr Jungen als Mädchen fragten jedoch nach, was los sei, und trösteten verbal.

Bezüglich der *Spontaneität* der Hilfeleistungen (Hypothese 4c) stellte sich heraus, daß die deutschen Mädchen sowohl die allererste als auch die "kostenreicheren" Verhaltensweisen (Ballon abgeben, Ersatzspielzeug herstellen und Anbieten, einen neuen Ballon mitzubringen) *früher* zeigten als die deutschen Jungen. Bei den sowjetischen Kindern fanden sich wieder keine signifikanten Unterschiede.

Zusammenfassend kann man feststellen, daß, ganz parallel zu den Ergebnissen bei der emotionalen Reaktion, in der deutschen Stichprobe ein ausgeprägter Geschlechterunterschied zu finden war: Die deutschen Mädchen zeigten spontaneres und kostenreicheres Hilfeverhalten als die Jungen und waren im Vergleich zu ihnen wesentlich öfter bereit, ihren Luftballon abzugeben. Diese Befunde verwundern in Anbetracht der bereits dargestellten Ergebnisse nicht. Die deutschen Mädchen hatten sich im Vergleich zu den deutschen Jungen einerseits als mitfühlender und andererseits als offener und selbstbewußter der Spielpartnerin gegenüber erwiesen, und da beide Reaktionen einen bedeutenden Anteil an der Erklärung der Varianz des prosozialen Verhaltens hatten, ist es nur folgerichtig, daß die deutschen Mädchen auch prosozialer reagierten.

Das Bild in der sowjetischen Stichprobe fiel anders aus: Insgesamt handelten mehr Jungen als Mädchen prosozial, wenngleich sie sich nicht signifikant in Kosten oder Spontaneität der Verhaltensweisen unterschieden.

Wie schon beim empathischen Mitgefühl muß hier wieder die Frage gestellt werden, warum die sowjetischen Mädchen sich jeder Vorhersage zum Trotz nicht als prosozialer erwiesen als die sowjetischen Jungen, ja, daß in manchen Aspekten sogar das genaue Gegenteil eintrat und die Jungen aus der UdSSR die Mädchen übertrafen. Auch hier gibt uns wieder der Verhaltensstil der Kinder Aufschluß. Wie in Kapitel 19.3.3. beschrieben, erklärte der Verhaltensstil fast 30% der Varianz des prosozialen Verhaltens. Da, wie schon im Zusammenhang mit den emotionalen Reaktionen dargestellt, die sowjetischen Mädchen die Gruppe waren, die sich der Spielpartnerin gegenüber am schüchternsten verhielten, ist es nicht verwunderlich, daß sie auch die niedrigsten Werte im prosozialen Handeln erzielten. Die Sozialisation der Mädchen in der UdSSR haben wir in Kapitel 23 bereits dargestellt, die der Jungen in Kapitel 24 im Zusammenhang mit dem Unterschied zu den deutschen Jungen angedeutet. Auch für die Erklärung der Unterschiede zwischen den sowjetischen Jungen und Mädchen scheint der Rückgriff auf das Geschlechterstereotyp Sinn zu machen. Der häufig wiederholte Satz, daß die Jungen für das "schwache Geschlecht", die Mädchen, "sorgen" sollen, daß sie sich um sie kümmern müssen, hatten sie vermutlich insoweit internalisiert, daß sie der weiblichen Spielpartnerin gegenüber zumindest verbal - durch Nachfragen oder tröstende Worte - eine Art der

Anteilnahme ausdrückten. Das *Geschlechterstereotyp* führte also in diesem Fall dazu, daß die sowjetischen Jungen der Spielpartnerin gegenüber wenigstens ein paar Worte äußerten. Die Mädchen verfielen demgegenüber in Anbetracht der ungewohnten Rolle in völlige Hilflosigkeit, die zu Nichts-Tun und Schweigen führte.

26. DER ZUSAMMENHANG VON EMOTIONALEN UND PROSOZIALEN REAKTIONEN

Die untersuchten Hypothesen lauteten:

5) Empathisch mitfühlende Kinder zeigen im Vergleich zu "distressten" und unempathischen Kindern
   a) zu einem größeren Anteil prosoziales Verhalten,
   b) prosoziales Verhalten mit höheren Kosten und
   c) prosoziales Verhalten, das zu einem früheren Zeitpunkt auftritt.

Diese Hypothese, die eigentlich der Ausgangspunkt für die ganze Arbeit war, konnte in allen drei Teilbereichen bestätigt werden:

Alle empathisch mitfühlenden Kinder zeigten irgendein prosoziales Verhalten, wohingegen ein Drittel der "distressten" überhaupt nicht prosozial handelte (Hypothese 5a).

Auch die mit diesen prosozialen Handlungen verbundenen Kosten (Hypothese 5b) waren bei den empathisch mitfühlenden Kindern höher als bei den aktiv und passiv "distressten", die sich nicht voneinander unterschieden. Dieses Ergebnis bestätigte sich sowohl in der Gesamtstichprobe als auch in den beiden Kulturen, mit der einen Einschränkung, daß bei den sowjetischen Kindern die empathisch mitfühlenden sich signifikant nur von den passiv "distressten" unterschieden. Die Variable "emotionale Reaktion" erklärte alleine 40% der Gesamtvarianz des prosozialen Verhaltens, was ihre Bedeutung deutlich illustriert.

Konkrete Verhaltensweisen, die von den empathisch mitfühlenden Kindern gezeigt wurden, waren "Ballon abgeben", "Anbieten, einen neuen Ballon mitzubringen" und "verbal trösten", während die aktiv "distressten" in erster Linie ablenkten und die passiv "distressten" wiederum vor allem verbal trösteten und nachfragten, was denn los sei.

Dritter Bestandteil der Hypothese (5c) war die Frage nach der *Spontaneität* der prosozialen Handlungen. Es zeigte sich, daß die erste prosoziale Handlung von den empathisch mitfühlenden Kindern früher gezeigt wurde als von den "distressten".

Bei der Betrachtung des Auftretenszeitpunktes der Verhaltensweisen "Ballon abgeben", "Ersatzspielzeug herstellen" und "Versprechen, einen neuen Ballon mitzubringen" stellte sich heraus, daß die empathisch mitfühlenden Kinder sie ebenfalls am frühesten zeigten, sowohl in der Gesamtstichprobe als auch in den beiden einzelnen Kulturen. Bei den deutschen Kindern wurde der Unterschied sowohl den aktiv als auch den passiv "distressten" gegenüber signifikant, bei den sowjetischen nur der Vergleich mit den passiv "distressten". Die Korrelationen zeigten, daß ein besonders enger Zusammenhang bei den *sowjetischen Jungen* bestand. Diejenigen von ihnen, die zum einen mit empathischem Mitgefühl reagiert hatten und zum anderen eine der oben genannten prosozialen Reaktionen hervorbrachten, zeigten letztere *früh.* Wenn jedoch "distress" passiv ihre dominante Reaktion war und sie eine solche Hilfeleistung zeigten, traten Handlungen dieses Typs *spät* auf. Dieses Ergebnis verfeinert das Profil der sowjetischen Jungen: Sie zeigten zwar zu einem großen Anteil prosoziales Verhalten, und ein Teil von ihnen (n = 7) reagierte auch mit den hierarchisch höheren Verhaltensweisen, der *Auftretenszeitpunkt* dieser Hilfehandlungen hing aber eng mit der emotionalen Reaktion zusammen. Dieses Resultat weist darauf hin, wie wichtig es ist, *multiple* Indikatoren (wie Grad des Engagements/der Kosten *und* Auftretenszeitpunkt) zur Erfassung eines Konstrukts zu verwenden und sich nicht nur auf einen einzigen Indikator zu verlassen, wenn man valide Ergebnisse erhalten will.

Zusammenfassend kann man feststellen, daß die Ergebnisse dieser Untersuchung die Aussage stützen, daß empathisches Mitgefühl und prosoziales Verhalten bei Vorschulkindern zusammenhängen, daß also Kinder, die mitfühlen, auch hilfsbereiter sind - sowohl in bezug darauf, ob sie überhaupt handeln, als auch in dem mit dem Handeln verbundenen Engagement (den Kosten) und der Spontaneität. Eine Betroffenheitsreaktion im Sinne von "distress" hingegen "bewirkt", daß die Kinder aus ihrer Anspannung und Verunsicherung heraus ihre Zuflucht entweder in ablenkender Beschäftigung suchen ("distress" aktiv) oder in Passivität und Starre verfallen ("distress" passiv). Die aktive Form des "distress" hat zur Folge, daß die Kinder in erster Linie versuchen, die unangenehme Situation durch Ablenkung der Spielpartnerin zu beenden - eine Art des psychischen "Aus-dem-Felde-Gehens". Die passiv "distressten" Kinder sind entweder zu gar keiner Handlung oder Äußerung fähig (siehe vor allem die sowjetischen Mädchen) oder zeigen nur Hilfeverhalten mit relativ geringem Engagement (siehe die deutschen und sowjetischen Jungen).

Allen "distressten" Kindern ist gemeinsam, daß sie, wenn sie überhaupt eine Reaktion zeigen, dies *später* tun als die empathisch mitfühlenden. Diese größere Spontaneität der empathisch mitfühlenden Kinder bestätigt die Annahme, daß die "distressten" von der Traurigkeitsdemonstration der Spielpartnerin so betroffen und gleichzeitig überfordert sind, daß sie nicht in der Lage sind, sofort zu reagieren. Erst, wenn sie sich ein wenig mit der Situation beschäftigt haben und die Spielpartnerin etwas sagt (zur Erinnerung: Nach einer Minute des schweigenden Traurigseins macht die Spielpartnerin eine kurze Äußerung), also etwas aus sich herausgeht, sind diese Kinder fähig, selber aktiv zu werden - wobei nicht vergessen werden darf, daß ein nicht unbedeutender Teil, vor allem der passiv "distressten", es überhaupt nicht schafft.

Das dieser Untersuchung zugrundegelegte Modell der Aktualgenese prosozialen Verhaltens (vgl. Kap. 4) konnte also bestätigt werden. Widerlegt werden konnte hingegen die Vermutung von Underwood und Moore (1982, S. 162), daß "Empathie" erst bei Jugendlichen und Erwachsenen ein Prädiktor für prosoziales Verhalten sei, und die Schlußfolgerung von Eisenberg und Miller (1987, S. 114), daß der Zusammenhang zwischen "Empathie" und prosozialem Verhalten bei Kindern zumindest schwächer ausgeprägt sei.

Tatsächlich wurden in beiden Kulturen deutliche Zusammenhänge zwischen empathischem Mitgefühl und prosozialem Handeln gefunden, so daß man sogar von Hinweisen, die auf eine Universalität der Beziehung zwischen empathischem Mitgefühl und prosozialem Verhalten hindeuten, sprechen kann.

Mit Hilfe eines ökologisch validen Meßverfahrens und eines exakten Verständnisses der zu untersuchenden Variablen ist es also möglich, Zusammenhänge zwischen emotionalen und prosozialen Reaktionen bei Kindern zu finden, die in dieser Form bislang unbekannt waren (vgl. Underwood & Moore, 1982; Eisenberg & Miller, 1987).

Eine Operationalisierung empathischen Mitgefühls durch prosoziale Verhaltensweisen (s. Kap.3, S. 19) ist dennoch abzulehnen. Wenngleich der Anteil an der Varianz des prosozialen Handelns, der durch die emotionalen Reaktionen erklärt werden kann, beachtlich ist, so ist er doch nicht ausreichend. Wie wir gesehen haben, spielen noch andere Parameter wie zum Beispiel der *Verhaltensstil* des Kindes oder der *Zeitpunkt*, zu dem eine Handlung gezeigt wird, ebenfalls eine Rolle. Auch "distresste" Kinder können Verhaltensweisen an den Tag legen, die hohe Kosten für sie bedeuten, sie zeigen sie aber in der Regel später. Deshalb ist es angebracht, den zwar schwierigeren, aber dennoch adäquateren Weg der getrennten Operationalisierung von empathischem Mitgefühl und prosozialen Interventionen zu gehen, um zu inhaltlich bedeutsamen Aussagen zu kommen.

27. INDIVIDUALISMUS/KOLLEKTIVISMUS DER MÜTTER

Folgende Hypothese war untersucht worden:

6) Sowjetische Mütter äußern im Vergleich zu deutschen Müttern kollektivistischere Einstellungen und Werte.

Mit Hilfe des Fragebogens INDCOL von Hui (1984, 1988) war die Hypothese überprüft worden, ob die sowjetischen Mütter kollektivistischere Einstellungen und Werte äußern als die deutschen. Ziel war gewesen, herauszufinden, ob sich die Behauptung, die UdSSR stelle ein kollektivistisches und die BRD ein individualistisches System dar, tatsächlich in den Antworten der Mütter widerspiegelt. Es zeigte sich, daß es tatsächlich die sowjetischen Mütter waren, die kollektivistischere Antworten gaben, und zwar auf den Skalen "Eltern", "Verwandte", "Arbeitskollegen" und "Gesamt". Bei einer gewissen Kenntnis der sowjetischen Kultur sind diese Unterschiede nicht schwer zu interpretieren. Wie schon in der Theorie des Individualismus/Kollektivismus dargestellt (s. Kap. 5.5.), kommt den vertikalen Beziehungen in kollektivistischen Kulturen eine besondere Bedeutung zu. In der Sowjetunion war - und im heutigen Rußland ist - es üblich, daß mehrere Generationen unter einem Dach wohnen. Im allgemeinen besteht eine vielfältige Abhängigkeit der Jungen den Alten gegenüber, sei es finanziell, in der Kinderbetreuung, in der Frage der täglichen Einkäufe usw., so daß die Bedeutung der Älteren für die Jüngeren nicht zu unterschätzen ist.

Auch die Beziehungen zu Verwandten sind im allgemeinen eng. Aufschlußreich ist in dieser Hinsicht die Übersetzung des Wortes "Cousine" oder "Cousin", das im russischen "dvojurodnaja sestra" bzw. "dvojurodnuj brat", Schwester bzw. Bruder zweiten Grades, heißt. Im Alltagsgebrauch wird aber meist einfach nur von "Schwester" oder "Bruder" gesprochen, was bei mir anfangs zu einiger Verwirrung führte, wenn Kinder, von denen ich wußte, daß sie keine Geschwister hatten, mir von ihren Brüdern oder Schwestern erzählten. Die Bedeutung der näheren Verwandtschaft kommt hier deutlich zum Ausdruck.

Was die Arbeitskollegen anbelangt, so muß man sie im Kontext der allgemeinen Arbeitsbedingungen betrachten. Arbeit in der Sowjetunion war mit wesentlich weniger Leistungsdruck und Konkurrenzkampf verbunden als in der Bundesrepublik und ließ folglich erheblich mehr Raum für zwischenmenschliche Beziehungen. Infolgedessen ist es nicht verwunderlich, daß die sowjetischen Mütter eher die Bereitschaft äußerten, Arbeitskollegen Geld zu leihen, mehr Wert darauf legten, gut mit den Mitarbeitern auszukommen, ihnen persönliche Dinge zu erzählen usw..

Der Gesamtwert schließlich bestätigt noch einmal die insgesamt kollektivistischere Ausrichtung der sowjetischen Mütter. Damit hat also die Behauptung, die UdSSR sei eine Kultur mit kollektivistischen Einstellungen und Werten gewesen, anhand einer Datenerhebung mit den Müttern der Versuchskinder eine erste empirische Bestätigung gefunden, so daß man in Anlehnung an Kapitel 5.5.2. die Schlußfolgerung ziehen kann, daß die sowjetische Ideologie durchaus erfolgreich in der Beeinflussung der Einstellungen zumindest der weiblichen Einwohner des Landes gewesen ist. Bemerkenswert ist jedoch, daß diese Einstellungen offenbar *keinen* Effekt auf die emotionalen Reaktionen der sowjetischen Kinder in dem Sinne hatte, daß sie sich als mitfühlender oder prosozialer als die deutschen erwiesen hätten.

Ein kritisches Wort soll zum Schluß noch dem verwendeten Fragebogen (INDCOL, Hui, 1984) gelten. In Kapitel 20.1. war bereits darauf hingewiesen worden, daß die Reliabilität der einzelnen Skalen sich auch nach Eliminierung einzelner Items eher im mittleren Bereich befand und insofern verbesserungsbedürftig ist. Für eine zukünftige Untersuchung müßten deshalb neue Items gefunden werden, die Aspekte des Individualismus und Kollektivismus der in Frage stehenden Kulturen noch genauer messen. Auf *diesem* Hintergrund ist es sehr bedauerlich, daß die UdSSR nicht mehr existiert und man keine Untersuchung mehr durchführen kann, die dieser vergleichbar wäre.

28. METHODISCHE ASPEKTE

28.1. BLICKRICHTUNG

In Kapitel 11.1. waren die Kriterien zur Unterscheidung der verschiedenen emotionalen Reaktionen dargestellt worden (s. Tab. 7). Neben der Spielaktivität, der Mimik, dem Tonfall des Kindes und der An- bzw. Abwesenheit von nervösen, dysfunktionalen Bewegungen war die *Aufmerksamkeit zur Spielpartnerin* ein Kriterium. Sie sollte über die *Blickrichtung* erfaßt werden. Die Blickrichtung war also durchaus nicht das einzige Kriterium und sie alleine reichte auch nicht zur Einordnung in eine der Kategorien (empathisches Mitgefühl, "distress" aktiv oder passiv und Unbetroffenheit) aus. Sie war jedoch im Vergleich zu den anderen Indikatoren reliabler zu messen - vermutlich deshalb, weil die anderen Verhaltensweisen nur nach dem Kriterium "tritt im Verlauf einer Minute auf oder nicht" eingeschätzt worden waren und eine Minute ein zu langer Zeitraum ist, um zweifelsfrei über das in Frage stehende Verhalten entscheiden zu können. Hier wären Verlaufsanalysen, die im Rahmen der vorliegenden Arbeit nicht mehr möglich waren, zukünftig sicher der richtige Weg (vgl. hierzu auch Trommsdorff, in Vorbereitung).

In bezug auf die Blickrichtung sollte nun überprüft werden, ob sie ein "hartes" Kriterium zur Unterscheidung von empathisch mitfühlenden und "distressten" Kindern darstellt.

Die Korrelationen zwischen dem Blick zur Spielpartnerin und den emotionalen Reaktionen zeigten signifikante Koeffizienten sowohl für empathisches Mitgefühl als auch für "distress" aktiv, nicht jedoch für "distress" passiv.

Für die Gesamtstichprobe stellte sich heraus, daß, je intensiver das empathische Mitgefühl ausgeprägt war, umso länger zur Spielpartnerin hingeschaut wurde, während bei aktivem "distress" eher weggeschaut wurde. Bei den deutschen Kindern bestätigte sich dieser Zusammenhang ebenfalls in fast allen Teilstichproben, während sich bei den sowjetischen Kindern nur vereinzelte, dafür aber recht hohe Koeffizienten fanden. Alle signifikanten Korrelationen zeigten in die erwartete Richtung, so daß man sagen kann, daß die Blickrichtung ein zuverlässiges Kriterium zur Unterscheidung zwischen empathischem Mitgefühl und "distress" aktiv ist.

Doch wie ist das Ergebnis bezüglich "distress" passiv zu erklären? Offensichtlich bestehen hier keine Zusammenhänge; die Intensität des "distress" passiv und die Blickrichtung zur Spielpartnerin schienen unabhängig voneinander zu sein. Dieses Ergebnis ist insofern unerwartet, als die Definition des "distress" passiv eine Orientierung auf das Selbst beinhaltet und man deshalb hätte erwarten können, daß auch diese Form des "distress" negativ mit der Blickdauer zur Spielpartnerin korreliert. Da diese Vermutung nicht bestätigt wurde, stellt sich die Frage, ob das Konzept des "distress" passiv nicht zu überdenken ist. Das Ergebnis, daß "distress" passiv weder positiv noch negativ mit der Aufmerksamkeitszuwendung zur Spielpartnerin zusammenhing, könnte dadurch entstanden sein, daß die Aufmerksamkeit zwischen Selbst und anderem hin- und herschwankte. Der

Unterschied zum empathischen Mitgefühl scheint somit zumindest in der Aufmerksamkeitsrichtung nur ein gradueller und kein prinzipieller zu sein. Dieses Ergebnis wirft die Frage nach der inhaltlichen Abgrenzung der verschiedenen emotionalen Reaktionsformen auf. Betrachten wir zu ihrer Beantwortung noch die Korrelationen der emotionalen Reaktionen untereinander, die im nächsten Kapitel diskutiert werden.

28.2. DER ZUSAMMENHANG VON EMPATHISCHEM MITGEFÜHL, "DISTRESS" AKTIV UND "DISTRESS" PASSIV

Das empathische Mitgefühl und die beiden "distress"-Formen korrelierten bis auf eine Ausnahme ("distress" aktiv in der sowjetischen Stichprobe) negativ miteinander, so daß man den Schluß ziehen kann, daß mit der für diese Arbeit gewählten methodischen Vorgehensweise eine "trennscharfe" Erfassung der verschiedenen Reaktionen möglich ist - im Gegensatz zur Messung über Selbstberichte (Batson, 1987) oder mimische Reaktionen auf Filme (Eisenberg, McCreath & Ahn, 1988). Auch dieses Ergebnis verdeutlicht wieder die Bedeutung der Verwendung valider Meßverfahren!

Bleibt die Frage bestehen, in welchem Verhältnis die emotionalen Reaktionen inhaltlich zueinander stehen. Während empathisches Mitgefühl eine recht eindeutige Orientierung auf die andere Person und "distress" aktiv von der anderen Person weg bedeutet, läßt sich der "distress" passiv keinem dieser beiden Pole zuordnen (s. Kap. 28.1). Der "distress" passiv erinnert an eine Gruppe von Kindern aus der Studie von Bischof-Köhler (1989), die sie als die "Blockierten" bezeichnete. Diese Kinder wirkten empathisch betroffen und besorgt, unternahmen aber keinen sofortigen Hilfeversuch, sondern handelten eher *nach* der Trauer der Spielpartnerin. Auch spielten sie wenig und waren in ihrer Aufmerksamkeitszuwendung überwiegend auf die Spielpartnerin fokussiert (S.104).

Wenn man davon absieht, daß der "distress" passiv in dieser Studie *nicht* signifikant mit der Blickrichtung zur Spielpartnerin korrelierte, ähneln sich die Beschreibungen der "Blockierten" und der passiv "distressten" auffällig. Bischof-Köhler (1989, S. 105) ordnete die "Blockierten" der Gruppe der *empathischen* Kinder zu.

Nimmt man nun Bezug zu der von mir anfangs (s. Kap. 2.1.) gemachten Einteilung, die sowohl die empathisch mitfühlenden als auch die "distressten" Reaktionen als Unterformen der Empathie auffaßt, so läßt sich aufgrund der in dieser Untersuchung erhaltenen Ergebnisse schlußfolgern, daß die passiv "distressten" Kinder "blockiert" sind, ohne daß sich eine eindeutige Aufmerksamkeitsrichtung festmachen ließe. Vermutlich schwankt die Aufmerksamkeit zwischen der anderen Person und der Beschäftigung mit den eigenen Gefühlen. Somit kann man den Schluß ziehen, daß die passive Form des "distress" näher am empathischen Mitgefühl steht als die aktive, wenngleich sich beide deutlich davon unterscheiden lassen. "Distress"-Reaktionen sind also mehrdeutig, worauf auch Trommsdorff (1993, S. 18) hinweist. Diese in kulturvergleichenden Studien empirisch gewonnene Varianz von emotionalen Reaktionen ist ein wichtiger Schritt auf dem Weg zum besseren Verständnis der Genese prosozialer Motivation.

29. ZUSAMMENFASSENDE DISKUSSION DER BEFUNDE

Die erste Frage, die in der Einleitung zu dieser Arbeit gestellt worden war, nämlich, ob empathisch mitfühlende Kinder hilfsbereiter sind als andere Kinder, konnte mit den erhobenen Daten bestätigt werden. Sowohl in Hinblick darauf, ob überhaupt prosozial reagiert wurde, als auch in bezug auf die Kosten und die Spontaneität des prosozialen Handelns bestätigte sich der Unterschied zwischen empathisch mitfühlenden und "distressten" Kindern. Auch im Vorschulalter besteht also ein aussagekräftiger Zusammenhang zwischen empathischem Mitgefühl und prosozialem Verhalten; da dieses Ergebnis in *beiden* Kulturen gefunden wurde, kann man sogar von Belegen, die auf eine *Universalität* der Beziehung zwischen empathischem Mitgefühl und prosozialem Verhalten hindeuten, sprechen.

Diese Ergebnisse widersprechen deutlich den Aussagen von Underwood und Moore (1982, S. 162) und Eisenberg und Miller (1987, S. 114), daß "Empathie" bei Kindern gar kein oder nur ein schwacher Prädiktor prosozialen Verhaltens sei.

Die emotionale Reaktionsform der Kinder erklärte in der Gesamtstichprobe 40% der Varianz des prosozialen Verhaltens - ein ausgesprochen bedeutender Anteil. Das der Untersuchung zugrundeliegende, aus einem motivationstheoretischen Ansatz abgeleitete, Modell der Aktualgenese prosozialen Verhaltens (vgl. Kap. 4) ließ sich also bestätigen. Kinder, die mit empathischem Mitgefühl auf den Kummer der Spielpartnerin reagiert hatten, zeigten prosoziale Verhaltensweisen, die mit hohen Kosten und viel Engagement verbunden waren, wohingegen die mit "distress" reagierenden Kinder Handlungen an den Tag legten, die eher weniger Kosten und Engagement erforderten.

Bezieht man dieses Ergebnis auf die in Kapitel 4 dargestellte Debatte, ob prosoziales Verhalten nun altruistisch oder egoistisch motiviert sei (Batson, 1991, Cialdini et al., 1987, Smith et al., 1989), so sprechen die Ergebnisse eher dafür, daß es eine altruistische Motivation prosozialen Handelns gibt. Das muß jedoch nicht bedeuten, daß diese Motivation ausschließlich und 100%ig altruistisch ist. Um zu theoretisch sinnvollen Aussagen zu kommen, ist es durchaus ausreichend, von einer *überwiegend* altruistischen oder überwiegend egoistischen Orientierung zu sprechen. Eine "egoistische" Freude über eine gelungene Hilfeleistung ist durchaus zulässig, wenn das Ziel dieser Hilfeleistung in erster Linie ist, dem anderen, und nicht sich selbst, etwas Gutes zu tun.

Ein weiteres interessantes Ergebnis der Studie war, daß es nur zwei Kinder gab, die sich von der Traurigkeit der Spielpartnerin gar nicht anrühren ließen und "unbetroffen" reagierten; im Alter von 5 Jahren scheinen Kinder in beiden Kulturen noch insoweit spontan zu reagieren, als sie ihre Emotionen - welche es auch immer sein mögen - im Verhalten zum Ausdruck bringen.

Wenngleich die emotionalen Reaktionen den Hauptanteil an der Erklärung der prosozialen Reaktion hatten, wurde die Beziehung zwischen emotionaler Reaktion und prosozialer Intervention noch von weiteren Variablen beeinflußt.

Die Faktoren *Geschlecht* und *Kultur* erwiesen sich insofern als bedeutsam, als sich herausstellte, daß es vor allem die *deutschen* Mädchen waren, die mit empathischem Mitgefühl und kostenreichem prosozialem Verhalten reagierten, und die *sowjetischen* Mädchen, die überwiegend passiven "distress" und prosoziale Reaktionen mit wenig Kosten und Engagement zeigten. Kaum Unterschiede ergaben sich demgegenüber beim Vergleich der *Jungen* beider Kulturen - lediglich die Verhaltensweise "verbal trösten" wurde tendenziell von mehr sowjetischen als deutschen Jungen gezeigt. Dieses Ergebnis läßt sich durch die geschlechtsstereotype sowjetische Erziehung erklären, die schon den kleinen Jungen im Kindergarten stets verdeutlichte, daß man dem weiblichen Geschlecht gegenüber "Kavalier" sein müsse, für die Mädchen zu "sorgen" habe. Die Internalisierung dieses von Erzieherinnenseite oft geäußerten Satzes befähigte die sowjetischen Jungen offensichtlich zumindest zu einer verbalen Form der Hilfeleistung.

Der so erhaltene Ergebniskomplex - viele und große Unterschiede zwischen den Mädchen beider Kulturen, nur eine tendenzielle Differenz zwischen den Jungen - wirft die Frage auf, ob *Mädchen* die eigentlich Trägerinnen kulturspezifischer Besonderheiten sind. Bestätigt wird diese Vermutung - zumindest in bezug auf die UdSSR - durch eine von Bronfenbrenner (1969) getroffene, in Kapitel 23 bereits zitierte Aussage, die besagte, daß es vor allem die sowjetischen Mädchen seien, die sich an kulturelle Verhaltensstandards anpassen. Es wäre voreilig, bei diesem Erkenntnisstand weitergehende Schlußfolgerungen zu ziehen, doch verdient die Frage nach einer mädchenspezifischen Sozialisation in weiteren kulturvergleichenden Untersuchungen mit Sicherheit Aufmerksamkeit.

Im Zusammenhang mit den Variablen Geschlecht und Kultur ist noch ein Ergebnis beachtenswert, das den Nutzen der Verwendung eines *kulturvergleichenden Designs* hervorhebt. Gemeint sind die erwarteten, aber nur zum Teil eingetretenen *Geschlechterunterschiede*. Wäre die Untersuchung nur in Deutschland durchgeführt worden, hätte das Ergebnis, daß die deutschen Mädchen sich mitfühlender und prosozialer erwiesen als die deutschen Jungen, keine weiteren Fragen aufgeworfen und das bestehende Geschlechterstereotyp (vgl. Kap. 5.3.1. und 5.4.1.) wäre erneut als bestätigt angesehen worden. Das Fehlen eines Geschlechterunterschiedes in der sowjetischen Stichprobe eröffnet jedoch neue theoretische Perspektiven in bezug auf die Sozialisation von empathischem Mitgefühl und prosozialem Verhalten, da man sich auf die Suche nach kulturspezifischen Sozialisationsmechanismen machen muß, die dafür verantwortlich sind, daß die Mädchen und Jungen aus der UdSSR sich *nicht* voneinander unterscheiden. Die beiden üblichen Erklärungen, nämlich daß Mädchen entweder aufgrund ihrer genetischen Disposition oder aufgrund ihrer Erziehung in Richtung Emotionalität und interpersonelle Sensitivität mitfühlender und hilfreicher seien (vgl. Kap. 5.3.1. und 5.4.1.), reichen zur Erklärung der Ergebnisse dieser Studie nicht aus.

Die Variable, die hier am meisten zur Erklärung dieses Ergebnisses beitrug, war der sogenannte "*Verhaltensstil*" der Kinder. Diese Variable beschrieb, wie offen/selbstbewußt oder schüchtern/gehemmt die Kinder sich der Spielpartnerin gegenüber verhalten hatten. Der "Verhaltensstil" erklärte in der Gesamtstichprobe 28% an der Varianz des prosozialen Handelns und stand ebenfalls in Zusammenhang mit der Intensität der emotionalen Reaktionen der Kinder. Bezogen auf die Variablen Kultur und Geschlecht zeigte sich, daß die deutschen Mädchen sich als besonders offen/selbstbewußt und die sowjetischen Mädchen als besonders schüchtern und zurückhaltend erwiesen. Dieses Verständnis vom Verhalten der Kinder legt eine inhaltliche Nähe zum Konzept der sozialen Kompetenz nahe. Schon Eisenberg und Miller (1987) hatten den Zusammenhang zwischen empathischem Mitgefühl und sozialer Kompetenz herausgestellt. Aus einer Meta-Analyse von zehn Studien folgerten sie: "Thus, as for many indices of prosocial behavior, the degree of association between empathy and indices of sociability and social competence appears to be significant though fairly low" (S. 113). Auch Bryant (1987) kam zu dem Ergebnis, daß "Empathie" in Zusammenhang zur seelischen Gesundheit im allgemeinen und zur sozialen Kompetenz im besonderen steht.

Saarni (1988) prägte den Begriff der "emotional competence", den sie als "the demonstration of self-efficacy in the context of emotion-eliciting social transactions" (Saarni, 1992, S. 93) definierte. Sie beschreibt den Zusammenhang folgendermaßen:

> "It is this quality of self-efficacy, which is the skill to obtain the outcomes that one desires, that is embedded in the ability to regulate one's own experience of emotional arousal in a way that is adaptive and functional for oneself (Thompson, 1988). If we are faced with having to interact with an individual whose emotional state may provoke our own emotional arousal (in short, an emotion-eliciting social transaction), how do we respond in an adaptive fashion? The response of becoming overwhelmed by another's emotional state is not likely to be adaptive, nor is completely ignoring or distoring the emotional situation. But the ability to self-regulate our own emotional responses in a way that allows us to cope is generally adaptive, and this coping is where social competence comes into play: The social skills and cognitive capabilities that we have developed up to that point become relevant to how we go about coping in the social encounter" (1992, S. 93).

Diese Beschreibung gibt einen hervorragenden theoretischen Hintergrund zur Einordnung der Ergebnisse ab. Den sowjetischen Kindern, allen voran den sowjetischen Mädchen, gelang es nur sehr schlecht, mit der eigenen Erregung fertig zu werden; ihnen fehlten die sozialen Fähigkeiten, um die Situation erfolgreich zu bewältigen, und sie verhielten sich in einem wenig adaptiven Sinne, indem sie in Anspannung und Passivität verfielen. Erklärungen für diesen Mangel an sozialer Kompetenz wurden in den Kapiteln 22-26 bereits angeführt. Verantwortlich scheint in erster Linie die autoritäre Erziehung zu sein, die den sowjetischen Kindern wenig Freiräume zur Erprobung verschiedener sozialer Verhaltensmuster vermittelte und von ihnen in erster Linie Unterordnung unter die Autorität der Erwachsenen verlangte. Bei den sowjetischen Mädchen scheint speziell noch die geschlechtsspezifische Erziehung erschwerend hinzuzukommen, da sie von ihnen in einem noch stärkeren Maße als von den Jungen Anpassung verlangte. Im Resultat zeigen so erzogene Kinder zwar weniger antisoziales Verhalten (Bronfenbrenner, 1972, vgl. Kap. 5.4.3. und 5.4.5.), das Hervorbringen von prosozialem Handeln scheint jedoch behindert zu werden.

Ein Untersuchungsdesign, das auf *Beobachtungsdaten* von Kindern in natürlichen Interaktionen aufbaut und sowohl konzeptionell als auch operational zwischen verschiedenen emotionalen und prosozialen Reaktionsformen trennt, ist also in der Lage, Aufklärung in die nebulösen empirischen Befunde zum Zusammenhang zwischen Empathie und prosozialem Verhalten (vgl. Eisenberg & Miller, 1987) zu bringen. Für weitere Untersuchungen in diesem Gebiet ist es deshalb also dringend angeraten, sich nicht wie bisher mit verbalen Daten aus Befragungen von Kindern oder mimischen Reaktionen auf Filmen zufriedenzugeben (vgl. Eisenberg & Miller, 1987, Eisenberg & Fabes, 1990, Eisenberg et. al., 1990), sondern zu versuchen, ökologisch valide Untersuchungssituationen herzustellen, die erst inhaltlich sinnvolle Aussagen über das Verhalten von Kindern zulassen. In methodischer Hinsicht wäre es interessant, Kinder nicht nur nach ihrer dominierenden emotionalen Reaktion einzuteilen, sondern Verlaufsanalysen anzustellen, die evtl. Muster von Reaktionsverläufen aufdecken könnten (Bsp.: Reagiert das Kind zuerst mit der Emotion A und dann mit der Emotion B, so folgt die prosoziale Handlung C; vgl. auch Trommsdorff, in Vorbereitung). Ist man zudem an weitergehenden Aussagen über die *Entwicklung* und die Sozialisation von empathischem Mitgefühl und prosozialem Verhalten interessiert, so ist ein kulturvergleichendes Design von großem Nutzen. Die unterschiedlichen sozialen Kontexte, die die Untersuchungen in verschiedenen Kulturen mit sich bringen (vgl. Trommsdorff, 1993), machen es möglich, förderliche und hemmende Einflüsse auf die Entwicklung eines Kindes zu identifizieren, die ansonsten unbeachtet blieben. Eine spannende Frage, die im Rahmen der vorliegenden Arbeit ausgeklammert wurde, wäre z.B. die nach dem direkten Zusammenhang zwischen den Werten der Mütter auf einer Individualismus/Kollektivismus-Skala und den emotionalen und prosozialen Reaktionen ihrer Kinder. Voraussetzung wäre allerdings ein reliableres Meßinstrument als die in dieser Untersuchung eingesetzte Version des INDCOL (Hui, 1984); zu erwägen wäre die Verwendung eines Werte-Inventars, wie Schwartz (1991) sie vorschlägt. So könnte man untersuchen, ob die Bevorzugung bestimmter Werte in bestimmten Kulturen mit einem ganz bestimmten Verhaltensmuster der dort aufwachsenden Kinder zusammenhängt. Auch die Frage des Einflusses der häuslichen Sozialisation auf das kindliche Verhalten ist natürlich von Interesse, zumal in diesem Bereich bereits erste interessante Ergebnisse gefunden wurden (Husarek, 1992). Daten zum mütterlichen Verhalten in alltäglichen Konfliktsituationen mit ihrem Kind wurden für die vorliegende Untersuchung in Form eines Interviews und eines semiprojektiven Fragebogens (So-Sit, Kornadt, 1989) erhoben, befinden sich aber derzeit noch in der Auswertung.

Die Sozialisationsvariable, die in der vorliegenden Studie zur Erklärung sowohl der emotionalen als auch der prosozialen Reaktionen der Kinder herangezogen wurde, war die geschlechtsstereotype und eher autoritäre Erziehung der sowjetischen Kinder. Sie führte vor allem bei den Mädchen dazu, daß sie der Spielpartnerin gegenüber eher schüchtern waren, in Anbetracht ihrer Traurigkeit überwiegend in Anspannung und Passivität ("distress" passiv) verfielen und entweder keine oder nur mit wenig Engagement verbundene prosoziale Handlungen hervorbrachten.

Die Ergebnisse dürfen natürlich insofern nicht verallgemeinert werden, als die unglückliche Person eine - wenn auch junge - Erwachsene war. Wie die Reaktionen ausgesehen hätten, wenn ein *Kind* traurig gewesen wäre, können wir an dieser Stelle nicht beurteilen. Die Realisierung einer vergleichbaren Untersuchung mit einem Kind als Verbündeten wäre natürlich höchst interessant, ist für die Altersgruppe der 5jährigen jedoch äußerst schwer zu realisieren. Ideal wäre, eine Längsschnitt-Studie durchzuführen, in der die inzwischen 8-9jährigen Kinder sowohl mit einer Erwachsenen als auch mit einem gleichaltrigen Kind konfrontiert würden. Ein solches Design würde dann zum einen Aussagen über die *Entwicklung* von empathischem Mitgefühl und prosozialem Verhalten zulassen und zum anderen einen Vergleich der Reaktionen gegenüber Menschen mit verschiedenem Status erlauben. Besonders interessant wäre eine solche Untersuchung mit Hinblick auf die Veränderungen, die inzwischen im Leben der damals sowjetischen Kinder und ihrer Mütter eingetreten sind. Die ehemalige Sowjetunion macht derzeit einen politischen, wirtschaftlichen und sozialen Wandel durch, der in der Geschichte seinesgleichen sucht. Wie wirkt sich dieser Umstand auf Einstellungen und Verhalten der betroffenen Menschen aus? Triandis (1989) weist auf die Bedeutung eines Wechsels von eher kollektivistischen zu individualistischen Einstellungen in einer Kultur hin: "As cultures moved from collectivism to individualism, numerous changes in social behavior were observed" (S. 71/72). Wohin also geht die ehemalige Union der Sozialistischen Sowjetrepubliken, und was bedeutet das für ihre Menschen? Eine Längsschnittuntersuchung, die im Rahmen dieses Untersuchungsdesigns in Zusammenarbeit mit Moskauer Kollegen geplant ist, wird hoffentlich eine zumindest teilweise Beantwortung dieser Frage in näherer Zukunft erlauben.

30. ZUSAMMENFASSUNG

Diese Arbeit berichtet von einer Studie, die in den Jahren 1989/1990 durchgeführt wurde - vor der Vereinigung Deutschlands und dem Zerfall der UdSSR. Sie hat den Zusammenhang zwischen den emotionalen Reaktionen und prosozialen Interventionen fünfjähriger deutscher und sowjetischer Jungen und Mädchen in Anbetracht der Traurigkeit einer anderen Person zum Thema. Die 96 Kinder wurden in einer standardisierten Interaktionssituation mit einer erwachsenen weiblichen Spielpartnerin beobachtet, der ein Mißgeschick passierte und die daraufhin Traurigkeit demonstrierte. Die emotionalen und prosozialen Reaktionen der Kinder wurden gefilmt und anschließend qualitativ und quantitativ analysiert.

Ausgehend von einem motivationspsychologischen Ansatz wurde postuliert, daß bei Kindern, die mit empathischem Mitgefühl auf den Kummer des Gegenübers reagieren, eine altruistische Motivation ausgelöst wird, die zu prosozialem Verhalten mit hohen Kosten führt. Demgegenüber sollte in Kindern, die eher Unbehagen ("distress") in Anbetracht der traurigen Person empfinden, eine egoistische prosoziale Motivation entstehen, die zum Ziel hat, die unangenehme Situation unter Einsatz von möglichst wenig Kosten zu beenden. Dieser Problemkreis wurde erweitert um die Fragen, welche Rolle Geschlecht und Kultur für die emotionalen und prosozialen Reaktionen der Kinder spielen. Der Vergleich von Kindern, die in einer eher individualistischen Kultur wie der BRD bzw. in einer eher kollektivistischen Kultur wie der UdSSR sozialisiert wurden, erschien hier besonders interessant. Um zu überprüfen, ob die UdSSR und die BRD in ihren alten Grenzen dieser Zuordnung überhaupt entsprechen, wurde den Müttern der Kinder ein Fragebogen vorgelegt (INDCOL, Hui, 1984, 1988), der diese Konstrukte mißt.

Es stellte sich heraus, daß die sowjetischen Mütter tatsächlich kollektivistischere Werte und Einstellungen zeigten als die deutschen.

Der Zusammenhang zwischen empathischem Mitgefühl und prosozialem Verhalten ließ sich ebenfalls bestätigen. Kinder, die ausgeprägt mitfühlend auf den Kummer der Spielpartnerin reagierten, zeigten spontan prosoziales Verhalten mit hohen Kosten. Außerdem zeigten alle Kinder dieser Gruppe prosoziale Reaktionen, wohingegen die überwiegend mit "distress" reagierenden Kinder zu einem Drittel keinerlei Hilfeleistungen hervorbrachten. Wenn sie prosozial reagierten, dann im allgemeinen mit Verhaltensweisen, die keine besonders hohen Kosten von ihnen verlangten oder aber erst zu einem späteren Zeitpunkt auftraten, wenn der Kummer der Spielpartnerin nicht mehr so massiv war.

Neben der emotionalen Reaktion der Kinder erwies sich das Verhalten der Kinder in der Interaktion mit der Spielpartnerin vor dem "Unglück" als entscheidend für das prosoziale Verhalten. Kinder, die sich im Spiel mit der Erwachsenen eher offen und selbstbewußt gegeben hatten, zeigten Hilfeverhalten, das mehr Kosten implizierte als Kinder, die der Spielpartnerin gegenüber eher schüchtern und zurückhaltend gewesen waren. Dieses Ergebnis überraschte insofern, als die Spielpartnerin vor Beginn der eigentlichen Untersuchungen eine Woche lang in die entsprechenden Kindergärten gegangen war und zu allen teilnehmenden Kindern ein vertrautes Verhältnis hergestellt hatte.

Was die Kultur- und Geschlechterunterschiede betrifft, so stellte sich heraus, daß sie nicht unabhängig voneinander zu betrachten sind. *Geschlechterunterschiede* gab es vor allem in der deutschen Stichprobe. Die deutschen Mädchen zeigten intensiveres und längeres empathisches Mitgefühl als die deutschen Jungen. Außerdem waren ihre prosozialen Reaktionen mit mehr Kosten verbunden und traten spontaner auf. In der sowjetischen Stichprobe war nur ein Geschlechterunterschied zu beobachten: Mehr Jungen als Mädchen zeigten prosoziales Verhalten.

Ein *Kulturunterschied* bestand in einer Variante des "distress", dem "distress" passiv. So wurde eine Reaktion genannt, bei der die Kinder in Anbetracht der Situation mit Anspannung reagierten und sich kaum noch bewegten, quasi "erstarrten". Mehr sowjetische als deutsche Kinder reagierten so auf die Traurigkeit der Spielpartnerin. Besonders groß war der Kontrast zwischen den deutschen und sowjetischen Mädchen; erstere reagierten vor allem mit empathischem Mitgefühl, letztere überwiegend mit passivem "distress". Außerdem zeigten die deutschen im Vergleich zu den sowjetischen Mädchen engagierteres Hilfeverhalten, in das mehr Kosten investiert wurden. Die deutschen Mädchen zeigten solche prosoziale Reaktionen, die relativ mehr Kosten implizieren, früher als die sowjetischen.

Die Ergebnisse bestätigen das zugrundeliegende Modell der Aktualgenese prosozialen Verhaltens und unterstreichen die Bedeutung der Verwendung valider Meßverfahren. Die Geschlechter- und Kulturunterschiede werden im Rahmen der kulturspezifischen Sozialisation diskutiert. Da die sowjetischen Kinder autoritärer als die deutschen erzogen wurden, fehlten ihnen vermutlich die sozialen Kompetenzen, die zum adäquaten Umgang mit der Traurigkeit einer erwachsenen Person nötig sind. Bestätigung findet diese Interpretation der Daten in einer Analyse des Verhaltens der Kinder in der Interaktion mit der Spielpartnerin vor dem "Unglück", in dem sich die sowjetischen Kinder als signifikant schüchterner und zurückhaltender erwiesen als die deutschen. Besonders groß war der Unterschied zwischen den deutschen und den sowjetischen Mädchen, was damit erklärt wurde, daß die sowjetischen Mädchen durch ihre betont geschlechtsspezifische Erziehung noch stärker in Richtung Anpassung sozialisiert wurden. Es wird vorgeschlagen, die Kinder in Zukunft längsschnittlich sowohl mit einer erwachsenen als auch einer gleichaltrigen Spielpartnerin zu untersuchen, um einerseits Aussagen über den Entwicklungsverlauf von empathischem Mitgefühl und prosozialem Verhalten machen zu können und andererseits das Verhalten einer gleichaltrigen und einer älteren Person gegenüber vergleichen zu können.

Literatur:

Bakan, D. (1966). The duality of human existence. Chicago: Rand McNally.

Bandura, A. (1965). Influence of model's reinforcement contingencies on the acquisition of imitative responses. Journal of Personality and Social Psychology, 1, 589-595.

Barnett, M.A., Howard, J.A., Melton, E.M. & Dino, G.A. (1982). Effect of inducing sadness about self or other on helping behavior in high and low empathic children. Child Development, 53, 920-923.

Barnett, M.A., (1984). Similarity of experience and empathy in preschoolers. Journal of Genetic Psychology, 145, 241-250.

Batson, C.D. (1987). Prosocial motivation: Is it ever truely altruistic? In: L. Berkowitz (Ed.), Advances in experimental psychology. New York: Academic Press, 65-122.

Batson, C.D. (1991). The altruism question: Toward a social-psychological answer. Hillsdale, NY: Erlbaum.

Batson, C.D., Batson, J.G., Griffitt, C.A,, Barrientos, S., Brandt, J.R., Sprengelmeyer, P. & Bayly, M.J. (1989). Negative-state-relief and the empathy-altruism hypothesis. Journal of Personality and Social Psychology, 56 (6), 922-933.

Batson, C.D., Batson, J.G., Slingsby, J.K., Harrell, K.L., Peekna, H.M. & Todd, R.M. (1991). Empathic joy and the empathy-altruism hypothesis. Journal of Personality and Social Psychology, 61, 413-426.

Batson, C.D., Cowles, C. & Coke, J.S. (1979). Empathic mediation of the response to a lady in distress: Egoistic or altruistic? Unpublished manuscript, University of Kansas.

Batson, C.D., Duncan, B., Ackerman, P., Buckley, T. & Birch, K. (1981). Is empathic emotion a source of altruistic motivation? Journal of Personality and Social Psychology, 40, 290-302.

Batson, C.D., Dyck, J.L., Brandt, J.R., Batson, J.G., Powell, A.L., McMaster, M.R. & Griffit, C. (1988). Five studies testing two new egoistic alternatives to the empathy-altruism hypothesis. Journal of Personality and Social Psychology, 55, 52-77.

Batson, C.D., O'Quinn, K., Fultz, J., Vanderplas, M. & Isen, A. (1983). Self-reported distress and empathy and egoistic versus altruistic motivation for helping. Journal of Personality and Social Psychology, 45, 706-718.

Bierhoff, H.W. (1982). Sozialpsychologie. Ein Lehrbuch. Stuttgart: Kohlhammer.

Bierhoff, H.W. (1990). Psychologie hilfreichen Verhaltens. Stuttgart: Kohlhammer.

Bierhoff, H.W. (1992). Verantwortung und prosoziales Verhalten. In L. Montada (Hrsg.), Bericht über den 38. Kongreß der Deutschen Gesellschaft für Psychologie in Trier 1992, Band 1 (S.439-440). Göttingen: Hogrefe.

Bischof-Köhler, D. (1989). Spiegelbild und Empathie. Die Anfänge der sozialen Kognition. Bern: Hans Huber.

Bischof-Köhler, D. (1990). Frau und Karriere in psychobiologischer Sicht. Zeitschrift für Arbeits- und Organisationspsychologie, 34, 17-28.

Borkenau, P. (1991). Gibt es eine altruistische Motivation? Psychologische Rundschau, 42, 195-205.

Bortz, J. (1985). Lehrbuch der Statistik für Sozialwissenschaftler. Berlin: Springer.

Bowlby, J. (1982). Attachment and loss. Vol.1: Attachment (2nd Ed.). New York, NJ: Basic Books.

Bronfenbrenner, U. (1967). Response to pressure from peers versus adults among Soviet and American school children. International Journal of Psychology, 2, 199-208.

Bronfenbrenner, U. (1969). Reaction to social pressure from adults versus peers among soviet day school and boarding school pupils in the perspective of an American sample. Paper prepared for presentation at the Symposium on "Social factors in childhood and adolescence" at the XIXth International Congress of Psychology, London, England, July 28-August 2.

Bronfenbrenner, U. (1972). Zwei Welten. Kinder in USA und UdSSR. Stuttgart: Deutsche Verlags-Anstalt.

Bronfenbrenner, U. (1981). Die Ökologie der menschlichen Entwicklung. Natürliche und geplante Experimente. Stuttgart: Klett-Cotta.

Bryant, B.K. (1987). Mental health, temperament, family and friends' perspectives on children's empathy and social perspective taking. In N. Eisenberg & J. Strayer (Eds.), Empathy and its development (pp.245-270). Cambridge: Cambridge University Press.

Campos, J.J., Barrett, K.C., Lamb, M.E., Goldsmith, H.H. & Stenberg, C. (1983). Socioemotional development. In P.H.Mussen (Hrsg.), Handbook of child psychology, Vol.2: Infancy and developmental psychobiology (pp. 783-915). New York: Wiley.

Cialdini, R.B., Schaller, M., Houlihan, D., Arps, K., Fultz, J. & Beaman, A.L. (1987). Empathy-based helping: Is it selflessly or selfishly motivated? Journal of Personality and Social Psychology, 52, 749-758.

Cohen, J. (1960). A coefficient of agreement for nominal scales. Educational and Psychological Measurement, 20, 37-46.

Coke, J.S. (1980). Empathic mediation of helping: Egoistic or altruistic? (Doctoral dissertation, University of Kansas, 1979). Dissertation Abstracts International, 41B, 405. (University microfilms No. 8014371).

Coke, J.S., Batson, C.D. & McDavis, K. (1978). Empathic mediation of helping: A two-stage model. Journal of Personality and Social Psychology, 36, 752-766.

Deißler, H.H. (1978). Der neue Kindergarten. Die erzieherische Gestaltung. Freiburg: Hyperion.

Deutsch, F. & Madle, R.A. (1975). Empathy: Historic and current conceptualizations. Human Development, 18, 267-287.

Dunn, J., Bretherton, I. & Munn, P. (1987). Conversations about feeling states between mothers and their young children. Developmental Psychology, 23, 132-139.

Eagly, A.H. & Crowley, M. (1986). Gender and helping behavior: A meta-analytic review of the social psychological literature. Psychological Bulletin, 100, 283-308.

Eichberg,E. (1974). Vorschulerziehung in der Sowjetunion. Düsseldorf: Schwann.

Einot, I. & Gabriel, K.R. (1953). A study of the powers of several methods of multiple comparisons. Journal of the American Statistical Association, 70, 351-355.

Eisenberg, N. (1986). Altruistic emotion, cognition, and behavior. Hove, East Sussex: Erlbaum.

Eisenberg, N. (1989). Empathy and sympathy. In W. Damon (Ed.), Child development today and tomorrow (pp. 137-154). San Francisco: Jossey-Bass.

Eisenberg, N. & Fabes, R.A. (1990). Empathy: Conceptualization, measurement, and relation to prosocial behavior. Motivation and Emotion, 14, 132-149.

Eisenberg, N., Fabes, R.A., Bustamante, D., Mathy, R.M., Miller, P.A. & Lindholm, E. (1988). Differentiation of vicariously induced emotional reactions in children. Developmental Psychology, 24, 237-246.

Eisenberg, N., Fabes, R.A., Miller, P.A., Fultz, J., Shell, R., Mathy, R.M. & Reno, R.R. (1989). Relation of sympathy and personal distress to prosocial behavior: A multimethod study. Journal of Personality and Social Psychology, 57, 55-66.

Eisenberg, N., Fabes, R.A., Miller, P.A., Shell, R., Shea, C. & May-Plumlee, T. (1990). Preschoolers' vicarious emotional responding and their situational and dispositional prosocial behavior. Merrill-Palmer Quarterly, 36, 507-529.

Eisenberg, N., Fabes, R.A., Schaller, M., Carlo, G. & Miller, P.A. (1991). The relations of parental characteristics and practices to children's vicarious emotional responding. Child Development, 62, 1393-1408.

Eisenberg, N., Fabes, R.A., Schaller, M. & Miller, P.A. (1989). Sympathy and personal distress: Development, gender differences and interrelations of indexes. New Directions for Child Development, 44, 107-126.

Eisenberg, N., Fabes, R.A., Schaller, M., Miller, P.A., Carlo, G., Poulin, R., Shea, C. & Shell, R. (1991). The relations of parental characteristics and practices to children's vicarious emotional responding. Journal of Personality and Social Psychology, 61, 459-470.

Eisenberg, N. & Lennon, R. (1983). Sex differences in empathy and related capacities. Psychological Bulletin, 94 (1), 100-131.

Eisenberg, N., McCreath, H. & Ahn, R. (1988). Vicarious emotional responsiveness and prosocial behavior. Personality and Social Psychology Bulletin, 14, 298-311.

Eisenberg, N. & Miller, P.A. (1987). The relation of empathy to prosocial and related behaviors. Psychological Bulletin, 101, 91-119.

Eisenberg, N., Miller, P.A., Schaller, M., Fabes, R.A., Fultz, J., Shell, R. & Shea, C.L. (1989). The role of sympathy and altruistic personality traits in helping: A reexamination. Journal of Personality, 57, 41-67.

Eisenberg, N. & Mussen, H. (1989). The roots of prosocial behavior in children. Cambridge: Cambridge University Press.

Eisenberg, N., Schaller, M., Fabes, R.A., Bustamante, D., Mathy, R.M., Shell, R. & Rhodes, K. (1988). Differentiation of personal distress and sympathy in children and adults. Developmental Psychology, 24, 766-775.

Eisenberg, N., Shea, C.L., Carlo, G. & Knight, G. (1991). Empathy and related responding and cognition: A "chicken and the egg" dilemma. In W.M. Kurtines (Ed.), Advances in moral development, Vol. 1 (pp.63-88). New York: Wiley.

Ekman, P. & Friesen, W. (1975). Unmasking the face. Englewood, N.J.: Prentice-Hall.

Engel, H., Holfelder, W. & Czerny, H. (1983). Kindergartenrecht in Baden-Württemberg. Stuttgart: Kohlhammer.

Fabes, R.A., Eisenberg, N. & Miller, P.A. (1990). Maternal correlates of children's vicarious emotional responsiveness. Developmental Psychology, 26, 639-648.

Feshbach, N. D. (1978). Studies of empathic behavior in children. In B.A. Maher (Ed.), Progress in experimental personality research (pp. 1-47). New York: Academic Press.

Feshbach, N. D. & Roe, K. (1968). Empathy in six and seven years olds. Child Development, 39, 133-145.

Fuchs, D. & Thelen, M.H. (1988). Children's expected interpersonal consequences of communicating their affective state and reported likelihood of expression. Child Development, 59, 1314-1322.

Fultz, J. (1982). Influence of potential for self-reward on egoistically and altruistically motivated helping. Unpublished M.A. thesis. University of Kansas.

Fultz, J., Schaller, M. & Cialdini, R.B. (1988). Empathy, sadness and distress: three related but distinct vicarious affective responses to another's suffering. Personality and Social Psychology Bulletin, 14, 312-325.

Hall, J.A. (1978). Gender differences in decoding nonverbal cues. Psychological Bulletin, 85, 845-857.

Heckhausen,H. (1980). Motivation und Handeln (1. Auflage). Berlin: Springer.

Hoffman, M.L. (1975). Moral internalization, parental power, and the nature of parent-child interaction. Developmental Psychology, 11, 228-239.

Hoffman, M.L. (1981). Is altruism part of human nature? Journal of Personality and Social Psychology, 40, 121-137.

Hoffman, M.L. (1983). Empathy, guilt and social cognition. In: W.F. Overton (Ed.): The relationship between social and cognitive development (pp. 1-51). Hillsdale: LEA.

Hoffman, M.L. (1984). Empathy, its limitations, and its role in a comprehensive moral theory. In W.M. Kurtines & J.L. Gewirtz (Eds.), Morality, moral behavior, and moral development (pp. 283-302). New York: Wiley.

Hofstede, G. (1980). Culture's consequences. International differences in work-related values. London: Sage.

Hofstede, G. (1989). Sozialisation am Arbeitsplatz aus kulturvergleichender Sicht. In G. Trommsdorff (Hrsg.), Sozialisation im Kulturvergleich (S. 156-174). Stuttgart: Enke Verlag.

Hui, C.H. (1984). Individualism-Collectivism: Theory, measurement and its relation to reward allocation (Doctoral dissertation). Urbana, Champaign: University of Illinois Press.

Hui, C.H. (1988). Measurement of Individualism-Collectivism. Journal of Research in Personality, 22, 17-36.

Hui, C.H. & Triandis,H.C. (1986). Individualism-Collectivism. A study of cross-cultural researchers. Journal of Cross-Cultural Psychology, 17, 225-248.

Husarek, B. (1992). Empathische Responsivität bei Vorschulkindern: Individuelle Unterschiede und ihre Genese. Dissertation an der Universität des Saarlandes, Saarbrücken.

Izard, C.E. (1979). The maximally discriminative facial movement coding system (Max). Newark: University of Delaware.

Kant, I. (1788). Critik der practischen Vernunft. Riga: Johann Friedrich Hartknoch.

Kestenbaum, R., Farber, E.A. & Sroufe, L.A. (1989). Individual differences in empathy among preschoolers: Relation to attachment history. New Directions for Child Development, 44, 51-64.

Kölln, H. & Tiemann, D. (1976). Entwicklung flexibler Geschlechtsrollen. In H. Hielscher (Hrsg.), Materialien zur sozialen Erziehung im Kindesalter (S. 121-140). Heidelberg: Quelle & Meyer.

Kohut, H. (1980). Reflections. In A. Goldberg (Ed.), Advances in self psychology (pp. 473-554). New York: International Universities Press.

Kornadt, H.-J. (1982). Aggressionsmotiv und Aggressionshemmung (Band 1). Bern: Hans Huber.

Kornadt, H.-J. (1989). Aggressivität und Erziehung im Kulturvergleich. Abschlußbericht über die im Rahmen der Hauptuntersuchung und mit Mitteln der VW-Stiftung durchgeführten Arbeiten. Saarbrücken: Universität des Saarlandes, FR 6.1.

Koestner, R., Weinberger, J. & Franz, C. (1990). The family origins of empathic concern: A 26-year longitudinal study. Journal of Personality and Social Psychology, 58, 709-717.

Krebs, D. (1975). Empathy and altruism. Journal of Personality and Social Psychology, 32, 1134-1146.

Kuhl, U. (1986). Selbstsicherheit und prosoziales Handeln. München: Profil.

Lennon, R. & Eisenberg, N. (1987). Gender and age differences in empathy and sympathy. In N. Eisenberg & J. Strayer (Eds.), Empathy and its development (pp. 195-217). Cambridge: Cambridge University Press.

Lipps, Th. (1903). Leitfaden der Psychologie. Leipzig: Wilhelm Engelmann.

Lipps, Th. (1907). Das Wissen von fremden Ichen. In T. Lipps (Hrsg.), Psychologische Untersuchungen (694-722). Leipzig: Wilhelm Engelmann.

Lück, H.E. (1975). Prosoziales Verhalten. Empirische Untersuchungen zur Hilfeleistung. Köln: Kiepenheuer & Witsch.

Martz, J.M. (1991). Giving Batson's strawman a brain ... and a heart. American Psychologist, 46, 162-163.

Mead, M. (1935). Sex and temperament in three primitive societies. New York: Morrow.

Mehrabian, A. & Epstein, N.A. (1972). A measure of emotional empathy. Journal of Personality, 40, 525-543.

Ministerium für Kultus und Sport Baden-Württemberg (Hrsg.) (1990). Lebensraum Kindergarten (9. Auflage). Freiburg: Herder. Lahr: Ernst Kaufmann.

Nagl, W. (1992). Statistische Datenanalyse mit SAS. Frankfurt/Main: Campus.

Netschajewa, W.G. & Markowaja, T.A. (Hrsg.). (1984). Nrawstwennoje wospitanie w detskom sadu [die moralische Erziehung im Kindergarten]. Moskau: Prosweschtschenie [Aufklärung].

Parsons, T. & Bales, R.F. (1955). Family socialization and interaction process. Glencoe: Free Press.

Peraino, J.M. & Sawin, D. (1980). Empathic distress and prosocial behavior. Unpublished manuscript, University of Texas at Austin.

Rogers, C. (1951). Client-centered therapy. Boston: Houghton Mifflin.

Rogers, C. (1959). A theory of therapy, personality, and interpersonal relationships as developed in the client-centered framework. In J.S. Koch (Ed.), Psychology: A study of science: Vol. 3. Formulations of the person in the social context (pp. 184-256). New York: Mc Graw-Hill.

Rokeach, M. (1982). On the validity of Spranger-based measures of value similarity. Journal of Personality and Social Psychology, 42, 88-89.

Saarni, C. (1988). Emotional competence: How emotions and relationships become integrated. In R.A. Thompson (Ed.), Nebraska Symposium of Motivation (pp. 115-182). Lincoln: University of Nebraska Press.

Saarni, C. (1992). Children's emotional-expressive behaviors as regulators of other's happy and sad emotional states. New directions for child development, 53, 91-106.

SAS Institute Inc. (1990). SAS Procedures Guide, Version 6, Third edition. Cary: SAS Institute Inc..

Schaller, M. & Cialdini, R.B. (1988). The economics of empathic helping: Support for a mood management motive. Journal of Experimental Social Psychology, 24, 163-181.

Scheler, M. (1923). Die Sinngesetze des emotionalen Lebens (Band I). Wesen und Formen der Sympathie. Bonn: Friedrich Cohen.

Schopenhauer, A. (1979). Preisschrift über die Grundlage der Moral. Hamburg: Meiner.

Schroeder, D.A., Dovidio, J.F., Sibicky, M.E., Matthews, L.L. & Allen, J.L. (1988). Empathic concern and helping behavior: Egoism or altruism? Journal of Experimental Social Psychology, 24, 333-353.

Schwartz, S.H. (1990). Individualism-Collectivism. Critique and proposed refinements. Journal of Cross-Cultural Psychology, 21, 139-157.

Shouval, R., Kav Venaki, S., Bronfenbrenner, U., Devereux, E.C. & Kiely, E. (1975). Anomalous reactions to social pressure of Israeli and Soviet children raised in family versus collective settings. Journal of Personality and Social Psychology, 32, 477-489.

Siegel, S. (1987). Nicht-parametrische statistische Methoden. Eschborn: Fachbuchhandlung für Psychologie.

Smith, K.D., Keating, J.P. & Stotland, E. (1989). Altruism reconsidered: The effect of denying feedback on a victim's status to empathic witness. Journal of Personality and Social Psychology, 57(4), 641-650.

Tausch, R. & Tausch, A. (1979). Gesprächspsychotherapie. Göttingen: Hogrefe.

The Chinese Cultural Connection (1987). Chinese values and the search for culture-free dimensions of culture. Journal of Cross-Cultural Psychology, 18, 143-164.

Titchener, E. (1909). Experimental psychology of the thought processes. New York: Macmillan.

Toi, M. & Batson, C.D. (1982). More evidence that empathy is a source of altruistic motivation. Journal of Personality and Social Psychology, 43, 281-292.

Tomkins, S.S. (1962). Affect, imagery, conciousness (vol. 1). The positive affects. New York: Springer.

Triandis, H.C. (1984). Cross-Cultural Psychology. American Psychologist, 39, 1006-1016.

Triandis, H.C. (1988). A strategy for cross-cultural research in social psychology. Invited address to the International Congress of Scientific Psychology, Sydney, Australia.

Triandis, H.C. (1989). Cross-Cultural Studies of Individualism and Collectivism. In J. Berman (Ed.), Nebraska Symposium on Motivation (pp. 41-133). Lincoln: University of Nebraska Press.

Triandis, H.C., Bontempo, R., Betancourt, H., Bond, M., Leung, K., Brenes, A., Georgas, J., Hui, H., Marin, G., Setiadi, B., Sinha, J., Verma, J., Spangenberg, J., Touzard, H., de Montmollin, G. (1986). The Measurement of the Ethic Aspects of Individualism and Collectivism Across Cultures. Australian Journal of Psychology, 38, 257-267.

Triandis, H.C., Bontempo, R., Villareal, M.J., Asai,M. & Lucca, N. (1988). Individualism and Collectivism: Cross-Cultural Perspectives on Self-Ingroup Relationships. Journal of Personality and Social Psychology, 54, 323-338.

Triandis, H.C., Leung, K., Villareal, M.J. & Clack (1985). Allocentric versus Idiocentric Tendencies: Convergent and Discriminant Validation. Journal of Research in Personality, 19, 395-415.

Triandis, H.C., McCusker, C. & Hui, H. (1990). Multimethod Probes of Individualism and Collectivism. Journal of Personality and Social Psychology, 59, 1006-1020.

Trommsdorff, G. (1989a). Kulturvergleichende Sozialisationsforschung. In G. Trommsdorff (Hrsg.), Sozialisation im Kulturvergleich (S. 6-25). Stuttgart: Enke Verlag.

Trommsdorff, G. (1989b). Sozialisation und Werthaltungen im Kulturvergleich. In G. Trommsdorff (Hrsg.), Sozialisation im Kulturvergleich (S. 97-121). Stuttgart: Enke Verlag.

Trommsdorff, G. (1991). Entwicklung von Emotionen im Kulturvergleich. In U. Schmidt-Denter (Hrsg.), Abstraktband der 10. Fachgruppentagung für Entwicklungspsychologie, 23.-25.09.1991, Universität zu Köln (S. 276). Köln: Universität zu Köln.

Trommsdorff, G. (1993). Kulturvergleich von Emotionen beim prosozialen Handeln. In H. Mandl, M. Dreher & H.-J. Kornadt (Hrsg.), Entwicklung und Denken im kulturellen Kontext. Göttingen: Hogrefe.

Trommsdorff, G. (in Vorbereitung). Prosoziale Motivation. Bericht für die DFG.

Trommsdorff, G. & John, H. (1992). Decoding affective communication in intimate relationships. European Journal of Social Psychology, 22, 41-54.

Trommsdorff, G., Friedlmeier, W. & Kienbaum, J. (1991). Entwicklung von Empathie und prosozialem Verhalten bei Kindern. In U. Schmidt-Denter (Hrsg.), Abstraktband der 10. Fachgruppentagung für Entwicklungspsychologie, 23.-25.09.1991, Universität zu Köln (S. 265). Köln: Universität zu Köln.

Underwood, B. & Moore, P. (1982). Perspective-taking and altruism. Psychological Bulletin, 91, 143-173.

Vinogradova, A.M. (Hrsg.). (1989). Wospitanie nrawstwennich tschuwst u starschych doschkolnikow [die Erziehung moralischer Gefühle bei älteren Vorschulkindern]. Moskau: Prosweschtschenie [Aufklärung].

Waters, E., Wippman, J. & Sroufe, L.A. (1979). Attachment, positive affect, and competence in the peer group: Two studies in construct validation. Child Development, 50, 821-829.

Whiting, B.B. & Whiting, J.W.M. (1975). Children of six cultures: A psychocultural analysis. Cambridge, MA.: Harvard University Press.

Wundt, W. (1904-1920). Völkerpsychologie. Eine Untersuchung der Entwicklungsgesetze der Sprache, Mythos und Sitte. Leipzig: Engelmann.

Zahn-Waxler, C., Cole, D.M. & Barrett, K.C. (1991). Guilt and empathy: Sex differences and implications for the development of depression. In J. Garber & K.A. Dodge (Eds.). The development of emotion regulation and dysregulation (pp. 243-272). Cambridge: Cambridge University Press.

Zahn-Waxler, C., Radke-Yarrow, M., & King, R.A. (1979). Child rearing and childrens's prosocial initiations towards victims of distress. Child Development, 50, 319-330.

ANHANG A: AUSWERTUNGSSCHEMA FÜR DIE EMPATHIE-SITUATION

Universität Konstanz

Jutta Kienbaum, 1990

Universität Konstanz · Postfach 5560 · D-7750 Konstanz 1

Universitätsstraße 10
Telex: 0733359 univ d
Telefon: (07531) 88-1
Durchwahl: 88-

Datum:

Aktenzeichen:

AUSWERTUNGSLEITFADEN FÜR DIE EMPATHIE-SITUATION

Die Auswertung wird in 6 Abschnitte geteilt:

1. Teil: Einschätzung der Kind - Erwachsenen - Beziehung
2. Teil: Feineinschätzung emotionale Reaktionen (Dauer)
3. Teil: Gesamteinschätzung emotionale Reaktionen (Intensität)
4. Teil: Einschätzung der Verhaltenskategorien
5. Teil: Einschätzung der Blickrichtung
6. Teil: Einschätzung des prosozialen Verhaltens

Bank: LZB Konstanz
(BLZ 69000000) Nr. 69001504

ERKLÄRUNG ZUR EINSCHÄTZUNG DER KIND-ERWACHSENEN-BEZIEHUNG (BOGEN 1)

Vom Beginn des Turmbaus bis zum Platzen des Luftballons soll die Beziehung des Kindes zur Spielpartnerin auf einer 3-stufigen Skala eingeschätzt werden.

Es geht dabei um den Verhaltensstil des Kindes in seinem Umgang mit der Spielpartnerin. Es bedeuten:

1=eher schüchtern/gehemmt,
2=weder besonders schüchtern noch besonders offen,
3=eher offen/selbstbewußt.

Die beiden Endpunkte der Skala werden folgendermaßen operationalisiert:

1 = Das Kind redet kaum bzw. gar nicht von sich aus; es ist in seinen Körperbewegungen eher verhalten, macht insgesamt einen eher schüchternen und zurückhaltenden Eindruck.

3 = Das Kind redet ungehemmt mit der Spielpartnerin, bewegt sich frei im Raum, wirkt eher ungezwungen.

ERKLÄRUNG ZUR FEINEINSCHÄTZUNG DER EMOTIONALEN REAKTIONEN (BOGEN 2)

Die Auswertung wird in 2 Teile geteilt:

1. Teil: 3 sec nach Platzen des Luftballons (= Orientierungsphase) bis zur Bemerkung der Spielpartnerin.
2. Teil: Von der Bemerkung der Spielpartnerin bis zum Ende der Trauer.

In einem 1. Schritt wird die Szene von dem Rater/der Raterin mindestens 2 Mal sowohl in der Gesamt-, als auch in der Nahaufnahme angeschaut. Dann werden für die Teile 1 und 2 die Reaktionsformen empathisches Mitgefühl, "distress" aktiv, "distress" passiv und Unbetroffenheit festgelegt und eingetragen. Sie sind folgendermaßen zu unterscheiden:

1. Empathisches Mitgefühl
Das Kind wirkt betroffen, <u>es schwingt emotional mit der Spielpartnerin mit. Die Aufmerksamkeitszuwendung zur Spielpartnerin ist hoch</u>, die sonstige Spielaktivität niedrig. Die Mimik ist insgesamt weich, manchmal steht der Mund auf, die untere Gesichtshälfte ist nicht angespannt. Der Ausdruck ist betroffen/traurig. Der Tonfall ist weich, oft spricht das Kind etwas leiser und tiefer. Die Körperhaltung ist der Spielpartnerin zugewandt.

2. "distress" aktiv
Das Kind wirkt betroffen, <u>dabei machen sich eine innere Unruhe und Spannung in ihm bemerkbar</u>. <u>Es gelingt ihm aber, zumindest teilweise aus dem Felde zu gehen: Es spielt mit dem Turm weiter oder lenkt sich in sonst einer Form ab</u> (z.B. spielt es mit seinem eigenen Luftballon oder mit den "Haaren" des kaputten Luftballons weiter). Es zeigt nervöse, unfunktionale Bewegungen von Mund und Kinn wie z.B. Lippenpressen oder auf die Lippen beißen. Der Tonfall ist eher angespannt, manchmal seufzt das Kind.

Ausgehend von dieser allgemeinen Beschreibung soll für die <u>Feinanalyse</u> noch eine Differenzierung von "distress" aktiv in 4 Untergruppen vorgenommen werden, die sich folgendermaßen unterscheiden:

21) Das Kind schaut fast gar nicht oder überhaupt nicht mehr zur Spielpartnerin hin und schweigt.
22) Das Kind schaut ab und zu wieder hin und redet.
23) Das Kind schaut ab und zu wieder hin und schweigt.
24) Das Kind schaut fast gar nicht oder überhaupt nicht mehr hin und redet dabei.

Dabei bedeutet "Schweigen": keine bzw. höchstens eine <u>kurze</u> Bemerkung(max. 5 Wörter), "fast gar nicht hinschauen" bedeutet eine Gesamtdauer von nicht mehr als 6 Sekunden pro Teil, also auf 57 bzw. 60 Sekunden. 6 Sek. Blickzuwendung auf eine Dauer von z.B. 20 Sekunden würden als "Zuwendung" eingestuft! "<u>Zuwendung</u>" bezieht sich dabei sowohl auf die Spielp. als auch auf den kaputten Luftballon. Hier ist also die <u>Summe</u> aus beiden Blickrichtungen zu bilden!

Beispiele:
* Ki spielt ohne Unterbrechung weiter, schaut auch während der Bemerkung nicht zur Spp hin, schweigt (21).
* Ki spielt weiter, unterbricht dabei aber immer wieder, guckt dabei zur Spp hin. Der Blick ist unruhig, mal zur Spp, mal in den Raum. Abrupte Kopfbewegungen, einzelne Bemerkungen (22).
* Ki spielt weiter, ist dabei aber überaktiv und legt eine Art unnatürliche Fröhlichkeit an den Tag, schaut überwiegend weg (24).

Wichtig: Sollte in einer der Kategorien die Unterscheidung zu "unbetroffen" schwerfallen (z.B. weil die Mimik schwer zu erkennen ist), so sind folgende Kriterien heranzuziehen:

1. Ist das Verhalten im Vgl. zur Sequenz vor dem Unglück verändert? Z.B. langsamer oder hektischer oder unkonzentrierter? Wenn ja ---> "distress".

2. Hat das Kind vorher fröhlich geredet und schweigt jetzt? Wenn ja---> "distress".

3. Merkt man dem Kind Erleichterung an, wenn die Spielpartnerin zu trauern aufhört? Wenn ja ---> "distress"

4. Schaut das Kind während der Bemerkung der Spielpartnerin gar nicht zu ihr hin? Wenn ja ---> "distress".

Die Bejahung einer dieser Fragen reicht aus, um "distress" zu wählen! Wenn immer noch Unklarheit besteht, wird der Selbstbericht (Antwort auf Fragen: "Was war mit mir/Dir?") herangezogen. Berichtet das Kind selbst von einer eher traurigen Reaktion, so wird "distress" geratet, sagt es, es wäre ihm "ganz normal" oder gut gegangen, "unbetroffen".

3. "distress" passiv

Das Kind wirkt betroffen, dabei machen sich innere Unruhe und Spannung in ihm bemerkbar. Es zeigt die gleichen Mimik-Merkmale wie bei "distress" aktiv. Im Gegensatz dazu spielt das Kind aber nicht oder kaum weiter, es verharrt in der Position, in der es während des Platzens des Luftballons war. Es "erstarrt". Dabei lassen sich häufig dysfunktionale, nervöse Bewegungen, wie z.B. mit dem Fuß wippen oder einen Klotz in den Händen drehen, beobachten. Die Blickzuwendung ist überwiegend niedrig, der Tonfall angespannt, manchmal seufzt es auf.

Auch hier wird für die Feinanalyse eine Differenzierung in 4 Untergruppen vorgenommen:

31) Das Kind schaut fast gar nicht oder überhaupt nicht mehr zur Spp hin und schweigt.
32) Das Kind guckt ab und zu wieder zur Spp hin, macht dabei einzelne Bemerkungen und bewegt sich etwas.
33) Das Kind guckt ab und zu wieder hin und schweigt, oder das Kind guckt die ganze Zeit hin und schweigt.
34) Das Kind schaut fast gar nicht bzw. überhaupt nicht mehr zur Spp hin und macht dabei einzelne Bemerkungen.

Wie schon bei "distress" aktiv bedeuten "Schweigen" höchstens eine kurze Bemerkung und "fast gar nicht hingucken" höchstens zwei kurze Blicke.

Beispiele:

* Ki unterbricht Spiel, spielt nervös mit einem Bauklotz, die Augen wandern unruhig hin und her, es bleibt dabei aber in der Position, in der es bei Platzen des Luftballons war (33).
* Ki unterbricht Spiel, wendet Blick von der Spielpartnerin ab. Scheint sie

nicht mehr wahrzunehmen, reagiert bei Bemerkung überhaupt nicht. Keine Blickzuwendung, Blick verträumt/starr, Kind seufzt. Nimmt nach Trauer Spiel wieder auf (31).

4. Unbetroffenheit

Beim Kind läßt sich keine Betroffenheit feststellen, die Situation läßt es "kalt". Es spielt so weiter wie vorher, die Blickzuwendung zur Spielpartnerin ist niedrig und auch der Tonfall ist im Vgl. zu vorher unverändert. Keine dysfunktionalen Bewegungen in der Mimik oder Gestik.

WICHTIGE HINWEISE:

1. In **Zweifelsfällen** sind
a) das Verhalten des Kindes vor und nach der Trauer und
b) die Antworten in der Nachbefragung heranzuziehen:
zu a)
- Hat sich etwas im Spielverhalten des Kindes verändert?
- Ist das Kind erleichtert, daß die Spielpartnerin nicht mehr trauert?
- Kommt das Kind nach Ende der Trauer noch auf das Geschehen zurück?

zu b)
- Hat das Kind die Emotion der Spielpartnerin richtig erkannt?
- Berichtet das Kind von sich selbst eine anteilnehmende Emotion?

Die Bejahung dieser Fragen deutet in jedem Fall auf eine Betroffenheitsreaktion im Sinne von empathischem Mitgefühl oder "distress" hin. Zur Differenzierung dieser beiden Kategorien siehe oben.

2. Wenn **keine Aussage** zu machen ist, sei es aufgrund der Aufnahme (z.B. Kind setzt sich mit Rücken zur Kamera) oder weil das Verhalten in keine der beschriebenen Kategorien paßt, so ist eine 9 (missing data) einzutragen!!

3. Grundsätzlich können bei der Auswertung **3 Fälle** auftreten:

a) Es tritt sowohl im 1. als auch im 2. Teil genau eine Reaktionsform auf. Die entsprechende Zahl (10 bis 40, siehe Auswertungsbogen) wird dann eingetragen. Eine Messung der Zeit erübrigt sich, da beide Teile auf 60 bzw. 57 Sekunden standardisiert sind (im 1. Teil werden 3 Sekunden Orientierungsreaktion abgezogen) und die Gesamtzeit automatisch 117 Sekunden beträgt. Diese Werte werden in die Spalte "Dauer" eingetragen.

b) In einem Teil treten verschiedene Verhaltensweisen auf.
Z.B. reagiert ein Kind erst mit empathischem Mitgefühl, dann mit "distress". Hier werden die verschiedenen Qualitäten in der Reihenfolge ihres Auftretens notiert und die entsprechende Dauer in Sekunden darunter geschrieben (mit der Stoppuhr messen). Zu kurze Verhaltensweisen (unter 4 Sekunden) werden nicht berücksichtigt. Generell gilt hier: **Sparsam raten**, d.h. nur bei wirklich klar erkennbarem und bedeutsamem Verhaltenswechsel eine Eintragung vornehmen!!

c) Die Trauerphase wurde früher abgebrochen, da das Kind prosoziales Verhalten gezeigt hatte. Dies ist unbedingt in der Spalte "Dauer" und "Gesamtzeit" zu vermerken (Stoppuhr!)

ERKLÄRUNG ZUR GESAMTEINSCHÄTZUNG DER EMOTIONALEN REAKTIONEN (BOGEN 3)

Empathisches Mitgefühl, "distress" aktiv und "distress" passiv werden hier für jede Versuchsperson bzgl. des Kriteriums **INTENSITÄT** eingeschätzt (das Kriterium Dauer wird ja bereits über die Feineinschätzung erfaßt!).
Dabei soll folgende Skala benutzt werden:

0 = nicht vorhanden
1 = gering ausgeprägt
2 = mittel ausgeprägt
3 = hoch ausgeprägt.

Die Extrempunkte der Skalen werden wie folgt definiert:

EMPATHISCHES MITGEFÜHL:
0 = nicht vorhanden
1 = Kind widmet sich zwar der Spielpartnerin, ist dabei aber emotional nicht übermäßig stark beteiligt. Reagiert eher verbal als mit Gefühl. Oder: Kind beschäftigt sich v.a. mit dem kaputten Luftballon, d.h. nicht die Spielp. tut ihm leid, sondern es findet schade, daß der Ballon kaputt ist.
3 = Kind schwingt völlig mit der Spielpartnerin mit. Mimik und Tonfall sind weich/anteilnehmend, der Körper offen und zugewandt.
"DISTRESS" AKTIV:
0 = nicht vorhanden
1 = Kind hat sich recht gut der Situation entziehen können. Es baut weiter wie zuvor und schaut selten zur Spielpartnerin hin. Dennoch wirkt es nicht völlig unberührt, sondern zeigt noch einzelne Anzeichen von Anspannung wie Lippenpressen oder Seufzen oder betroffenes Hinschauen.
3 = Eine hohe Anspannung beim Kind ist spürbar, dies drückt sich sowohl in der Mimik als auch im Tonfall aus. Das Kind versucht zwar, aus dem Felde zu gehen, es gelingt ihm aber nicht so richtig, seine Betroffenheit ist zu hoch, es schaut immer wieder zur Spielpartnerin hin. Oder es entzieht sich völlig der Situation und geht ganz aus dem Felde.
"DISTRESS" PASSIV:
0 = nicht vorhanden
1 = das Kind wirkt nur etwas angespannt und unruhig; es ist nicht so sehr "erstarrt" und hält einen gewissen Kontakt zur Spielp. aus, d.h. es macht

einzelne Bemerkungen und schaut öfters zur Spielpartnerin hin. Nur einzelne "Distress"-Merkmale wie z.B. Lippenpressen oder betroffenes Hinschauen oder nervöses Hin- und Herschauen sind bemerkbar.

3 = Kind ist sehr angespannt. Es kann

a) völlig erstarrt sein, sich kaum bewegen oder reden und den Blickkontakt zur Spielpartnerin meiden oder

b) starke nervöse Gestik, angespannte oder unbewegte Mimik und angespannten Tonfall zeigen, wobei es u.U. rel. oft zur Spielpartnerin hinschaut.

UNBETROFFENHEIT wird nur nach dem Kriterium "ist vorhanden oder nicht" eingestuft:

0 = nicht vorhanden

1 = vorhanden.

ERKLÄRUNG ZUR AUSWERTUNG DER VERHALTENSKATEGORIEN (BOGEN 4)

Es werden die Kategorien Spielverhalten, Mimik, Tonfall, dysfunktionale Bewegungen und Blickrichtung (siehe Extrablatt) eingeschätzt:

Sp - Spielverhalten:

1 - unterbrochen (Kind spielt völlig oder überwiegend nicht mehr weiter)
2 - verändert (das Kind spielt zwar weiter, jedoch langsamer/zögerlicher oder schneller als vorher; es spielt, aber unterbricht häufiger kurz; es spielt mit etwas anderem oder etwas anderes)
3 - unverändert (es ist kein Unterschied zum Spielverhalten vor dem Ereignis erkennbar).

M - Mimik:

1 - weich (Mundwinkel heruntergezogen oder Mund offen, entspannt)
2 - angespannt (Lippenpressen oder Lippenbeißen, hochgezogene Augenbrauen, auch verlegenes oder angespanntes Lächeln, Stirnrunzeln)
3 - unbewegt (kaum Bewegung im Gesicht, Lippen geschlossen, Mund gerade)

T - Tonfall:

1 - weich (z.T. tiefer und/oder leiser)
2 - angespannt (härter, lauter, auch Flüstern)
3 - unverändert (kein Unterschied im Vgl. zu Tonfall vor dem Unglück)
4 - schweigen

D - Dysfunktionale Bewegungen:
Hiermit sind v.a. nervöse Bewegungen der Hände und Füße gemeint.

1 - ja (z.B. Klotz nervös in Händen drehen, mit dem Fuß wippen, am Kopf kratzen)
2 - nein (solche Bewegungen kommen nicht vor)

WICHTIG:
Die zutreffenden Werte werden pro Vp in die entsprechende Zelle eingetragen. Nur in möglichst eindeutigen Fällen eine Einschätzung vornehmen! Bei

konkurrierenden Verhaltensweisen die <u>überwiegende</u> auswählen! Wenn keine Einschätzung mgl.: Missing data = 9 eintragen!

Zum Einschätzen der <u>Mimik</u> empfiehlt es sich, den Ton auszuschalten!! Wenn die Mimik über weite Strecken nicht zu sehen ist, da das Kind den Kopf über den Turm beugt: Missing data = 9.

Sollte die Unterscheidung zwischen <u>Spielverhalten</u> und <u>dysfunktionalen Bewegungen</u> schwerfallen, da das Kind den Luftballon in einer Weise bewegt, die nicht eindeutig ist, so gilt folgende Anweisung: Folgt das Kind dem Ballon mit den Augen, wird "Spiel" eingeschätzt, tut es das nicht, "dysf. Bewegungen"!

Bei der Einschätzung des <u>Spielverhaltens</u> ist noch folgendes zu beachten: Wenn das Kind innerhalb eines Teils genau die Hälfte der Zeit spielt und die andere nicht, so wird 2=verändert eingetragen!

ERKLÄRUNG ZUR BLICKRICHTUNGSMESSUNG (BOGEN 5)

Die Blickrichtung wird mit der Stoppuhr gemessen und in Sekunden in die dafür vorgesehene Spalte eingetragen.

Teil 1: 3 Sekunden nach Platzen des Ballons (Orientierungsreaktion) bis zur Bemerkung der Spielpartnerin.

Teil 2: Von der Bemerkung der Spielp. bis zum Klopfzeichen, mit dem der Spielpartnerin das Ende der Phase signalisiert wird.

Dabei werden gemessen die Blicke
- zur Spielpartnerin (Spielp.),
- zum kaputten Ballon (kap.B.) und
- weg (d.h. weder zur Spielpartnerin noch zum Ballon).

In der letzten Spalte wird jeweils die Gesamtzeit angegeben. Normalerweise beträgt sie 57 Sek. in Teil 1 und 60 Sek. in Teil 2. Nur in den Fällen, in denen das Kind einen Lösungsvorschlag mit hohem Eigenengagement gemacht hat, ist sie kürzer! Daraus ergibt sich, daß es im Normalfall genügt, zwei der Blickrichtungen tatsächlich zu messen, die dritte ergibt sich automatisch als Differenz!
Normalerweise eignet sich die Großaufnahme am besten zur Messung. Im Zweifelsfalle ist jedoch die Nahaufnahme zum Vergleich heranzuziehen! Bei zu kurzem Blick (z.B. 1x = 0,3 Sek.) wird Null eingetragen!

VIEL SPAß BEIM STOPPEN!

ERKLÄRUNG ZUR AUSWERTUNG DES PROSOZIALEN VERHALTENS IN DER EMPATHIE-SITUATION (BOGEN 6)

Das prosoziale Verhalten wird in der Reihenfolge seines Auftretens in den folgenden 4 Teilen festgehalten:

Teil 1: 3 Sekunden nach Platzen des Luftballons bis zur Bemerkung.
Teil 2: Von der Bemerkung der Spielpartnerin bis zum Ende der Trauer.
Teil 3: Vom Ende der Trauer bis zu den Fragen.
Teil 4: Während/nach den Fragen.

Folgende Verhaltensweisen werden unterschieden:

1= eigenen Ballon abgeben oder zum Spielen anbieten oder am nächsten Tag einen mitbringen (Vp 26 u. 48 Konstanz)

3= Versuche, einen Ersatz"luftballon" herzustellen.
Kind stellt selber ein Alternativspielzeug her oder zeigt zumindest eine Alternative auf (siehe drittes Bsp.)
- Klotz in Lb-Reste legen und sagen: "So kann' s doch auch gehen!"
- Luftballonreste versuchsweise aufpusten und sagen: "Du kannst Dir doch auch einen kleinen Lb machen!"
- "Kannst ja so Tipp-Tapp mit den Fingern machen" (und dies dabei vorzeigen).

Wichtig ist hierbei, daß eine Alternative nicht nur verbal vorgeschlagen, sondern ganz konkret hergestellt wird!

4= Anbieten, einen Neuen mitzubringen
Das Kind stellt in Aussicht, für die Beschaffung eines Luftballons zu sorgen. Bsp.:
"Ich bring Dir einen von zuhause mit"; "Ich frag mal die Frau XY, ob sie noch einen hat"; "Ich weiß was! Wir haben glaub' ich noch einen daheim!"
Als Grenzfälle werden auch Angebote wie "Soll ich Dir einen suchen helfen?" oder "Ich kann ja einen herzaubern" mit in diese Kategorie genommen.

5= Verbal trösten

In diese Kategorie fallen folgende Gruppen von Kommentaren:
a) Ausdrücke der Anteilnahme, des Bedauerns und Tröstens wie "Schade", "Dein schöner Luftballon", "Macht nichts", "Der von meinem Freund ist auch geplatzt", "Weil jetzt der Luftballon Dein Freund ist".
b) Ausdrücke der eigenen Traurigkeit wie "Der Turm geht jetzt sicher auch kaputt" oder "Meiner platzt sicher auch gleich" oder wimmern.
c) rein verbale Alternativvorschläge, die z.T. Hoffnung in Aussicht stellen wie "Vielleicht find'st Du ja zuhause noch einen", "So groß wie mein Luftballon 'ne Puppe", "Du kannst ja mit dem Turm spielen", "Soll'n wir ohne Luftballon spielen?"

6= Ablenken durch direktes Ansprechen

Gemeint sind Äußerungen, die das Ziel haben, die Spielpartnerin zum Hochgucken und Aus-der-Trauer-Rauskommen zu bewegen.
Diese Kategorie gilt nur für die Teile 1 und 2 !!!
Bsp.:
"Guck' mal, wie hoch der Turm schon ist!"
"Guck' mal, das Gesichtle ist ganz klein!"

Wichtig: Der Aufforderungscharakter muß deutlich sein, die Ansprache muß eindeutig auf die Spielpartnerin gerichtet sein (Ausdrücke wie "guck' mal, "Du", Angucken der Spielpartnerin).

7= Unstrukturierte Problemlösehinweise

Hiermit sind Äußerungen gemeint, die unstrukturierte Hinweise entweder in bezug auf die Handlung und/oder den Agent der Handlung enthalten. D.h. das Kind macht einen Hinweis auf eine Handlung, ohne daß klar ist, wer handeln soll und/oder was genau getan werden soll.
Bsp.: "Was tut man da?"; "Wenn bloß meine Mama da wäre!"; "Meine Mama kann zaubern!"; "Dann müssen wir eben einen zaubern!"; "Kann man doch immer 'nen neuen kaufen".

8= Nachfragen

In diese Kategorie fallen Fragen, die das Kind an die Spielpartnerin richtet und die signalisieren, daß das Kind sich mit der Situation beschäftigt. Das Kind hält dadurch gleichsam die Kommunikation mit der Spielpartnerin aufrecht. Ein Hinweis auf eine Handlung ist nicht enthalten; das Kind verschafft sich in erster Linie durch Fragen Informationen über den Vorfall. Vorwurfsvoll oder zweifelnd klingende Fragen oder einfache Wiederholungen von den Worten der Spielpartnerin ("ist kaputt?") fallen nicht in diese Kategorie! Bsp.:

"Was ist denn?"; "Wie ist das nur passiert?"; "Hast Du jetzt keinen mehr?"; "Da ist er wahrscheinlich auf die Ecke aufgekommen, oder?"

9= Aufforderungen
Das Kind fordert ganz klar die Spielpartnerin selbst auf, etwas zu tun. Ansprache mit "Du". Bsp.:
"Kauf' Dir doch einen Neuen!"; "Mach' doch nochmal einen!"

Wenn in Teil 4 (während/nach den Fragen) nur das vorher schon genannte prosoziale Verhalten wiederholt wird oder nur der Vorschlag der Spielpartnerin aufgegriffen wird ("Du findest ja vielleicht zu H ause noch einen"), wird keine Eintragung vorgenommen.
Generell gilt, daß bei Widersprüchlichkeit von Inhalt und Tonfall (d.h. der Inhalt könnte zwar prosoziales Verhalten sein, der Tonfall ist aber der Situation überhaupt nicht angepaßt) nicht geratet wird.
Wenn zwei Verhaltensweisen einer Klasse direkt nacheinander autreten (z.B. zwei Nachfragen) werden sie zu einer Eintragung zusammengefaßt, d.h. es dürfen nie zwei gleiche Zahlen nebeneinander stehen. Dies aber nur für den Fall, daß sie direkt aufeinander folgen.

Zum Schluß wird beim Buchstaben **"G"** eine **Gesamteinschätzung** bezüglich des Engagements/der Kosten des prosozialen Verhaltens durchgeführt. Hier soll intuitiv auf einer Skala von 1 (gar nicht) bis 6 (sehr hoch) eingeschätzt werden, wie hoch die Kosten sind, die das Kind in sein Verhalten investiert, wie sehr es sich bei seinem Lösungsvorschlag selber einbringt, wie engagiert sein Handeln ist! Es bedeuten:

1 = Das Kind handelt überhaupt nicht prosozial
2 = Prosoziales Handeln, das nur sehr geringe Kosten impliziert.
3 = Prosoziales Handeln, das geringe Kosten impliziert.
4 = Prosoziales Handeln, das mittlere Kosten impliziert.
5 = Prosoziales Handeln, das hohe Kosten impliziert.
6 = Prosoziales Handeln, das sehr hohe Kosten impliziert.

BOGEN 1: AUSWERTUNG DES VERHALTENSSTILS

Vp-Nr.	Verhaltensstil	Vp-Nr.	Verhaltensstil

1 = eher schüchtern/gehemmt;
2 = weder besonders schüchtern noch besonders offen;
3 = eher offen/selbstbewußt

BOGEN 2: FEINEINSCHÄTZUNG EMOTIONALE REAKTIONEN

Vp.Nr	Teil 1	Teil 2	GZ
Dauer			
Dauer			
Dauer			
Dauer			
Dauer			
Dauer			
Dauer			
Dauer			
Dauer			
Dauer			
Dauer			
Dauer			
Dauer			

10 - empathisches Mitgefühl
20 - "distress" aktiv
- 21) Blickabwendung + schweigen
- 22) Blickzuwendung + Bemerkungen
- 23) Blickzuwendung + schweigen
- 24) Blickabwendung + Bemerkungen

30 - "distress" passiv
- 31) Blickabwendung + schweigen
- 32) Blickzuwendung + Bemerkungen + Bewegung
- 33) Blickzuwendung + schweigen
- 34) Blickabwendung + Bemerkungen

40 - unempathisch
99 = missing data GZ = Gesamtzeit

BOGEN 3: GESAMTEINSCHÄTZUNG EMOTIONALE REAKTIONEN

Vp.Nr.	Emp. Mitgefühl	"Distress" A	"Distress" P	Unemp.

0 = nicht vorhanden; 1 = gering ausgeprägt; 2 = mittel ausgeprägt; 3 = hoch ausgeprägt

BOGEN 4: AUSWERTUNG VERHALTENSKATEGORIEN

Vp	Teil 1				Teil 2			
	Spiel	Mimik	Ton	Dysf.B	Spiel	Mimik	Ton	Dysf.B

BOGEN 5: BLICKRICHTUNG

Vp	Teil 1				Teil 2			
	Spielp.	kap. B.	weg	Ges.	Spielp.	kap. B.	weg	Ges.

BOGEN 6: PROSOZIALES VERHALTEN

Vp.Nr.	Teil 1	Teil 2	Teil 3	Teil 4		G

1 - Abgeben
3 - Alternative anbieten
4 - Mitbringen wollen
5 - Verbal trösten

6 - Ablenken
7 - Problemlöseansatz
8 - Nachfragen
9 - Aufforderung

G - Gesamteinschätzung

ANHANG B: BEOBACHTERÜBEREINSTIMMUNG

BEOBACHTERÜBEREINSTIMMUNGEN

Tabelle B-1
Beobachterübereinstimmung in der Intensität der emotionalen Reaktionen

	deutsch (n=20)	sowjetisch (n=16)
empathisches Mitgefühl	0,95***	0,91***
"distress" aktiv	0,90***	0,92***
"distress" passiv	0,93***	0,91***
Unbetroffenheit	---	---

Anmerkungen. Spearman-Rangkorrelationskoeffizient.
--- = Beobachterübereinstimmung konnte aufgrund zu geringer Auftretenshäufigkeit in den Protokollen nicht berechnet werden.
***$p \leq .001$.

Tabelle B-2
Übereinstimmung der Reihenfolge der emotionalen Reaktionen in der Feineinschätzung bei den deutschen Kindern

Erste Reaktion in Teil 1	0,88***
Zweite Reaktion in Teil 1	0,88***
Dritte Reaktion in Teil 1	1,00***
Vierte Reaktion in Teil 1	----
Erste Reaktion in Teil 2	0,86***
Zweite Reaktion in Teil 2	1,00***
Dritte Reaktion in Teil 2	----
Vierte Reaktion in Teil 2	----

Anmerkungen. Übereinstimmungskoeffizient Kappa.
Teil 1 = 3sec nach Platzen des Luftballons bis zur Bemerkung der Spielpartnerin. Teil 2 = Nach Bemerkung der Spielpartnerin bis zum Ende der Trauerphase.
--- = Beobachterübereinstimmung konnte aufgrund zu geringer Auftretenshäufigkeit in den Protokollen nicht berechnet werden.
n=20.
***$p \leq .001$.

Tabelle B-3
Beobachterübereinstimmung der Dauer der einzelnen emotionalen Reaktionen in der Feineinschätzung

Dauer der ersten Reaktion in Teil 1	0,94***
Dauer der zweiten Reaktion in Teil 1	0,86***
Dauer der dritten Reaktion in Teil 1	0,99***
Dauer der vierten Reaktion in Teil 1	----
Dauer der ersten Reaktion in Teil 2	0,87***
Dauer der zweiten Reaktion in Teil 2	0,99***
Dauer der dritten Reaktion in Teil 2	----
Dauer der vierten Reaktion in Teil 2	----
Gesamtdauer	0,99***

Anmerkungen. Produkt-Moment-Korrelationskoeffizient nach Pearson.
Teil 1 = 3sec nach Platzen des Luftballons bis zur Bemerkung der Spielpartnerin. Teil 2 = Nach Bemerkung der Spielpartnerin bis zum Ende der Trauerphase.
--- = Beobachterübereinstimmung konnte aufgrund zu geringer Auftretenshäufigkeit in den Protokollen nicht berechnet werden.
n= 20.
***$p \leq .001$.

Tabelle B-4
Übereinstimmung der Dauer der Blickrichtung in Sekunden

	deutsch (n=20)	sowjetisch (n=20)
Blick zur Spielpartnerin Teil 1	0,97***	0,97***
Blick zum Luftballon Teil 1	0,93***	0,99***
Blick weg Teil 1	0,98***	0,99***
Blick zur Spielpartnerin Teil 2	0,97***	0,98***
Blick zum Luftballon Teil 2	0,99***	0,99***
Blick weg Teil 2	0,97***	0,98***

Anmerkungen. Produkt-Moment-Korrelationskoeffizient nach Pearson.
Teil 1 = 3sec nach Platzen des Luftballons bis zur Bemerkung der Spielpartnerin. Teil 2 = Nach Bemerkung der Spielpartnerin bis zum Ende der Trauerphase.
***$p \leq .001$.

Tabelle B-5
Beobachterübereinstimmung der einzelnen Verhaltensweisen

	deutsch (n=26)	sowjetisch (n=26)
Spielverhalten Teil 1	0,73***	0,74***
Mimik Teil 1	0,74***	0,68***
Tonfall Teil 1	0,76***	0,69***
Dysfunktionale Bewegungen Teil 1	0,72***	0,57**
Spielverhalten Teil 2	0,52***	0,64***
Mimik Teil 2	0,68***	0,81***
Tonfall Teil 2	0,74***	0,76***
Dysfunktionale Bewegungen Teil 2	0,92***	0,58**

Anmerkungen. Übereinstimmungskoeffizient Kappa.
Teil 1 = 3sec nach Platzen des Luftballons bis zur Bemerkung der Spielpartnerin. Teil 2 = Nach Bemerkung der Spielpartnerin bis zum Ende der Trauerphase.
$^{**}p \leq .01$ $^{***}p \leq .001$

Tabelle B-6
Beobachterübereinstimmung der einzelnen prosozialen Verhaltensweisen

	deutsch (n=29)	sowjetisch (n=16)
Ballon abgeben	1,00***	1,00***
Versuch, Ersatzluftb. herzustellen	1,00***	----
Anbieten, einen Neuen mitzubringen	0,92***	1,00***
Verbal trösten	0,93***	0,71***
Ablenken	0,89***	1,00***
Unstrukturierte Problemlösehinweise	0,71***	----
Nachfragen	0,90***	1,00***
Auffordern	1,00***	1,00***
Gesamt"höchstes" pros. Verhalten	0,91***	1,00***

Anmerkungen. Übereinstimmungskoeffizient Kappa
--- = Beobachterübereinstimmung konnte aufgrund zu geringer Auftretenshäufigkeit in den Protokollen nicht berechnet werden.
$^{***}p \leq .001$

Tabelle B-7
Beobachterübereinstimmung in der Gesamteinschätzung der in das prosoziale Verhalten investierten Kosten

	deutsch (n=29)	sowjetisch (n=16)
Kosten des pros. Verhaltens	0,83***	0,96***

Anmerkungen. Spearman-Rangkorrelationskoeffizient.
*** $p \leq .001$.

Tabelle B-8
Beobachterübereinstimmung in der Variable Verhaltensstil

	deutsch (n=20)	sowjetisch (n=20)
Verhaltensstil	0,77***	0,73**

Anmerkungen. Spearman-Rangkorrelationskoeffizient.
**$p \leq .01$ ***$p \leq .001$

ANHANG C: INDCOL-FRAGEBOGEN

INSTRUKTIONEN

In diesem Fragebogen bitte ich Sie um eine Stellungnahme zu einer Reihe von Aussagen. Bitte lesen Sie die einzelnen Aussagen aufmerksam durch und kreuzen Sie an, inwieweit Sie der Aussage zustimmen oder nicht. Wenn Sie gar nicht einverstanden sind, kreuzen Sie bitte die 1 an; wenn Sie völlig zustimmen, die 6 usw.. Die einzelnen Zahlen bedeuten:

1 = völlig falsch
2 = falsch
3 = eher falsch
4 = eher richtig
5 = richtig
6 = völlig richtig

Bsp.:
Nehmen wir z.B. die Aussage:

Alte Leute sollten zusammen mit ihren Kindern leben. 1-2-3-4-5-6

Das Kreuz auf der 6 bedeutet, daß Sie dieser Aussage absolut zustimmen, sie völlig richtig finden.

Bitte beachten Sie: **Es gibt keine richtigen oder falschen Antworten!** Ich bitte Sie, so anzukreuzen, wie es Ihrer Meinung entspricht.

Bitte lassen Sie keine Frage aus und antworten Sie so spontan wie möglich!

Vielen Dank!

1	2	3	4	5	6
völlig falsch	falsch	eher falsch	eher richtig	richtig	völli rich

Vp:

1. Wenn der Mann sportbegeistert ist, sollte die Frau sich auch für Sport interessieren. Wenn der Mann Ingenieur ist, sollte seine Frau auch Interesse für Technik haben. 1-2-3-4-5-6

2. Meine Eltern sind die Ursache meiner Freude und meines Schmerzes. 1-2-3-4-5-6

3. Ich würde ein persönliches Problem eher selbst durchkämpfen , als mit meinen Freunden darüber zu sprechen. 1-2-3-4-5-6

4. Meine musikalischen Vorlieben unterscheiden sich völlig von denen meiner Eltern. 1-2-3-4-5-6

5. Wenn ein(e) Verwandte(r) mir mitteilen würde, daß er oder sie in finanziellen Schwierigkeiten ist, würde ich im Rahmen meiner Möglichkeiten helfen (In diesem Fragebogen bezieht sich "Verwandte" nicht auf Ihre nächsten Verwandten. Gemeint sind z.B. Onkel, Tanten, Großmütter usw.). 1-2-3-4-5-6

6. Es gehört sich nicht für einen Vorgesetzten, seine Mitarbeiter nach ihrem Privatleben zu fragen (z.B. wo sie ihren nächsten Urlaub verbringen werden usw.). 1-2-3-4-5-6

7. Heutzutage sind Eltern zu streng mit ihren Kindern. Sie behindern so deren Entwicklung von Eigeninitiative. 1-2-3-4-5-6

8. Wenn ich mit meinen Kollegen zusammen bin, mache ich das, was ich will, ohne mich besonders um sie zu kümmern. 1-2-3-4-5-6

9. Eine vorbildliche Ehe besteht dann, wenn der Ehemann das liebt, was seine Frau liebt, und haßt, was seine Frau haßt. 1-2-3-4-5-6

10. Treffe ich eine Person mit dem gleichen Nachnamen wie ich, so frage ich mich, ob wir nicht zumindest entfernt verwandt sind. 1-2-3-4-5-6

11. Teenager sollten auf den Rat ihrer Eltern hören, wenn sie sich mit dem anderen Geschlecht verabreden. 1-2-3-4-5-6

12. Ich lebe gerne in der Nähe meiner guten Freunde. 1-2-3-4-5-6

13. Ich neige dazu, meine eigenen Angelegenheiten selber zu erledigen, und die meisten Mitglieder meiner Familie tuen das gleiche. 1-2-3-4-5-6

14. Ich habe mich noch nie mit meinen Nachbarn über die politische Zukunft dieses Staates unterhalten. 1-2-3-4-5-6

15. Ich bin von den Stimmungen meiner Nachbarn beeinflußbar. 1-2-3-4-5-6

16. Meine Nachbarn erzählen mir ständig interessante Geschichten, die um sie herum vorgehen. 1-2-3-4-5-6

17. Verheiratete Paare sollten täglich etwas Zeit haben, die jeder alleine für sich, ungestört vom anderen, verbringen kann. 1-2-3-4-5-6

18. Erwachsene Kinder sollten in der Nähe ihrer Eltern wohnen. 1-2-3-4-5-6

19. Selbst wenn das Kind den Nobelpreis gewinnen würde, sollten sich die Eltern in keiner Weise geehrt fühlen. 1-2-3-4-5-6

20. Wenn jemand sich für eine Arbeitsstelle interessiert, über die sein Ehepartner nicht gerade begeistert ist, sollte er/sie sich trotzdem dafür bewerben. 1-2-3-4-5-6

1 völlig falsch	2 falsch	3 eher falsch	4 eher richtig	5 richtig	6 völlig richtig

21. Meine guten Freunde und ich haben die gleichen Lieblingslokale. 1-2-3-4-5-6

22. Ich habe noch nie einem meiner Kollegen meinen Fotoapparat geliehen. 1-2-3-4-5-6

23. Ich würde mich in keiner Weise um die Meinung meiner Freunde kümmern, wenn ich mich für eine Arbeit entscheide. 1-2-3-4-5-6

24. Wir sollten unsere Studenten zu unabhängigen Menschen erziehen, so daß sie in ihren Hausaufgaben nicht von der Hilfe anderer Studenten abhängig sind. 1-2-3-4-5-6

25. Mit Freunden zusammen einen Ausflug zu machen, macht einen weniger mobil als alleine. Als Ergebnis hat man weniger Spaß. 1-2-3-4-5-6

26. Es ist vernünftig für einen Sohn, das Geschäft seines Vaters weiterzuführen. 1-2-3-4-5-6

27. Eine Gruppe von Arbeitskollegen überlegte, wo man essen gehen sollte. Eine beliebte Wahl war ein Restaurant, das erst kürzlich aufgemacht hatte. Allerdings hatte jemand aus der Gruppe herausgefunden, daß das Essen dort ungenießbar sei. Die Gruppe beachtete jedoch den Einwand der Person nicht, und bestand darauf, es zu probieren. Der Person blieben nur 2 Alternativen: mit den anderen mitzugehen oder nicht. In einer solchen Situation ist es besser, <u>nicht</u> mit den anderen zu gehen. 1-2-3-4-5-6

28. Es ist eine persönliche Angelegenheit, ob jemand Geld anbetet oder nicht. Deshalb ist es nicht nötig, daß ein Freund davon abrät. 1-2-3-4-5-6

29. Man kann nur gewinnen und nichts verlieren, wenn man sich als Schüler in Arbeitsgruppen zusammenschließt, die gemeinsam lernen und diskutieren. 1-2-3-4-5-6

30. Es interessiert mich nicht, zu wissen, wie meine Nachbarn wirklich sind. 1-2-3-4-5-6

31. Ich würde meine Ideen und mein neuerworbenes Wissen nicht mit meinen Eltern teilen. 1-2-3-4-5-6

32. Man braucht sich keine Gedanken darüber zu machen, was die Nachbarn sagen, wen man heiraten sollte. 1-2-3-4-5-6

33. Das Motto "Teilen in guten wie in schlechten Zeiten" gilt auch, wenn der Freund unbeholfen und dumm ist und eine Menge Unannehmlichkeiten schafft. 1-2-3-4-5-6

34. Mir macht es Spaß, täglich meine Nachbarn zu treffen und mit Ihnen zu reden. 1-2-3-4-5-6

35. Bislang haben meine Nachbarn sich nie etwas bei mir oder meiner Familie ausgeliehen. 1-2-3-4-5-6

36. Ich interessiere mich für die gleichen Dinge wie meine Eltern. 1-2-3-4-5-6

37. Bevor man sich für eine bestimmte Arbeitsstelle entscheidet, sollte man die Leute beachten, mit denen man dann zusammenzuarbeiten hat. 1-2-3-4-5-6

38. Man sollte vorsichtig im Gespräch mit den Nachbarn sein, sonst könnten sie einen für neugierig halten. 1-2-3-4-5-6

39. Ich würde meine bedürftige Mutter nicht das Geld benutzen lassen, das ich mir zusammengespart habe, indem ich ein einfacheres Leben geführt habe. 1-2-3-4-5-6

40. Ich weiß nicht, wie ich mich mit meinen Nachbarn anfreunden soll. 1-2-3-4-5-6

41. Wenn mir meine Arbeitskollegen persönliche Dinge über sich selber erzählen, bringt uns das näher. 1-2-3-4-5-6

1 völlig falsch	2 falsch	3 eher falsch	4 eher richtig	5 richtig	6 völlig richtig

42. Ob jemand sein Einkommen mit vollen Händen oder bescheiden ausgibt, geht seine Verwandten (Cousins, Onkel etc.) nichts an. 1-2-3-4-5-6

43. Ich würde keiner Cousine von mir meinen schönsten Schmuck ausleihen. 1-2-3-4-5-6

44. Ich würde meiner Mutter nicht meinen schönsten Schmuck ausleihen. 1-2-3-4-5-6

45. Wenn man mit Freunden essen geht, ist es besser, wenn jeder für sich bezahlt. 1-2-3-4-5-6

46. Wenn ich mich für eine Arbeit entscheide, würde ich auf jeden Fall die Ansichten von gleichaltrigen Verwandten anhören. 1-2-3-4-5-6

47. Selbst wenn der Vater hochgelobt würde und von der Regierung einen Preis für Verdienste um das Gemeinwohl bekäme, sollten die Kinder sich nicht geehrt fühlen. 1-2-3-4-5-6

48. Ich fühle mich unwohl, wenn meine Nachbarn mich bei einer Begegnung nicht grüßen. 1-2-3-4-5-6

49. Erfolg und Mißerfolg in meiner Arbeit und Karriere hängen eng mit der Unterstützung von Seiten meiner Eltern zusammen. 1-2-3-4-5-6

50. Wenn ich aufgrund einer falschen Anklage ins Gefängnis käme, wären das emotionale und physische Leid meiner Onkel sehr intensiv. 1-2-3-4-5-6

51. Die Unterstützung von Klassenkameraden ist unverzichtbar, um in der Schule gute Noten zu bekommen. 1-2-3-4-5-6

52. Junge Leute sollten den Rat ihrer Eltern beherzigen, wenn sie Pläne bezüglich ihrer Ausbildung und Karriere machen. 1-2-3-4-5-6

53. Ich habe meinen Eltern nie gesagt, wie viele Kinder ich haben möchte. 1-2-3-4-5-6

54. Als ich mich zu meiner Ausbildung entschlossen habe, waren mir die Ansichten meiner Onkel diesbezüglich völlig egal. 1-2-3-4-5-6

55. Jede Familie hat ihre spezifischen Probleme. Es hat keinen Zweck, Verwandten über die eigenen Probleme zu erzählen. 1-2-3-4-5-6

56. Wenn man verheiratet ist, sollte die Entscheidung darüber, wo man arbeitet, gemeinsam mit dem Ehepartner getroffen werden. 1-2-3-4-5-6

57. Ich würde einem Arbeitskollegen helfen, wenn er mir sagen würde, daß er Geld zur Bezahlung dringender Rechnungen braucht. 1-2-3-4-5-6

58. In den meisten Fällen ist es besser, etwas alleine zu tun, als mit jemandem zusammenzuarbeiten, dessen Fähigkeiten geringer sind als die eigenen. 1-2-3-4-5-6

59. Ich kann mich auf meine Verwandten verlassen, wenn ich in irgendeiner Art von Schwierigkeiten bin. 1-2-3-4-5-6

60. Für Ehepaare ist es günstiger, wenn jeder seinen eigenen Freundeskreis hat, anstatt nur gemeinsame Freunde zu haben. 1-2-3-4-5-6

61. Stimmen Sie dem Sprichwort "zu viele Köche verderben den Brei" zu? 1-2-3-4-5-6

62. Ungefähr ___ meiner Freunde wissen, wieviel meine Familie insgesamt im Monat verdient (bitte Anzahl eintragen).

1 völlig falsch	2 falsch	3 eher falsch	4 eher richtig	5 richtig	6 völlig richtig

63. Die Zahl der Kinder, die meine Eltern wünschen, daß ich sie hätte, unterscheidet sich um ___ von der Zahl, die ich persönlich gerne hätte (bitte Anzahl eintragen. Wenn Sie die diesbezüglichen Wünsche Ihrer Eltern nicht kennen, bitte "6" eintragen!).

64. Stellen sie sich vor, Sie arbeiten und haben zu wählen zwischen (a) sehr gut mit Ihren Mitarbeitern auszukommen und (b) sehr kompetent und effektiv in Ihrer Arbeit zu sein, welche Kombination von (a) und (b) würden Sie wünschen (zutreffendes bitte ankreuzen)?
1 100% a
2 80% a, 20% b
3 60% a, 40% b
4 40% a, 60% b
5 20% a, 80% b
6 100% b

65. Stellen Sie sich vor, Sie sitzen im Kreis Ihrer guten Freunde. Die Unterhaltung geht über ein Thema, das Sie nicht besonders interessiert. Außerdem haben Sie zuhause Arbeit liegen, zu der Sie die ganze Woche über noch nicht gekommen sind. In einer solchen Situation ist es besser, zu gehen. 1-2-3-4-5-6

66. Stellen Sie sich vor, jemand bittet Sie um einen Gefallen, für dessen Erledigung Sie in etwa eine Woche brauchen würden, zu einer Zeit, wo Sie mit Ihrer eigenen Arbeit sehr beschäftigt sind. Würden Sie zusagen:
a) Ihren Eltern 1-2-3-4-5-6
b) Ihrem Ehepartner 1-2-3-4-5-6
c) Ihrem Freund 1-2-3-4-5-6
d) Ihren Verwandten 1-2-3-4-5-6
e) Ihrem Arbeitskollegen ? 1-2-3-4-5-6

67. Alte Menschen sollten zusammen mit Ihren Kindern leben. 1-2-3-4-5-6

68. Stellen Sie sich vor, Sie haben an diesem Abend etwas Interessantes vor, auf das Sie sich schon lange gefreut haben. Da ruft ihr Freund an und bittet Sie dringend, bei ihm vorbeizukommen, da er Hilfe braucht. In einem solchen Fall ist es besser, das zu tun, was Sie vorhatten. 1-2-3-4-5-6

69. Ein Freund bleibt immer ein Freund, egal, was passiert. 1-2-3-4-5-6

70. Stellen Sie sich vor, Sie sind auf dem Weg zur Arbeit und treffen einen Freund. In einem solchen Fall ist es am besten, sich zu entschuldigen und gleich weiterzugehen, denn sonst könnte man zu spät zur Arbeit kommen. 1-2-3-4-5-6

ИНСТРУКЦИЯ

В этой анкете мы просим Вас изложить свою точку зрения на ряд высказываний. Прочитайте пожалуйста внимательно каждое высказывание и отметьте насколько Вы подтверждаете данное высказывание или нет. Если Вы совсем не согласны с ним, перечеркните пожалуйста 1; если Вы полностью подтверждаете его - перечеркните 6.

Каждая отдельная цифра обозначает:

1 - абсолютно неверно

2 - неверно

3 - скорее неверно

4 - скорее правильно

5 - правильно

6 - абсолютно правильно

Пример:

Возьмем к примеру высказывание:

Пожилым родителям лучше жить со своими детьми. 1-2-3-4-5-X

Перечеркнутая цифра 6 обозначает что Вы считаете данное высказывание абсолютно правильным.

Пожалуйста, обратите внимание: НЕ СУЩЕСТВУЕТ ПРАВИЛЬНЫХ ИЛИ НЕПРАВИЛЬНЫХ ОТВЕТОВ ! Мы просим Вас перечеркивать те цифры, которые соответствуют Вашему мнению.

Пожалуйста не пропустите ни одного вопроса и отвечайте насколько это возможно спонтанно.

БОЛЬШОЕ СПАСИБО !

1 абсолютно неверно	2 неверно	3 скорее неверно	4 скорее правильно	5 правильно	6 абсолютно правильно

1. Когда муж увлекается спортом, жена должна так же проявлять интерес к спорту. Когда муж работает инженером, жена должна так же интересоватъся техникой. 1-2-3-4-5-6

2. Мои родители являются источником моего счастъя и несчастъя. 1-2-3-4-5-6

3. Я предпочитаю лучше решатъ свои проблемы сам, чем обсуждатъ их с моими друзями. 1-2-3-4-5-6

4. Мои музыкалъные интересы противоположны музыкалъным интересам моих родителъей. 1-2-3-4-5-6

5. Я бы помог, в границах моих возможностей, кому-нибудъ из моих родственников, если бы они находились в финансовых затруднениях (в этой анкете, под " родственниками" имеется ввиду например дядя, тётя, бабушка , двоюродная сестра и т.д.). 1-2-3-4-5-6

6. Для руководителя неприлично узнавать у подчинённых о их личной жузни (к примеру куда отправиться в отпуск). 1-2-3-4-5-6

7. Сегодня родители слишком строги по отношению к своим детям, подавляя их инициативы. 1-2-3-4-5-6

8. Я занимаюсь своими делами, не обращая внимание на моих коллег, когда я нахожусъ среди них. 1-2-3-4-5-6

9. Тот брак является примером для нас, в котором муж любит то, что любит жена, и ненабидит то ,что жена ненавидит. 1-2-3-4-5-6

10. Если я встречаю человека, фамилия которого такая же как моя, я спрашиваю себя, являемся ли мы кровными родственниками. 1-2-3-4-5-6

11. Юноши и девушки,встречающиеся друг с другом, должны прислушиваться к совету своих родителей. 1-2-3-4-5-6

12. Я люблю жить рядом с моими хорошими друзями. 1-2-3-4-5-6

13. Я склонен к тому, чтобы заниматься своими вещами, которые интересуют меня, и болъшинство из моей семъи делают то же. 1-2-3-4-5-6

14. Я никогда не разговаривал/а с моими соседами о политическом будущем страны. 1-2-3-4-5-6

15. Я поддаюсъ влиянию настроения моих соседей. 1-2-3-4-5-6

16. Мои соседи всегда рассказывают мне интересные истории, которые случились с ними. 1-2-3-4-5-6

1 абсолютно неверно	2 неверно	3 скорее неверно	4 скорее правильно	5 правильно	6 абсолютно правильно

17. Женатые люди должны имееть каждый день некоторое время для того,чтобы быть отдельно друг от друга. 1-2-3-4-5-6

18. Взрослые дети должны жить рядом со своими родителями. 1-2-3-4-5-6

19. Родители не должны испытывать чувство гордости, даже если их дети получают Нобелевскую премию. 1-2-3-4-5-6

20. Если один из супругов проявляет интерес к работе, к которой второй из супругов равнодушен, он всё-таки должен попробовать заняться этой работой. 1-2-3-4-5-6

21. Мои друзя любят те же рестораны и кафе как и я. 1-2-3-4-5-6

22. Я никогда не отдалживал мою фотокамеру кому-нибудь из коллег или одноклассников. 1-2-3-4-5-6

23. Я бы не обратил никакого внимания на мнение моих близких друзей, если бы я решал ,каким видом работы мне заниматься. 1-2-3-4-5-6

24. Мы должны развивать независимость у наших студентов, чтобы потом они не зависили от помощи друг друга в их учёбе. 1-2-3-4-5-6

25. Путешествие с друзями делает меня менее свободным и подвижным. Результат этого - я получаю меньше удовольствия. 1-2-3-4-5-6

26. Это разумно для сына продолжать дело своево отца. 1-2-3-4-5-6

27. Группа людей дисскутировала на работе, где поесть. Для выбора был предложен недавно открытый ресторан. Хотя, один из этой группы узнал ,что пище в этом ресторане была непригодна для еды. Всё же, группа не согласившись с мнением этого человека, настояла на том, чтобы всё-таки попробывать пойти в этот ресторан. Для человека оставалось только 2 возможности: идти или нет с друзями. В этой ситуации, не идти с другими являеться лучшим выбором. 1-2-3-4-5-6

28. Если кто-то обожает деньги - это его личное дело. Поэтому нет необходимости для друзей реагировать отрицательно на это. 1-2-3-4-5-6

29. Одноклассники, которые объединяются в группы для обучения и дискуссий, могут больше приобрести чем потерять. 1-2-3-4-5-6

30. Мне не интересно знать, что представляют собой мои соседи. 1-2-3-4-5-6

31. Я бы не делился моими идеями и новым опытом с моими родителями. 1-2-3-4-5-6

1 абсолютно неверно	2 неверно	3 скорее неверно	4 скорее правильно	5 правильно	6 абсолютно правильно

32. Не надо принимать во внимание мнение соседей о том, кто за кого должен выходить замуж. 1-2-3-4-5-6

33. Девиз "делиться - это и горе и счастье" всё ёще приемлем, даже если друг глуп, беспомощен и доставляет много неприятностей. 1-2-3-4-5-6

34. Мне приятно встречаться и разговаривать с моими соседями каждый день. 1-2-3-4-5-6

35. До сих пор, мои соседи никогда не занимали что-нибудь у меня или у моей семьи. 1-2-3-4-5-6

36. У меня те же самые интересы как и у моих родителей. 1-2-3-4-5-6

37. Необходимо обращать внимание на людей, с которыми будешь работать перед тем как решиться работать или нет на этом месте. 1-2-3-4-5-6

38. Необходимо быть осторожным в разговоре с соседями, так как люди могут подумать что Вы слишком любопытны. 1-2-3-4-5-6

39. Я бы не разрешил моей нуждающейся матери использовать деньги, которые я накопил, живя в условиях далёко не шикарных. 1-2-3-4-5-6

40. Я не знаю как завязать дружбу с моими соседями. 1-2-3-4-5-6

41. Когда мои коллеги мне рассказывают о своих личных делах, мы становимся ближе. 1-2-3-4-5-6

42. Если кто-то тратит болъше или меньше денег, это не должно касаться его родственников (тёти и дяди, двоюродных братьев и сестёр). 1-2-3-4-5-6

43. Я бы не дала никакой двоюродной сестре моё самое любимое украшение. 1-2-3-4-5-6

44. Я бы не дала моей маме моё самое любимые украшение. 1-2-3-4-5-6

45. Если Вы идёте в ресторан с друзъями, лучше каждому платитъ за себя. 1-2-3-4-5-6

46. Когда мне приходитъся решатъ, какой работой мне заниматься, я определённо обращаю внимание на мнение родственников моего возраста. 1-2-3-4-5-6

47. Дети не должны испытывать чувство гордости, даже если их отца хвалили и если бы он получил награду от провительства за его работу на благо общества. 1-2-3-4-5-6

48. Я чувствую неудобство, когда мои соседи не здороваются со мной, если мы идём навстречу друг другу. 1-2-3-4-5-6

1 абсолютно неверно	2 неверно	3 скорее неверно	4 скорее правильно	5 правильно	6 абсолютно правильно

49. Успех и неудача в моей работе и карьере тесно связаны с подержкой моих родительей. 1-2-3-4-5-6

50. Если бы меня посадили в тюрму по ошибке, то эмоциональные и физические чувства моих дядъ и тётъ были бы очень интенсивными. 1-2-3-4-5-6

51. Помощь одноклассников необходима для хорошей успеваемости в школе. 1-2-3-4-5-6

52. Молодые люди должны учитывать мнение родителей при составлении планов на образование и карьеру. 1-2-3-4-5-6

53. Я никогда не говорила родителям сколъко детей я хочу имеетъ. 1-2-3-4-5-6

54. Я не обращал/а бы ни малейшего внимания на советы моих дядъ и тётъ при решении, какое образование я хочу получить. 1-2-3-4-5-6

55. У каждой семи есть свои собственные проблемы. Не стоит говорить родственникам о своих проблемах. 1-2-3-4-5-6

56. Решение о том,где работать ,должно быть сделано вместе с сопругой/ом, если человек женат| замужем. 1-2-3-4-5-6

57. Я бы помог своему коллеге по работе, если бы он срочно нуждался в деньгах для уплаты срочных счетов. 1-2-3-4-5-6

58. В большинстве случаев, лучше делать что-то самому, чем кооперировать с кем-то, чьи способености ниже. 1-2-3-4-5-6

59. Я могу рассчитывать на помощь моих родственников, если я нахожусь в трудном положении. 1-2-3-4-5-6

60. Желательно ,чтобы у мужа и у жены, раздельно, был свой круг друзей, вместо того ,чтобы имееть только совместный круг. 1-2-3-4-5-6

61. Согласны ли Вы с поговоркой "У семи нянек дети без глазу" ? 1-2-3-4-5-6

62. Есть приблизительно ____ моих друзей, которые знают, сколъко ежемесячно зарабатывает моя семья вместе (указатъ число).

63. В отличие от родителей, которые хотят, чтоб у меня было ___ детей я хочу имеетъ ___ детей (поставъте пожалуиста число. Если Вы не знаете желании Ваших родителей, поставъте "6".).

1 абсолютно неверно	2 неверно	3 скорее неверно	4 скорее правильно	5 правильно	6 абсолютно правильно

64. Если Вы работаете, и у Вас был бы выбор между
(а) иметь очень хорошие отношения с коллегами и
(б) быть очень эффективным на работе,
какую комбинацию из этих двух аспектов была бы для Вас желательно (обозначить крестиком)?

1) 100% А
2) 80% А, 20% Б
3) 60% А, 40% Б
4) 40% А, 60% Б
5) 20% А, 80% Б
6) 100% Б

65. Представьте себе, что Вы сидите в круге друзей. Речь идёт о теме, которая Вас не очень интересует. Причём Вас дома ждёт работа, которую Вы не успели закончить за всю неделю. В такой ситуации лучше пойти домой. 1-2-3-4-5-6

66. Представьте себе, кто-то просит Вас оказать ему услугу. Чтобы выполнить просьбу, Вам потребуется одна неделя. Вы как раз очень заняты своей работой. Вы согласитесь это сделать для

а) Ваших родителей 1-2-3-4-5-6
б) Вашего супруга 1-2-3-4-5-6
в) Вашего друга 1-2-3-4-5-6
г) Вашего родственника 1-2-3-4-5-6
д) Вашего коллега ? 1-2-3-4-5-6

67) Пожилым родителям лучше жить со своими детьми. 1-2-3-4-5-6

68) Представьте себе, в этот вечер Вы собираетесь сделать то, что Вас интересует и чему Вы уже давно радуетесь. Внезапно звонит Ваш друг и просит Вас срочно зайти к нему, потому что он нуждается в Вашей помощи. В таком случае лучше делать то, что Вы собирались сделать. 1-2-3-4-5-6

69) Друг всегда остаётся другом, всё равно, что будет. 1-2-3-4-5-6

70) Представьте себе,по дороге на работу Вы встречаете друга. В таком случае лучше извиниться и сразу идти дальше, чтобы не опоздать на работу. 1-2-3-4-5-6

ANHANG D: ELTERNBRIEF

Konstanz, den 3.4.89

Liebe Eltern!

Mein Name ist Jutta Kienbaum. Ich bin Diplom-Psychologin und arbeite hier in Konstanz als wissenschaftliche Mitarbeiterin an der Universität. Mein Anliegen an Sie ist folgendes:
Ich schreibe eine **Doktorarbeit** zum Thema "soziales Verhalten in Spielsituationen" bei **fünfjährigen Vorschulkindern**. Dazu möchte ich jedem Kind zunächst 3 kurze Geschichten erzählen und es anschließend in 2 **Spielsituationen** beobachten. In der einen Situation spielt das Kind mit einer Spielpartnerin mit Luftballons und Bauklötzen. In der anderen bastelt es gemeinsam mit einem anderen Kind mit Papier. In beiden Situationen möchte ich die Kinder mit Ihrer Erlaubnis gerne filmen, damit ich auf der Basis dieser Filme später die Auswertung vornehmen kann. Sollten Sie selber Interesse an den Filmen haben, bin ich gerne bereit, sie Ihnen in der Uni zu zeigen oder Ihnen eine Kassette zu überspielen.
Auch an die **Mütter** habe ich eine Bitte:
Ich möchte Ihnen 2 Fragebögen mit nach Hause geben, wobei es in dem einen um Stellungnahmen zu ganz allgemeinen Aussagen und in dem anderen um einige alltägliche Erziehungssituationen geht.
Zum Schluß der Untersuchung würde ich zu einem zu vereinbarenden Termin gerne noch ein kurzes Gespräch mit Ihnen führen.
Ich versichere Ihnen, daß sämtliche Daten **selbstverständlich anonym** behandelt werden!
Ich würde mich sehr freuen, wenn Sie mit Ihrem Kind an meiner Untersuchung teilnehmen und somit den erfolgreichen Verlauf meiner Doktorarbeit unterstützen würden! Unterschreiben Sie bitte auf dem unteren Teil des Blattes und geben Sie es an die Erzieherin zurück. Für Fragen jeder Art stehe ich jederzeit gerne zur Verfügung! Sie erreichen mich unter den Nummern

Konstanz 882354 (Uni) oder
Konstanz 63274 (privat).

Ich bedanke mich im Voraus recht herzlich. Mit freundlichen Grüßen,

Jutta Kienbaum

Meine Tochter/mein Sohn____________ und ich nehmen an der Untersuchung teil !

____

(Unterschrift)

VERZEICHNIS DER ABBILDUNGEN

Seite

VERZEICHNIS DER TABELLEN

Seite